흥국교회대사 2

Series CHUGOKU KINGENDAISHI, 6 vols.

Vol., 2. KINDAI KOKKA E NO MOSAKU: 1894-1925

by Shin Kawashima

Copyright © 2010 by Shin Kawashima

First Published 2010 by Iwanami Shoten, Publishers, Tokyo.

This Korean language edition Published 2012 by Samcheolli Publishing Co., Seoul.

by arrangement with the proprietor c/o Iwanami Shoten, Publishers, Tokyo

through BC Agency.

중국근현대사 2
근대국가의 모색, 1894-1925

지은이 가와시마 신
옮긴이 천성림
편 집 손소전
디자인 김미영
펴낸이 송병섭
펴낸곳 삼천리
등 록 제312-2008-121호
주 소 10570 경기도 고양시 덕양구 신원로2길 28-12, 401호
전 화 02) 711-1197
팩 스 02) 6008-0436
이메일 bssong45@hanmail.net

1판 1쇄 2013년 1월 25일
1판 2쇄 2017년 9월 15일

값 15,000원
ISBN 978-89-94898-15-5 04910
ISBN 978-89-94898-13-1(세트)
한국어판 © 천성림 2013

중국근현대사

2 근대국가의 모색
1894 – 1925

가와시마 신 지음
천성림 옮김

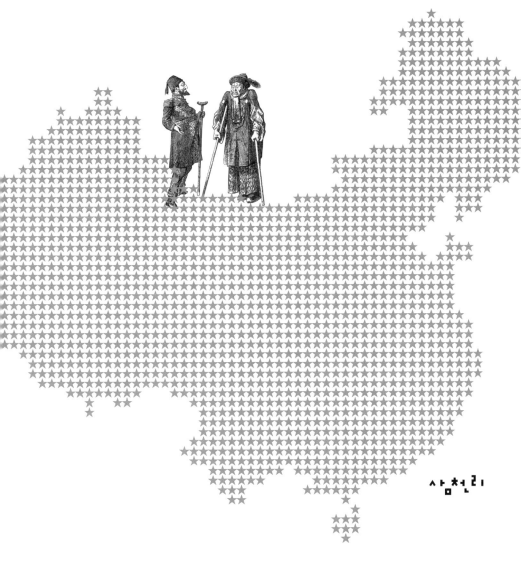

삼천리

서 론

'잠자는 사자'인가,
'동아시아의 병부'인가

이 책은 여섯 권으로 구성된 중국근현대사 가운데 하나로, 주로 1890년대 중반부터 1920년대 중반까지를 다룬다. 시기적으로는 청조의 마지막 15년과 중화민국 전기(베이징정부 시기)에 해당한다. 국가의 영수를 기준으로 본다면 청의 제11대 광서제(光緒帝, 德宗, 1908년 사망)와 서태후(西太后, 1908년 사망)로부터 제12대 선통제(宣統帝)의 시대 그리고 중화민국의 초대 대총통 위안스카이(袁世凱, 1916년 사망) 시대를 거쳐, 임시 대총통을 지낸 쑨원의 사망(1925)에 이르는 시기이다. 일본에서는 대체로 메이지 후기부터 다이쇼 연간에 해당한다.

이 시기 중국을 상징하는 표현으로, 고등학교 세계사 교과서에도 등장하는 '잠자는 사자'라는 말이 있다. 이 말은 영국에 주재해 있던 공사 증기택(曾紀澤, Marquis Tseng)이 1887년에 런던에서 발표한 〈중국: 그 잠과 각성〉이라는 글에 유래한다(*The Asiatic Quarterly Review*, Vol. III 3, 1887). 이 글은 종래 서양에서 '잠자는 중국'이라는 부정적인 표현에, 대영제국의 표상인 사자를 조합하여 중국에 대국의 표상을 부여한 것이었다. 그 후 이 '잠자는 사자'라는 말이 부정적으로 비치는 경우도 있지만, 사자를 청의 국기 모양에 견주어 중국의 표상으로 그려 내는 경향이 이 책에서 다루는 시대에 자주 보일 것이다. 이런 모습들은 망국의 위기에서 자신감을 회복하여 나라를 구하려고 하는 심정을 드러내는 것이라고 볼 수 있다.

또 1895년에는 사상가 옌푸(嚴復, 1853~1921)가 동아시아의 '병부'(病夫)라는 말을 사용하여 동시대의 중국을 다음과 같이 평했다. 이 표현은 오늘날에도 중국 영화나 텔레비전 방송에 자주 등장하여 근대 중국을 표상하는 말이 되었다.

국가라는 것은 바로 인간의 신체에 비유할 수 있다. 오늘날, 육신의 안락을 탐하면 쇠약해지고 노고를 거듭하면 강해진다는 말이 당연한 이치로 되어 있다. 그러나 만일 병부에게 날마다 한도를 지나치게 초과하는 일을 하게 해서 강해지기를 구한다면, 그 병부의 죽음을 앞당길 뿐이다. 지금 중국은 아직 그런 병부와 같은 상황이다(嚴復, 〈原强〉).

옌푸는 중국에 적합한 부강을 도모해야 한다고 주장했으며, 아울러 표면적인 것이 아니라 근원으로부터 개혁할 것을 주장했다. 그 배경에는 '병부'라고 하는 중국 인식이 있으며, 여기서 '병'이라고 하면 아편 문제와 전족을 가리킨다. 그 뒤로 중국에서는 외국인의 중국 인식으로서 동아시아의 '병부'라는 말이 사용되었다. 일본인이 중국을 멸시하는 용어 가운데 하나인 것처럼 사용된 탓에 이 말을 일본어라고 생각하는 경우도 적지 않다. 그러나 옌푸가 병부라는 말을 사용했을 때, 그가 문제의 핵심을 열강의 침략보다도 중국인 자신에게서 찾고 있었다는 경향성에

ANOTHER "SICK MAN."

THE SULTAN (cheerily). "GOING TO PIECES, OLD MAN? NONSENSE! ALL YOU WANT IS A DOSE OF 'CONCERT OF EUROPE!' WHY—LOOK AT ME!!"

또 한 명의 병부 '병부'라고 일컬어지던 오스만투르크 제국(왼쪽, 지팡이 하나)이 또 한 명의 '병부'인 청조(오른쪽, 지팡이 두 개)에게 조언하고 있는 모습(《パンチ》 Punch 1989년 1월 8일, 東田雅弘, 《図像 のなか中国と日本》).

주목하고 싶다. 1890년대 후반의 중국에서는, 마치 오이를 잘라 내듯 열 강에게 국토를 분할당한다고 하는 '과분(瓜分)의 위기'가 확산되었다. 그래서 외환에 대한 두려움이 커져 가는 한편 내우에도 엄중한 눈길이 모이고 있었다.

루쉰과 '구국'의 과제 이런 경향은 루쉰(魯迅, 1881~1936, 본명은 저우수런周樹人)의 시선과도 통한다. 루쉰의 경우는 신체적인 '병'보다는 정신 상태나 삶의 자세 그 자체에서 '병'을 찾아냈다. 《후지노 선생》(藤野先生, 1926)에서 루쉰은, 러일전쟁 때 센다이의학전문학교에서 공부하다 퇴교하여 문학의 길에 뜻을 두게 된 계기를 이렇게 설명하고 있다.

나는 잇달아 중국인이 총살당하는 것을 보아야 하는 운명에 맞닥뜨렸다. …… 강의가 끝나고 다음 수업까지 시간이 날 때면 뉴스 영화를 보여 주었다. 물론 전부 일본이 러시아에 승리하는 장면이었다. 그런데 갑자기 중국인이 그 속에 나왔다. 러시아인을 위해 스파이 행위를 한 일로 일본군에 잡혀 총살당하는 게 아닌가. 그런데 총 맞은 사람을 에워싸고 구경하고 있는 이들 또한 한 무리의 중국인이었다. 그 교실에는 또한 나라는 사람도 있었다. "만세!" 그들(일본인)은 모두 박수를 치며 환호했다. 이런 환호는 그런 장면이 나올 때마다 터져 나왔다. 하지만 나에게는 그 환호성이 특별히 절실하게 느껴졌다. 그 후 중국으로 돌아와 어떤 범인이 총살당하는 광경을 한가로이 구경하는 이들을 보았는데, 그들 역시 마치 술 취한 사람처럼 갈채하는 것이 아닌가! 아아, 차마 볼 수가 없구나! 그런데 언제 어디선가 내 생각은 바뀌어 버렸다(小田嶽夫·田中淸一郞 共訳,《魯迅選集 創作集 2》).

저우수런(루쉰)은 러일전쟁 뉴스 영화에서, 중국 국토에서 열강이 전쟁을 벌이고 있는 주권 침해 문제와 함께 처형당하는 동포를 그냥 보고 있는 중국인들을 보았다. 그리고 그 영화를 보고 있는 자신의 모습을 발견했다. 이 일을 계기로 저우수런은 의학의 길을 단념하고, 신체보다도 정신의 개선을 도모해야 한다고 마음먹고 문학의 길로 나아가게 되었다.

이 책에서 다루게 될 시대를 살아간 지식인들의 과제는 '구국'이었다. 구국의 방법을 찾는 가운데, 그들은 망국의 위기에 빠지게 된 원인을 분석하고 대책을 마련했다. 이 과정에는 그토록 가혹한 상황을 초래한 것에 대한 자기비판과 함께, 역사와 국력에 대한 잠재된 자신감 그리고 서

루쉰이 다닌 센다이의학전문학교(1910년대, 東北大学 史料館).

센다이의학전문학교 시절의 루쉰(아랫줄 가운데, 東北大学 史料館).

양 문명에 대한 동경과 침략에 대한 비판과 저항 등이 중첩되어 복잡한 심정이 엿보인다. 그리고 거기에서 나온 구국의 방법 또한 다양했다. 이 책이 다루게 될 30년 동안은 중국에서 근대의 제도와 가치관이 받아들여지고, 눈에 띄는 사회적 변화가 일어난 시기이기도 하다. '잠자는 사자'나 동아시아의 '병부'라는 표현에는 이런 시기를 살아간 지식인의 심정이 상징적으로 반영되어 있다고 할 수 있다.

네 가지 과제　　중국의 지식인들이 목표로 삼은 '구국'의 길에는 우여곡절로 가득 차 있었다. 또 1895년 청일전쟁의 패배에서 신해혁명, 중화민국의 성립을 거쳐 국민혁명에 이르기까지, 30년은 그야말로 격동의 시대였다. 중국에도 근대와 관련된 여러 가지 제도와 가치관이 도입되며, 그에 따른 국가와 사회의 관계, 국가와 개인의 관계 변화 등이 근대에 대한 반발과 동시에 진행되었다. 이 시대에는 '중국'이라든가 '중국인'이라고 하는, 오늘날까지 사용되고 있는 국가와 국민의 윤곽이 형성되어, 왕조인 청이 아니라 중국을 염두에 둔 내셔널리즘과 애국주의도 출현했다.

　이 시기에 정치뿐 아니라 다양한 분야에서 근대가 어떤 관념으로 다가갔으며, 제도와 기구가 어떻게 재편되어 갔는지 그려 내는 것이 이 책의 첫 번째 과제이다. 아울러 그 과정을 근대라는 척도에 대입하여 그 편차를 평가하는 것이 아니라 하나의 고유한 시대상으로서 살펴보고자 한다. 또 일본을 비롯한 아시아 여러 나라, 나아가서는 세계와 공통성을 갖는 시대상을 그려 보고자 한다.

　이 격동의 시대는 '혁명'이라고 이름 붙은 수많은 사건이 일어난 시기이기도 하다. 신해혁명, 제2혁명, 제3혁명, 국민혁명 등이 그것이다. 중국에서는 최근까지(어쩌면 지금도) 혁명이야말로 역사의 주선율이며, 1919년의 5·4운동이 근대와 현대의 전환점이라고 설명해 왔다. 혁명이라 일컫는 사건들의 중요성과 그에 따른 역사의 변화는 부정할 수 없겠지만, 그렇다고 혁명이 모든 변화를 가져왔다는 식으로 선입견을 갖고 역사를 서술하는 것은 적절치 않다. 혁명사가 중국공산당과 국민당의 정당성을 지탱하는 논리라고 한다면, 더더욱 그런 선입견에 매여서는 안 된다. 역사의 변화는 하나의 과정으로서 묘사되는 것이다. 나는 변화의 과정으로서 역사를 서술하는 것을 두 번째 과제로 삼고자 한다.

이 책에서 다루는 30년은 흔히 분열과 혼란의 시대로 그려지는 경향이 있다. 사실 19세기 후반에 진행된 기층 사회의 무장화(militarization) 움직임과 성을 단위로 한 국가 건설, 중앙에 의한 강력한 집권화와 그에 대한 반발 때문에 1910년대(특히 후반)에는 중앙정부의 통치 능력이 눈에 띄게 떨어졌다. 그렇다고 각각의 정치 세력들이 중국이나 중화민국이라는 큰 틀을 부정한 것은 아니다. 저마다 구국을 위한 대책을 내놓았고 거기에는 다원화되고 분화된 복수의 근대라고도 할 만한 상황이 나타나고 있었다. 이처럼 언뜻 복잡해 보이는 상황을, 통일과 분열이라는 이분법이 아니라 각 주체의 다양성과 관련성을 염두에 두고 그려 보는 것이 이 책의 세 번째 과제이다.

나아가 중국사 전체를 통해 살펴보아도, 이 시기에는 책봉 등에 기초한 대외 관계가 사실상 정지되고, 과거제도 폐지, 황제지배체제(帝制)의 실질적인 폐지 등 왕조와 일련의 제도가 전환되었다. 이러한 왕조의 논리 전환이 의미하는바, 그리고 왕조 통치의 논리와 가치관이 근대에 어떻게 반발했으며 또 타협하고 재편되어 갔는지를 살펴보는 것이 중요하다. 이것을 네 번째 과제로 삼고자 한다.

공간의 확대 역사 과정을 그려 낼 때 이러한 점들이 과제라고 한다면, 이 책에는 가로축이라 할 수 있는 공간에 대한 문제의식이 있다. 이 책이 다룰 시기에는 오늘날 흔히 사용되고 있는 '중국'이라는 국가의 윤곽이 드러나고 있었다. 그렇다고는 해도 청조의 판도, 즉 오늘날까지 기본적으로 계승되고 있는 그 공간은 다양성으로 가득했고 도시와 농촌의 차이도 현저했다. 중앙정부의 통치 능력에 한계를 보이던 시기에는 지역마다 다른 근대가 형성되었다고 볼 수 있다. 이러한 '중국' 자체가 지닌 공간적인 확대, 그 근대의 다양성을 가로축의 첫 번째로 삼고 싶다.

두 번째는 주변 여러 나라와 관계를 맺는 방식이다. 대륙 국가인 중국은 동북쪽의 한반도, 북쪽의 러시아, 서쪽의 중앙아시아, 서남쪽의 영국령 인도, 남쪽의 프랑스령 인도차이나, 동남쪽 남중국해, 동쪽의 동중국해와 일본 등 바깥에 여러 국가와 지역을 마주하고 있다. 이러한 중국을 둘러싼 주변 여러 나라와 지역 그리고 그들과 중국의 관계를 의식하면서, 중국 그 자체가 갖는 공간적 확대와 사람의 이동에도 주의를 기울일 것이다. 특히 이 책이 다룰 시기에 중국에서는 아무래도 동쪽 일본이라는 존재의 무게가 북쪽의 러시아와 함께 가장 컸으며, 또 두 나라와 중국이 겹치는 무대인 만주가 초점이 되었다.

셋째는 19세기부터 20세기에 이르는 세계의 상황이다. 열강을 중심으로 한 국제정치와 관련지어 중국을 파악하는 동시에 세계사 속에서 이 시기의 중국을 살펴보려고 한다. 세기의 전환기에 중국의 역사 또한 세계사의 한 지점이었다.

요컨대 이 책에서는 이 시대 중국의 동시대인들이 의식하고 있던 논점 또는 의식하지는 않았더라도 중요했다고 생각되는 논점을 과제로 설정하고, 그것을 다양한 중국, 동아시아라는 공간 그리고 세계사 속에서 검토하는 것을 목표로 삼는다.

러 시 아

외 몽 골

○일리

○우루무치

○카스

신장

칭하이

티베트

○라싸

캉딩

쿤

원난

영국령 인도

20세기 초의 청조

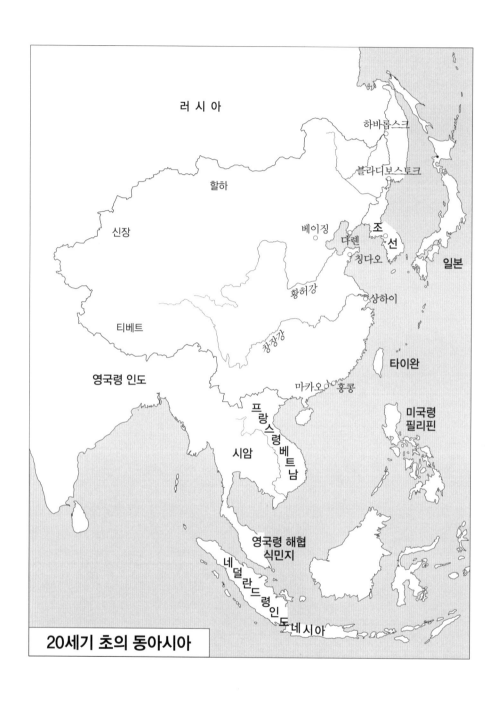

러 시 아

하바롭스크

블라디보스토크

할하

신장

베이징

조선

다롄

칭다오

일본

황허강

상하이

티베트

창장강

타이완

영국령 인도

마카오   홍콩

프랑스령베트남

미국령
필리핀

시암

영국령 해협
식민지

네덜란드령인도네시아

20세기 초의 동아시아

1장

구국과 정치 개혁

상하이 역을 묘사한 연화(청말, 武田雅哉,《翔べ! 大清帝国》).

1. 청일전쟁

대외 관계의 변화 19세기 중반 이후 청(淸)은 전쟁에서 잇따라 패배하고, 이른바 번병(藩屛)인 주변의 조공국을 상실했다. 청의 대외 관계는 책봉이나 조공 같은 의례에 기초한 '전통적'인 관계가 아편전쟁 이후 서양 국가들과 접촉해 감에 따라 점차 근대적 조약에 바탕을 둔 관계(외교)로 전환되어 갔다. 책봉이란 주변 국가들이 신하가 되는 의례를 행하면 그 보증으로서 국왕 칭호와 인새(印璽), 역(曆)을 내리는 것이고, 조공이란 그러한 의례의 대가로서 일정한 교역 활동을 인정하는 것이다.

하지만 이러한 책봉·조공 관계가 서양 국가들과 맺은 조약 관계에 따라 곧바로 변화를 요구받은 것은 아니었다. 사실 책봉·조공 관계가 있는 나라에 대해서는 은혜에 기초한 여러 가지 우대 조치가 있었고, 심지어 서양 국가들과 맺은 불평등조약에 나타난 불평등까지 청조의 은혜라고 여겨졌다. 따라서 조약을 체결한 여러 나라에 부여한 은혜가 책봉·조공 관계에 있는 나라들에 대한 은혜보다도 오히려 낮은 것으로 해석될 여지가 있었다. 제2차 아편전쟁 후 톈진조약과 베이징조약에 따라 영국,

미국, 프랑스, 러시아 4개국 공사가 베이징에 상주하게 되자, 황제를 알현하는 문제가 구체화되었다. 그리하여 의례의 측면에서 책봉과 조공에 기초한 관계에 있던 주변 국가의 사절 대우와 베이징 주재 공사들의 대우 조정이 불가피해지는 등 아마도 기존의 관계에 대해서도 수정을 촉구당하는 분위기가 있었을 것이다.

그리고 1870년대 이후, 청과 의례에 기초한 관계를 맺고 있던 주변 여러 국가들이 잇따라 열강의 식민지가 되고 러시아나 일본 영토의 일부로 편입되자, 이런 의례 관계에도 변화가 나타나기 시작했다. 조선과의 관계를 예로 들어 보면, 종래의 의례에 기초한 관계를 유지하면서도 서양 국제 관계의 규범인 만국공법의 논리를 이용하여 자리매김하려고 했다. 종래의 내정 불간섭 원칙을 버리고 위안스카이(袁世凱, 1859~1916)를 총리조선교섭통상사의(總理朝鮮交涉通商事宜)로 파견하기도 했으며, 산둥(山東) 출신 이민자가 중심이던 중국 상인을 위한 조계(租界)를 설치하여 영사재판권을 설정하고 조선의 전신(電信)을 관리하기도 했다. 청은 의례에 기초한 관계와 조약에 기초한 관계라는 이중 잣대를 이용했다. 양자의 모순과 관계를 조정하는 가운데, 청과 주변국들 사이에 있던 '복수(複數) 관계의 묶음'으로서 책봉·조공 관계를, 만국공법을 차용하면서 하나의 질서로 그려 내려 했다고도 볼 수 있다.

한반도를 둘러싼 청과 일본의 대립

1871년 일본은 청과 청일수호조규(淸日修好條規)를 체결했다. 동치(同治) 연간(1861~1874), 청은 영국·미국·프랑스·러시아로 한정되어 있던 조약 관계를 점차 다른 유럽 여러 나라까지 확대해 나갔다. 물론 의례에 기초한 책봉

·조공 관계에 큰 변화는 없었다. 이런 흐름 속에서 청과 일본 두 나라는 최초의 평등조약(조규)을 체결했다. 그러나 교섭 과정을 청이 주도했고 두 나라 사이에 오간 문서에도 한문을 사용하기로 하는 등 청이 우월한 위치에 있었다.

1876년, 일본은 불평등조약인 조일수호조규(朝日修好條規)를 체결하여 조선을 '개국'시켰다. 하지만 이 조약이 조선과 청의 관계를 곧바로 변화시킨 것은 아니었다. 1880년, 청의 주일 공사관 참찬관(參贊官) 황쭌센(黃遵憲, 1848~1905)이《조선책략》(朝鮮策略)이라는 의견서를 일본에 와 있던 조선 관료에게 건네주었는데, 거기에는 "중국과 친하게 지내고, 일본과 관계를 맺고, 미국과 연대해야 한다"(親中國, 結日本, 聯美國)고 쓰여 있었다. 또 청은 조선의 '개국'을 껄끄럽게 여기고 있지 않으며, 조선은 청의 "속국이기도 하지만, 또 자주국이기도 하다"라는 이중적인 입장을 취했다. 청과 조선의 의례에 기초한 관계는 유지하되, 조선은 자주국으로서 다른 국가들과 조약을 체결할 수 있다는 것이다. 영국을 비롯한 열강은 이러한 관계를 무조건 부정하지는 않았다. 하지만 일본은 그런 청의 태도를 비판하고 조선의 '독립'을 요구했다.

이러한 상황에서 청은 종래의 책봉 관계에서 전례가 없을 정도로까지 조선에 대한 관여를 높이려고 했다. 한편 일본은 친일파 양성에 힘썼다. 조선 국왕 고종의 왕비 민씨 일족은 일본에 접근했고, 그에 반발하는 대원군을 지지하는 세력이 1882년에 반란을 일으켰다(임오군란). 이 반란은 실패했지만, 민비 세력은 반대로 청과 연대를 추진했다. 그해 중조상민수륙무역장정(中朝商民水陸貿易章程)이 체결되어 조선과 청 사이에는 무역이 제도화되었다. 이즈음 한반도에는 중국 조계(租界)가 개설되어 중국인에게는 사실상의 치외법권과 영사재판권이 부여되었다. 의례에 기초한 책봉 관계의 상징성은 유지되면서, 무역에 관한 부분은 새로운 규칙으로 이행되었다고 보아도 좋을 것이다.

1884년에는 김옥균을 비롯한 개화파가 일본에 의지해서 쿠데타를 일으켰지만, 위안스카이가 이끄는 청의 군대가 구원병으로 와서 진압했다(갑신정변). 1885년에 청과 일본 두 나라는 톈진조약을 체결하여, 상호 철병하고 이후에 출병할 경우에는 서로 통보하기로 했다.

조선에서는 중국이 우세해졌고, 임오군란 진압 때 납치되어 중국에 억류되어 있던 대원군을 데려온 위안스카이는 총리조선교섭통상사의(總理朝鮮交涉通商事宜)로서 조선의 국내외 정치에 이전보다 훨씬 큰 영향력을 갖게 되었다.

해군 건설과 나가사키 수병 사건 청의 근대 해군은 1860년대부터 형성되어 보하이(渤海)와 황해의 북양(北洋), 상하이 주변의 남양(南洋) 그리고 푸젠(福建) 및 광둥(廣東)의 해군으로 구성되어 있었다. 1888년 주력인 북양해군이 구입한 외국 선박을 중심으로 '함대' 편성이 이루어졌다. 북양해군의 재원은 장쑤(江蘇), 저장(浙江), 장시(江西), 후베이(湖北) 각 성의 이금(釐金, 통행세)과 상하이, 광둥, 뉘좡(牛莊) 등에서 거둔 관세(200만 냥)였는데, 이 가운데 100만 냥 이상이 군함 구입에 충당되었다. 1890년의 북양함대는 독일제 '진원'(鎭遠)과 '정원'(定遠, 모두 1881년 제작)을 중심으로 하는 주력함 9척을 포함해 모두 25척으로 총톤수 3만6천 이상, 승조원 2천800명 이상이었다.

이 청조의 해군은 일본에게 커다란 위협이었다. 그 위협을 일본 사회에 강력히 인지시킨 것이 1886년 8월 13일에 일어난 나가사키 청국 수

청의 군함 '진원'(*Illustrated London News*, 1894년 9월 29일, 東田雅弘,《図像のなか中国と日本》).

병(水兵) 사건이었다. '진원'과 '정원' 등 선박 4척이 배를 보수하기 위해 나가사키에 기항했는데, 이때 청의 수병 몇 사람이 요리아이마치(寄合町)라는 마을의 숙소인 유락정(遊樂亭)에서 난동을 부리고 기물을 파괴한 것이다. 유락정에서 마루야마(丸山) 파출소로 신고가 들어와 당직 순사 한 명이 현장에 가서 소란을 진정시키려고 했지만, 수병들은 오히려 그 순사를 폭행하고 유락정을 박차고 나가 버렸다. 이윽고 15일에는 청의 수병 수백 명이 일본 순사와 난투를 벌여 사상자가 나오게 되었다.

사건에 대한 양국 정부의 견해는 애초부터 달랐다. 하지만 서로 치외법권을 승인한 것도 있어서, 양국이 서로 관계자를 처벌하고 사상자에게는 위로금을 지불하는 것으로 일단락되었다. 이 사건은 군사 면에서 일본 측에 청이 우세하다는 강한 인상을 주었고, 이 사건을 계기로 일본에서는 군비 확장을 호소하는 움직임도 나타났다. 그러나 이후 두 나라 정부는 사태의 확대와 재발 방지에 노력했다. 1891년에 북양함대가 일본 항구에 들어왔을 때는 수병의 상륙을 금지하는 등 두 나라 모두 상당히 주의를 기울였다.

그렇다면 청이 압도적 우세에 있었음에도 어떻게 해서 청일전쟁에서는 일본 해군이 우세하게 되었을까? 이 점에 대해서는 여러 가지 설명이 있다. 일반적인 설명은 북양함대의 예산 대부분을 서태후가 이허위안(頤和園) 조영비로 충당한 탓에 새 함선을 구입하거나 함선을 보수할 수 없었다고 하는 것이다.

이 설명은 언뜻 이해하기는 쉽지만 사실관계는 명확하지 않다. 1890년대 전반의 해군 예산 부족은, 만주 주변에서 러시아의 위협에 대비하기 위해 육군에 경비를 충당했을 가능성과 함께 다량의 해군 예산을 광둥 수사(水師, 해군)의 증강에 충당하고 있던 것을 중요한 배경으로 들 수 있다. 이 광둥 수사에서 새로 구입한 함선 역시 청일전쟁에 참가했고 일본 해군에게 격침당했다.

**전쟁 발발과
선전 조서**
1894년 한반도에서 동학농민운동이 일어나자, 조선의 요청을 받은 청이 출병했다. 톈진조약에 근거하여 일본에도 통지했기 때문에 일본도 출병했다. 두 나라의 출병 사실이 알려지자, 조선 정부와 동학농민군 측은 화해했다. 반란을 진압할 필요가 없어졌기 때문에 조선은 양국 군대에 철병을 요청했다. 그러나 일본은 철병하지 않고 조선에 내정개혁안을 제시했다. 조선이 제안에 응하지 않자 일본군은 7월 23일에 궁궐에 난입하여 친일 정권을 수립했다. 이렇게 해서 청일 양국의 대립은 깊어 갔다.

일본에 패배한 청조 청조에 승리한 일본을 '자이언트 킬러의 재프(jap, 일본)'라고 표현한 영국 만화(《パンチ》1894년 9월 29일, 東田 앞의 책).

7월 25일, 일본 측의 선제공격으로 풍도해전(일본에서는 호도오키해전 豊島沖海戰이라고 한다. 풍도는 오늘날의 경기도 안산시에 속한다―옮긴이) 이 발발했고 곧이어 교전 상태가 되었다. 7월 31일 청은 일본과 외교 관 계를 단절하고 8월 1일에는 선전포고를 하기에 이른다. 8월 1일 일본은 청과 단교하고, 같은 날짜로 전쟁선포 조칙을 작성하여 이튿날《관보》에 게재했다.

전쟁을 선포하는 광서제의 이 글은 "조선이 200년도 넘게 우리 대청 의 번속으로서 해마다 공물을 바쳐 왔음은 세계 여러 나라들이 다 알고 있다"로 시작한다. 이어 국제사회도 일본의 조선 출병을 도리에 어긋나 는 것으로 본다며 비판했다. 그리고 중국은 조선의 '백성'과 중국 상민 (商民)을 지키기 위해서 파병한 것인데, 일본 측이 충청도 아산 등지에서 공격을 가했다고 비난했다. 이어 "일본은 조약도, 국제법도 지키지 않는다"고 비난하면서 거기에서 스스로의 '정의'(正義)를 찾아내려고 했다.

한편 일본은 '청국에 대한 선전(宣戰) 조칙'에서 국제법 준수를 선언하면서, "조선은 제국(帝國)이 일깨워(啓誘) 비로소 열국의 대열로 나아가게 한 독립국이다. 그런데 청국은 언제나 스스로 조선을 속방이라 칭하면서 음으로 양으로 내정에 간섭하고, 내란을 틈타 속방을 원조한다는 구실로 조선에 출병했다"고 표명했다. 말하자면 일본은 조선을 독립시키려고 하는데, 조선을 속방으로 삼으려 하는 중국이 방해하고 있다고 함으로써 스스로의 '정의'를 찾아내려 한 것이다.

전쟁 발발 이후 일본 국내에서는 의회도 전쟁 관련 예산과 법안을 승인하고, 국가 세입의 두 배가 넘는 경비를 전쟁에 투입했다. 전쟁 국면은 일본의 우세로 돌아가, 일본은 한반도에서 중국군을 몰아내고 랴오둥반도와 북양해군의 거점이었던 웨이하이웨이(威海衛)까지 점령했다. 또 일본의 우세 속에서 강화 교섭이 진행되는 가운데, 1895년 3월 26일 일본군은 펑후제도(澎湖諸島)를 점령하고, 타이완과 펑후제도의 할양을 강화의 조건으로 내세웠다. 또한 일본은 시모노세키조약 교섭이 시작되기 직전인 1895년 1월, 센카쿠열도(尖閣列島, 중국명은 댜오위다오)의 영유를 각료회의에서 결정했다.

패전과 3국간섭 1895년 4월 17일, 일본 측 전권대표 이토 히로부미(伊藤博文)·무쓰 무네미쓰(陸奧宗光)와 청의 전권대표 이홍장(李鴻章)이 시모노세키조약(중국에서는 마관조약馬關條約이라고 부른다)을 체결하고 5월 8일 즈푸(芝罘)에서 비준서를 교환했다. 조약 제1

조에서 청은 조선이 완전무결의 독립 자주국임을 인정하고 종래의 전례(典禮)나 공물을 바치는 관계를 중지시켰다. 그에 따라 청의 대외 관계에서 이중 잣대의 한쪽이었던, 의례에 근거한 관계가 사실상 소멸되었다. 이후 청은 대외 관계의 중심을, 조약을 바탕으로 한 관계로 옮기게 된다.

제2조에서 청은 랴오둥반도와 타이완, 펑후제도를 일본에 할양했다. 그리고 제4조에서는 전비 배상금으로 고평은(庫平銀, 당시 중국의 은화—옮긴이) 2억 냥(3억 엔)을 7년에 걸쳐 나누어 내기로 약속했다. 이 금액은 청의 세입 총액의 2년 반 분량에 상당하는 것이었다. 이 배상금은 뒤에 살펴볼 랴오둥반도 반환금과 함께 청의 재정을 크게 압박하게 된다.

제6조에서는 청일수호조규 등 기존의 조약을 파기하고, 청일 관계를 청과 서양 국가의 조약 관계와 동일한 상태, 즉 불평등조약 관계로 이행시키도록 했다(자세한 사항은 1896년 7월 21일에 체결한 청일통상항해조약에서 정해졌다). 제6조 4항에서는 개항장이나 개시장(開市場)에서 그때까지 이미 행해지고 있던 외국 기업의 조약항(條約港)에서의 공장 경영을 공식적으로 인정했다. 그 결과 외국 기업은 중국에 대해 적극적으로 투자하게 되었다(처음에는 영국의 면방적이 중심). 그 밖에도 제6조 1항에서는 항저우와 쑤저우 등지에 일본의 조계를 개설하기로 약속했다.

시모노세키조약의 교섭 과정에서 청은 여러 가지 외교 공작을 펼쳤다. 먼저 랴오둥반도를 두고, 이홍장은 중국 주재 독일공사를 지낸 폰 브란트(Max von Brandt)로부터 독일이 간섭할 수 있음을 알아낸 뒤에야 조약에 조인했다. 말하자면 3국간섭을 끼워 넣고서야 비로소 조인했던 것이다. 1895년 4월 23일 러시아·프랑스·독일 세 나라에 의해 3국간섭이 이루어지고, 5월 5일 일본은 이를 수용해 랴오둥반도를 반환하기로 했다. 청은 일본에게 반환금 3천만 냥을 지불했다.

또 장즈둥(張之洞, 1837~1909)의 지도 아래 타이완에서는 만국공법에 바탕을 둔 주민 자결의 논리로 일본의 영유를 막고, 나아가 일본의 랴오둥반도 영유를 견제하기 위해 5월 25일 타이완 순무 탕징쑹(唐景崧, 1841~1903) 등이 타이완의 재지(在地) 세력을 포함한 '민주' 국가, 타이완민주국(臺灣民主國)을 성립시켰다. 그 후 일본군이 상륙하자 총통이 된 탕징쑹도, 또 흑기군(黑旗軍)을 이끌었던 류잉푸(劉永福, 1837~1917)도 10월까지는 중국으로 피신했다. 타이완 재지 세력은 마지막까지 일본군에 맞서 저항했지만, 결국 11월 18일에 가바야마 스케노리(樺山資紀) 초대 타이완 총독이 "이제 모든 섬이 평정으로 돌아갔다"고 타이완 평정선언을 발표했다. 이렇게 해서 일본은 아시아 최초의 식민지 제국이 되었다.

패전의 수용 방식과 자강론

패전을 둘러싸고 청조 지식인이나 관료의 반응은 다양하게 나타났다. 그 첫 번째 반응으로는, 마침 과거 시험(회시)을 치르기 위해 모여 있던 광둥 출신 캉유웨이(康有爲, 1858~1927)와 량치차오(梁啓超, 1873~1929)가 제출한 상서(上書, 황제에 대한 의견서로 상주와는 다르다)가 잘 알려져 있다. 뒤에 살펴보겠지만 이 의견서는 이홍장 등에 대한 책임 추궁과 강화 거부, 천도, 변법(정치 개혁)을 주로 하면서도, 일본에 대한 경계와 일본을 변법의 성공 사례로 여기는 이중적 관점을 담고 있었다.

이 같은 움직임은 중앙의 관료들한테서도 나타났는데, 예컨대 한림원의 장바이시(張百熙, 1847~1907)도 이홍장의 책임을 추궁하면서 패전을 정치 개혁으로 연결시키고자 하는 상주문을 제출했다. 또한 이홍장을 타협적이라고 비판하는 관료들도 전쟁 국면의 추이 과정에서 강화 거부와 함께 변법을 주장하게 되었다. 하지만 조선의 자주독립을 주장하는 반론은 나타나지 않았다. 그 후 광서제는 1895년 7월 자강을 꾀하고 정치 개혁을 수행한다는 취지의 상유(上諭)를 내렸다.

두 번째 반응은, 시모노세키 조약에 따른 국권 상실을 조금이라도 줄여 보려는 움직임이었다. 앞서 살펴본 3국간섭과 관련한 이홍장의 행동이나 타이완민주국을 둘러싼 장즈둥의 행동이 그런 예이다. 이 밖에 시모노세키조약 제6조 1항에 규정된 사스(沙市), 충칭, 쑤저우, 항저우에 조계를 개설하는 문제와 관련해, 예컨대 교섭을 담당한 황쭌센 등은 일본인을 격리시키려는 목적으로 각 도시의 불편한 지역에 조계를 설정하려고 교섭했다.

중국을 둘러싼
국제정치의 변화

19세기 후반의 세계 정치에서 영국은 전신을 비롯한 통신망과 런던의 도시 결제 네트워크 등 국제 공공재를 제공하는 걸출한 존재였다. 그렇지만 프랑스나 러시아, 오스트리아-헝가리의 영향력도 적지 않았고, 신흥 독일과 미국도 세계 정치의 무대에 등장하고 있었다. 3국간섭에는 러시아-프랑스 동맹에 대한 독일의 견제뿐 아니라 청에 대한 세 나라의 관심을 보여 주는 사례라는 의미도 담겨 있었다.

청일전쟁에 즈음하여 청은 국내 채권을 통해 전비 조달을 꾀했지만, 1,102만 냥밖에 모으지 못한 채 결국 외채에 의존하게 되었다. 그 대부분은 해관(세관) 수입을 담보로 해서 영국으로부터 차관을 받은 것인데, 거기에는 독일한테서 받은 100만 파운드의 차관(난징 차관)도 포함되어 있었다. 전쟁이 끝나고 청은 일본에게 전비 배상 2억 냥, 랴오둥반도 반환 보상금 3천만 냥과 웨이하이웨이 보장점령비(保障占領費)로 해마다 50만 냥씩 지불해야 했다. 이 지불에 대해서는 러시아가 적극적이었다. 러시아는 프랑스와 함께 청에 차관 4억 프랑을 제공하면서, 원금 지불에 대해서는 교환 조건을 두지 않는다고 하여 중국 근대 외채 사상 최고의 조건으로 보증했다. 이는 영국에 대항하는 러시아의 적극성을 보여 주는 것이다. 또한 영국과, 빌헬름 2세의 대외 팽창정책 아래에 있던 독일도 1896년과 1898년에 모두 3,200만 파운드의 배상금 지불용 차관을 제공했다. 이들 차관의 담보는 대개 해관 수입이었고, 그 밖에 창장 강(長江, 양쯔 강) 유역의 일반 이금 등으로 충당했다.

러청 밀약과 만주　청일전쟁 패배 후 청에는 일본의 변법을 배우고자 하는 경향이 나타났다고 앞서 언급한 바 있다. 그런데 청, 특히 이홍장이 외교 면에서 접근한 나라는 일본이 아니라 러시아였다. 시모노세키조약 체결 전인 1895년 2월, 프랑스의 4대 은행과 금융계가 주도하여 러시아에 러청은행(華俄道勝銀行)이 설립되었다. 1896년 3월 이홍장은 러시아 황제 니콜라이 2세의 대관식에 축하사절로 파견되었고, 6월에는 페테르부르크에서 청러비밀동맹조약(이른바 러청 밀약)이 체결되었다. 이 조약은 일본을 가상의 적으로 한 군사동맹의 성격과 함께 만주의 철도 부설권과 경영권을 러청은행에 부여한다는 의미를 담고 있었다. 기간은 15년으로 했다. 이 조약이 러일전쟁에는 적용되지 않았지만, 뒷날 민국 시기의 학자 장팅푸(蔣廷黻, 1895~1965)는 그것을 이홍장 최대의 실책이라며 부정적으로 평가했다. 왜냐하면 그 밀약은 러시아의 만주 침략을 불러왔을 뿐 아니라, 만주와 조선에 대한 일본의 경계심과 침략을 야기하는 등 뒷날 만주사변으로까지 치닫게 되는 만주 문제는 모두 이 조약이 초래했기 때문이라는 것이다.

당시 시베리아철도는 프랑스 자본에 의해 1891년부터 동쪽을 향해 건설이 시작되고 있었는데, 러청 밀약에 근거해서 러시아와 청 쌍방의 출자로 대청동성철로공사(大淸東省鐵路公司, 동지東支철도주식회사)가 부설되었다. 철도는 만저우리(滿洲里)에서 하얼빈을 거쳐 수이핀허(綏芬河) 그리고 연해주(블라디보스토크)로 만주를 동서로 횡단하며 1903년 7월에 이르러 완성되었다(동청철도東淸鐵道). 또 하얼빈에서 창춘(長春)을 거쳐 다롄(大連)에 이르는 남만주 지선(창춘에서 다롄 부분이 뒷날의 만철)도 1903년 1월에 완성되었다. 러일전쟁이 일어나기 바로 전해의 일이다.

2. 분할의 위기

통신 체계의 정비 중국의 통신 체계 재편은 전신(電信)에서부터 추진되었다. 전신 체계는 1880년대부터 재외 사신의 왕래 및 전쟁이나 교섭에서 전달을 위해 나라 안팎에 걸쳐 본격적으로 건설되기 시작했다. 1897년에 이르러 후난 성에까지 개통됨으로써 전국 22성에 대한 전신 건설이 완료되었다. 또한 1899년에는 몽골을 경유하여 시베리아의 전신망에 연결함으로써 유럽으로 최단 루트가 개통되었다. 이 밖에도 티베트와 윈난(雲南)에도 전신망이 확대되었고 주변의 미얀마나 인도차이나로도 연결되었다. 이로써 일찍이 번부(藩部)를 포함해 국내외 정치에 관한 연락은 종래의 문서를 대신하여 전신을 통해 신속하게 이루어지게 되었고 이는 중앙집권을 강화하는 데 이용되었다.

물류 면에서 보면, 청은 본디 베이징을 중심으로 하여 조운(漕運)이라는 체계를 갖고 있었다. 베이징의 수십만에 이르는 황족, 관료, 팔기와 그 자제들에게 제공되는 봉급은 화폐와 현물로 쌍방으로 지불되었기 때문에, 곡물 생산지인 강남을 비롯한 남방과 베이징을 연결하는 것이 왕조를 유지하는 데 필수적인 요소였다. 은의 가치가 하락하고 물가가 급등하고 있던 19세기 말에는 현물 지급이 특히 중요했다. 원래 운송에는 하운(河運), 특히 대운하가 중요한 역할을 했다. 아편전쟁이 일어났을 때도 대운하의 거점인 전장(鎭江)이 점령됨으로써 청조가 전쟁 지속을 단념할 정도였다.

19세기 후반이 되면 태평천국이 양저우(揚州)와 전장을 점령하면서 대운하가 차단된 적도 있고 해서 조운은 해운 쪽으로 이행하기 시작했다. 하지만 기존의 사선(沙船, 수심이 낮은 강이나 운하에서 사람 또는 짐을 실어 나르는 배—옮긴이)을 중심으로 하는 해운업자가 외국 선박과의 경쟁에 밀려 쇠퇴하자 청조도 조운을 위해서 관독상판(官督商辦) 기업으로서 1872년에 윤선초상국(輪船招商局)을 개설했다. 일종의 반관반민 운영 체계인 관독상판은, 국가가 투자하여 관료가 기업의 간부를 구성하는 한편, 민간투자도 모집하고 경영자로는 민간인을 두는 형태이다. 윤선초상국의 기선(汽船)은 19세기 말에 해상 조운의 대부분을 차지했다.

철도 건설   그런데 일본의 타이완 출병에 따른 해방론(海防論)과 청불전쟁에 따른 해상 교통의 위험성, 이에 더해 황허 강의 범람으로 대운하와 하천 교통의 취약성이 드러나면서 물류에서 철도가 중요시되었다. 그 때문에 해운으로 이행한 뒤에도 여전히 하운이 사용되고 있던 대운하의 북단, 텐진과 퉁저우(通州)를 연결하는 철도(진퉁철도) 부설이 논의되었다. 하지만 최종적으로는 1889년에 장즈둥이 베이징 교외의 루거우차오(盧溝橋)와 후베이 성의 한커우(漢口)를 연결하는 철도(루한철도) 부설을 제안해서 결정되었다. 창장 강의 하운과 철도를 조합하면 곡물 등을 베이징에 안정적으로 공급할 수 있으리라 기대한 것이다. 하지만 그 뒤 러시아의 진출과 조선의 정세가 긴박해질 것을 우려한 이홍 장 등은 루한철도보다 베이징에서 성징(盛京, 평톈奉天, 오늘날의 선양瀋陽), 지린(吉林)에 이르는 관동철도(關東鐵道)의 건설을 더 서둘렀다.

그러나 청일전쟁으로 해상 교통이 위험에 빠진 데다 시모노세키조약 으로 조선에서 철수해야 했기 때문에, 결국 곡물 운송과 전략적 중요성 의 관점에서 루한철도의 건설이 재차 결정되었다. 전비와 배상금에 시달 리는 상황에다가 청이 전부를 자력 또는 민간 주도로 설립하는 것 역시 곤란했기에, 여기에서도 관독상판 방식으로 철로총공사(鐵路總公司)를 설립하고 성쉬안화이(盛宣懷, 1844~1916)를 독판(경영자)으로 삼았다. 성쉬안화이는 이미 윤선초상국과 상하이전보총국(上海電報總局)에서도 독판으로 활약하고 있었다. 이후 이 철로총공사가 주도해서 철도 건설 을 추진했다. 재정 핍박에 신음하던 청은 정부 투자에 한계가 있었기 때 문에 자금의 반을 외국자본에 의지해서 건설할 수밖에 없었다. 그리하여 러시아와 프랑스가, 배후에 있는 벨기에의 대벨기에은행공창합고공사 (大比銀行工廠合股公司)와 계약을 맺고 건설을 추진하여 1905년에 개통 했다(징한철도京漢鐵道로 개칭). 철도 관리권은 외국 측이 장악했고, 루한 철도의 부설과 영업 형태는 다른 철도 건설의 원형이 되었다. 또한 이 철 도는 한양제철소(漢陽製鐵所), 다예철산(大冶鐵山), 핑샹탄갱(萍鄉炭坑) 까지 연결되었다.

무역 상황의 변화　뒤에서 다시 살펴보겠지만 연안부의 개항장에 일 정한 규범이 형성되었을 무렵에는 생사(生絲)와 차 를 주된 수출품으로 하여 청의 무역은 흑자로 돌아섰다. 수출이 확대되

1886년에 탕산(唐山)을 시찰하고 있는 이홍장 1881년에 톈진과 연결하는 철도가 부설되어, 카이란 탄광의 석탄을 실어 날랐다(《袁世凱與北洋軍閥》).

어 1895년에는 수출액이 5,300만 파운드에 이르게 되는데, 그 배경에는 1873년부터 나타난 은의 국제 가격 하락이 있었다. 중국 경제가 은본위였던 덕분에 수출에 유리했던 것이다.

수출과 수입이 모두 확대된 1890년대에는 무역 품목도 다양해졌다. 차와 비단을 수출하고 아편과 면화를 수입하던 상태에서, 콩과 식용유 등을 수출하고 등유와 유리까지 수입하게 되었다. 1880년대에 푸젠차(福建茶)가 일본차나 인도·실론차와의 경쟁에 패배하여 영국과 미국 시장을 상실하고, 1890년대에는 화난(華南)의 설탕이 동남아시아산 설탕에 중국 시장의 반 정도를 넘겨준 적도 있었다. 또한 주요 수입품이던 아편은 국내 생산이 늘면서 수입 대체가 진전되었고, 인도로부터는 면사가 유입되었다. 그런가 하면 일본 경제의 성장은 중국 경제에도 영향을 주었다. 일본으로 동북 지역의 콩 수출이 증가했고, 일본산 면사의 수입 확대에 따라 일본으로의 원면 수출도 증가했다.

시모노세키조약은 제6조 4항에 외국인이 개항장에서 공장을 경영하는 것을 인정하고 있다. 이는 종래의 조약에서는 포함될 수 없었던 조항으로, 최혜국 조항에 따라 서양 국가들에도 혜택이 돌아가게 되었다. 사실 그 이전에도 서양 국가들은 개항장에서 공장을 경영하고 있었지만 시모노세키조약으로 제도적 근거를 얻게 된 셈이다. 이후 영국을 중심으로 합판(合辦) 등의 형태로 면방적업 공장이 설립되었는데, 다른 한편에서는 외국산 면사를 이용한 농촌의 가내수공업으로 면직물업이 확대되었고, 중국 민족자본의 방적업에 대한 투자도 확대되었다. 중국의 방적업은 1890년에 상하이기기직포국(上海機器織布局, 설립은 1882년)이 개업하면서 점차 강남 지역을 중심으로 발전하기 시작했다. 그 배경에는 세금우대 정책이 있었다. 한편 제사업 방면에서도 강남을 중심으로 중국계 기업의 기계제 생산이 확대되어 차츰 외국자본을 압도하게 되었다.

1890년대는 그야말로 중국 무역의 전환기였다. 이때부터 서서히 무역 흑자가 확대되어 갔다. 이에 따라 개항장에서 중국인 상인들과의 협력이나 이금 수입 등으로 지방 관료가 주도하는 질서도 동요하게 되었다.

개항장 질서의 동요　화남 지역은 수출 정체에 큰 충격을 받았고 치안도 악화되었다. 화남 사람들은 개발이 진행되는 동남아시아로 이민을 떠났고, 이런 이민자들이 보내오는 송금이 화남 경제를 지탱하게 되었다. 그리고 안전한 조계에 그 부가 집중되어 갔다.

서양 상인과 중국 사회를 중개한 것은 매판(買辦)이라고 일컫는 중국 상인이었다. 서양 상인과 중국 사회는 관습이나 상식에 괴리가 있었기 때문에, 서투른 말이라도 외국어(피진 영어pidgin English, 과거 중국 연안부에서 사용된 통상通商 영어로 중국어·포르투갈어·말레이어 등이 뒤섞여 있었다─옮긴이)를 할 수 있는 중국인이 필요했다. 개항 후 매판들은 중국에 들어와 있던 외국 기업과 고용 거래 관계를 체결하거나 그 외국 기업과의 관계를 이용해서 치외법권 제도에 따른 개인의 생명과 재산 보호권을 얻어 내려고 했다. 그리고 그들 중국 상인과 조직은 불평등조약 체결국의 국민에게 주어져 있던 자구반세(子口半稅, 자구란 내륙의 관세를 말한다─옮긴이) 특권과 주주 유한 책임제를 이용하게 되었다. 자구반세 특권이란 수출입품에 대해서 이 세를 납부하면, 이금과 국내에서 내는 각종 세금이 면제되는 제도였다. 매판 같은 중국인 상인의 출현은 중국 상인계를 분열시켰을 뿐 아니라 이러한 세금에 기초한 기존의 개항장 관리 체제를 위협하기까지 했다.

또한 동남아시아 등 해외 식민지에서 식민지 신민(臣民)이라는 지위를 획득하고 귀국한 '귀국 화교'도 불평등조약의 특권을 누렸다. 시모노세키조약 이후에는 일본국의 새 신민(新臣民)이 되어 조약의 특권을 누릴 수 있게 된 타이완 사람들도 이 대열에 합류했다. 여러 외국은 이러한 귀국 화교를 때로는 억압하고 때로는 이용했는데, 청에게는 이들이 기존의 개항장 질서를 동요시키는 존재였다.

이러한 상황에서 청은 개항장에 상무국(商務局)을 설치하는 등 산업 진흥과 함께 상인을 통제하고 관리해 나갔다. 그 배경에는 시모노세키조약에 따라 외국자본 계열의 공장이 내지로 진출하는 하는 것을 경계하는 의미도 있었다. 그러나 산업 진흥과 상인 통제 모든 면에서 상무국의 기능과 역할에는 한계가 있을 수밖에 없었다.

서양 국가들로부터의 대규모 자금 유입은, 전쟁 비용
이나 배상금 조달을 위한 차관을 비롯해 앞에서 살펴
본 철도 건설에까지 파급되었다. 재정상의 문제로 청
은 철도 건설에 즈음하여 외국자본에 의존할 수밖에 없었다. 이는 외국
자본이 철도 부설·관리권을 장악하고, 또 철도 연변의 광산 이권을 획득
하는 계기가 되었다. 열강은 이권획득 경쟁을 벌이며 세력범위를 설정하
려고 했다.

영국은 1898년에 쑤저우-항저우, 톈진-전장(鎭江) 간의 대운하 연변
철도와 함께 광저우-주룽(九龍) 간의 홍콩 식민지를 위한 철도 등 다섯
건의 철도 부설권을 루한철도(징한철도)와 동일한 조건으로 취득했다(맥
도널드5 철도). 독일은 산둥 성의 칭다오-지난(濟南) 간의 자오지철도(膠
濟鐵道)를, 프랑스는 베트남에서 윈난 성의 쿤밍(昆明)에 이르는 철도 부
설권을, 미국은 한커우에서 광저우에 이르는 웨한철도(粵漢鐵道)를 얻었
다. 미국을 제외하면 이들의 철도 부설권 획득은 각국이 중국에서 확보
한 세력범위와 겹쳤다. 또한 러시아는 앞에 설명한 대로 동청철도(東淸
鐵道)의 부설권을 확보하고 있었다. 베이징과 펑톈을 연결하는 징펑철도
(京奉鐵道)에 대해서는 청이 홍콩상하이은행(香港上海銀行)을 비롯하여
영국 자본을 도입하는 등 러시아의 관여를 최대한 회피하려고 했다.

루한철도(盧漢鐵道)는 청조가 주도하여 건설했는데, 거기에 레일을 공
급한 것이 루한철도 총판(總辦)인 성쉬안화이가 경영하는 한예핑매철공
사(漢冶萍煤鐵公司)였다. 이 회사는 정부의 감독 아래 민간 자본으로 경
영하는 관독상판이었지만, 자금 공급이 막혀 결국 다예철산에서 일본의
야하타제철소(八幡製鐵所)로 철광석 공급을 기대하던 일본과 독일의 자
본이 유입되었다.

조차지와 조계 아편전쟁 후 난징조약을 체결한 이래, 외국인은 개항장에서 거주와 교역을 허락받았다. 외국인에게 주어진 치외법권은 일정한 구역에서의 외국인 집단거주와 내지잡거(內地雜居, 외국인이 자유롭게 국내에 거주하는 것) 금지와 한 묶음을 이루고 있었다. 내지 여행에 대해서는 톈진·베이징조약에서 인정하였다.

조계(租界)란 개항장의 외국인 거주 구역을 말한다. 이 공간은 청결한 거리를 요구하는 외국인 측, 외국인과 섞여 사는 것을 꺼리는 중국 측의 이해가 서로 맞아떨어져 만들어진 것이다. 중국의 사법권이 미치지 않았지만 원칙상 주권은 중국에 속해 있었다. 19세기 후반부터 상하이와 톈진을 중심으로 조계가 발전해 나가는데, 그 발전은 외국 상인뿐 아니라 인구의 과반을 차지한 중국인도 지지하고 있었음을 간과해서 안 된다. 또한 각 조계마다 제도상 차이가 있었다. 예컨대 시모노세키조약을 통해 개설이 약속된 쑤저우의 일본 조계처럼 전혀 번영하지 못거나 사실상 방치된 곳도 적지 않았다.

일반적으로 개항장에 설치된 외국인 총세무사 제도, 항만 관리, 우편·전신 제도, 외국 은행에 의한 금융 시스템, 운수 유통, 해적 단속, 해외 이민의 제도화 등은 중국의 연안부에 새로운 관리 체제를 만들어 냈다. 또 개항장에는 일정한 범위에 후배지(後背地)를 포함하는 경제권이 형성되었다. 청 또한 이러한 개항장 발전의 수익자였다. 관세와 이금으로 세입이 증대했고 그것을 군사비로 전용할 수 있었다. 지방의 총독과 순무도 개항장에 의존하고 있었다고 할 수 있다.

1890년대 후반에 처음 설치된 조차지(租借地)는 개항장이나 조계와는 다르다. 1897년 두 독일인 가톨릭 선교사가 산둥 성에서 살해된 사건을 계기로 독일이 산둥 성의 자오저우 만(膠州灣)을 점령하자, 러시아 해

한커우의 영국 조계 풍경(《晩淸民初: 武漢映像》).

군이 이에 대항해 뤼순(旅順) 항을 점령했다. 이듬해인 1898년 3월에 독일은 자오저우 만을, 러시아는 뤼순과 다롄(大連)을 조차지로 삼았다. 그후 러시아에 대항하여 영국이 홍콩의 주룽반도와 웨이하이웨이에 조차지를 설정했다. 프랑스는 광저우 만(廣州灣)을 조차지로 삼았다. 미국과 이탈리아도 조차지 개설을 모색했지만, 저장 성 싼장 만(三江灣)을 요구한 이탈리아에 대해 중국 측으로부터 강한 반대운동이 일어났기 때문에 조차지는 설정되지 못했다.

조차지는 중국 측의 잠재적 주권이 인정될 뿐이므로, 조계보다 주권을 양도하는 의미가 강했다. 더욱이 뤼순과 자오저우 만, 웨이하이웨이 등은 해군기지 건설을 위해 설치되었기 때문에 임해(臨海) 지역과 주변 해역까지 조차 대상에 포함되었다. 조차지에 거주하는 중국인은 식민지와 달리 외국 신민으로 되지는 않았지만 제도적으로 다양했다. 외국 측의 관리 아래에 놓인 경우도 있었고, 중국 측에 통치권의 일부(행정권과 사법권)가 남겨지는 경우도 있었다. 조차 기간은 일반적으로 99년이지만, 뤼순과 다롄은 25년이었다. 조차지에서 내륙으로 철도가 부설되기도 하는 등 조차지는 중국에서 외국 세력범위의 거점이 되기도 했다. 또 칭다오에는 독일식, 다롄에는 러시아식 근대 도시가 건설되는 등 조차지는 조계와 함께 다양한 근대의 한 장면을 이루고 있었다.

자개상부 그러나 1890년대 후반에 청은 열강과 맺은 조약에 기초한 개항장이 관리상 불편하다 하여 자개상부(自開商埠, 자체적으로 개항하는 항구)의 개설을 검토하기 시작했다. 1898년 4월에 부두 개설(開埠)이 승인된 곳은 후난 성 웨저우(岳州), 푸젠 성 싼두아오(三都澳), 즈리 성(直隷省, 오늘날의 허베이 성)의 친황다오(秦皇島)였다. 시험적으로 1899년부터 1901년에 걸쳐 실제로 부두를 개설했다. 그 의도는 총리아문(總理衙門)의 1899년 4월 '자개상부판법'(自開商埠辦法)이라는 사료에 나타나 있다.

자개상부는 약개상부(約開商埠, 조약으로 개항한 항구)와 달리 토지에 자주권이 남아 있고 외국에게 분할되지 않는다. 그 토지의 상민(商民)들이 장래에 설립할 공정국(工程局)에서 방연(房捐, 임대료)을 징수하고 가도(街道)의 모든 조건을 관리하게 될 때 통일적으로 하나의 국(局)을 설치하면 되는 것이지, 나라를 나누어서 국(局)을 설치해서는 안 된다. 자개상부에서는 성(省)에서 파견한 상부(商埠)의 관리 담당자 또는 그 항구의 세무사가 그 국의 동사(董事, 관리자)를 감독하고 모든 업무를 도맡아 관리한다. …… 이렇게 함으로써 주권의 구별을 명시하고 주권을 신장할 수 있는 것이다.

그때까지 외국의 요청으로 주요 항만을 개항장으로 열고 조계 등을 설정하고 있었지만, 그 경우 청 측의 관리권이 제한되기 때문에 오히려 일부 도시에 대해 스스로 개항을 선언하게 함으로써 외국인에게는 관리를 맡기지 않고 징세권을 비롯한 행정권을 장악하고 해관 수입을 확보하는 등 중국의 주권 아래에 두려고 했던 것이다. 또한 웨저우와 싼두아오는 열강이 거점지로 노리고 있던 곳이었고, 친황다오는 매장량이 풍부한 카이핑탄광(開平炭鑛)의 석탄이 탕위철도(唐楡鐵道)를 통해 출하되던 항구였다. 청은 자개상부를 통해 바로 이런 거점에 대한 열강의 세력 신장을 억제하려 한 것이다. 이 세 곳이 본보기가 되어 광서신정(光緒新政) 시기에는 자개상부 설치가 더욱 활발해졌다.

세력범위와
중국 분할도

'잠자는 사자'라고 해서 두려워했던 청이 청일전쟁에서 패배하자, 일본의 역사 교과서에서는 열강이 잇따라 조차지를 획득하고 철도 부설권과 광산 채굴권을 거머쥐는 등 세력범위를 설정하고 있으며 그 결과 중국이 분할되었다고 하면서 중국 분할도를 실었다. 세력범위에 대해서는, 중국이 일정 지역의 이권을 타국에 양도하지 않는다는 것을 어떤 나라와 교환 공문으로 약속한, 이른바 '불할양약정'(不割讓約定)에 근거를 두고 설명하는 경우가 많았다. 그러나 이 약정과 세력범위가 같은 의미는 아니다. 예를 들면, 1899년에 영국과 러시아 사이에 페테르부르크에서 체결된 스콧-무라비요프 협정(중국에서 양국의 철도 이권에 관한 세력범위를 정한 것)처럼 중국이 관여하

국토를 한 가지 색으로 칠한 《신민총보》 (新民叢報)의 표지(3호, 1902년, 요코 하마에서 발행).

지 않은 것도 있었다. 열강의 이권마다 그것을 확실하게 하는 여러 가지 약정이 교환되고 있었지만 거기에는 농담(濃淡)에 차이가 있었다. 그만 큼 이른바 세력범위의 정의는 다양해서, 사실 당시에는 물론 후세의 외교관들도 세력범위의 정의를 둘러싸고 고민했다. 더욱이 세력범위라고 하는 것이 그 지역의 정치와 행정에 어떠한 영향을 끼쳤는지도 분명하지 않은 점이 많아, 결국 세력범위는 상징적인 측면이 강했던 것으로 볼 수 있다.

그렇기는 해도 열강에 의한 중국 분할의 그림은 중국 지식인들에게 커다란 충격을 주었다. 분할되는 것에 대한 위기감(과분의 위기)과 구국 의식이 형성되었다. 또 열강의 분할도에 맞서 통합된 청의 지도가 상정된 점도 중요하다. 19세기 후반에 이미 러시아 등과의 사이에 근대국가의 국경이 그어지기는 했으나, 청의 내부에서는 성이 있는 직할지, 번부

(藩部)와 토사(土司) 통치구 등 통치의 정도에 농담의 차이가 있었다. 그런데 '과분의 위기'의 안티테제로서 그야말로 한 가지 색으로 칠한 지도에 바탕을 둔 국토 의식이 형성된 것이다.

사회진화론과 생존경쟁 이러한 위기감은 사회진화론이 보급되면서 한층 강화되었다. 다윈의 진화론은 토머스 헉슬리(Thomas Huxley, 1825~1895)와 사회진화론을 주창한 허버트 스펜서(Herbert Spencer, 1820~1903) 등에 의해 확산되고 있었다. 중국에 이 사회진화론을 보급한 것은 옌푸의 《천연론》(天演論)이라고 알려져 있다. 이 책은 헉슬리가 옥스퍼드대학에서 강연한 내용을 출판한 《진화와 윤리》를 번역한 것이다. 하지만 헉슬리가 이 원작에서 꼭 진화론만 주장한 것은 아니다. 그 요지는 동식물도 인간도 생존경쟁에 시달리지만, 인간은 윤리를 진보시킴으로써 자연의 흐름에 저항할 수 있기에 문명을 유지할 수 있다는 것이다. 영국 유학의 경험이 있는 옌푸는 1895년에 이것을 《천연론》으로 출판했다(1898년판이 보급됨). 옌푸는 헉슬리의 의도에 바탕을 두면서도 스펜서에 공감을 드러내며 집단(群)과 집단 사이의 투쟁이라는 논점에 주목했다. '종'(種)을 나타내는 응집성이 있는 기본 집단인 '군'(群)을 국가, 말하자면 중국 또는 한(漢)'종'(≒漢族) 등에서 찾은 것이다.

물론 화이(華夷)나 만한(滿漢)을 변별하여 다른 군(群)으로 간주하는 경우도 있었다. 사회진화론은 만(滿)·몽(蒙)·장(藏)·회(回)·묘(苗) 등에 대한 한인(漢人)의 우위성을 인식시킨 면도 있다. 이때 인구와 진보가 기준이 된다. 중국에 대한 서양의 시선이 거꾸로 타민족에 대한 한인의 시선으로 전화한 것이라고 볼 수 있다. 그렇다고 해서 판도의 분열을 의미하는 것은 아니고 삼황오제(三皇五帝)에 기초한 모든 종족 결합 강화론과 황종(≒황색 인종)으로서 관계성 등에 근거를 두고 중국을 구성하는 종족으로서 (한인의 우월성을 포함한) 여러 종족을 하나로 보는 경향도 있었다. 이런 인식은 뒷날 5족공화론(五族共和論) 등으로 연결된다.

3. 변법과 자강

양무, 변법, 혁명　　지금까지 중국근현대사에서는 혁명을 중시하여 '양무(운동)-변법-혁명'이라는 설명 틀이 사용되었다. 19세기 후반에 진행된 정치 변용을, 최종적으로 혁명에 이르는 과정으로서 그려 내려고 하는 것이다. 이른바 혁명사관을 지탱하는 패러다임이라고 할 수 있다.

양무(운동)는 '중체서용'(中體西用)이라고 하듯 무기 등 이기(利器)에만 서양의 가치를 인정하고, 정치제도와 사상 면에서는 청의 기존 체제인 '천조(天朝)의 정제(定制)'를 유지한다는 것이다. 그 후 열강과 치른 전쟁, 특히 청일전쟁에서 입헌군주제를 채용하여 부국강병에 주력한 일본에게 패배하자 양무(운동)의 한계를 절감하게 되고 정치체제와 사상 면에서 개혁(변법)을 제창하게 되었다는 것이다. 그러나 변법도 결국은 정치 표층의 개혁일 뿐 민중적인 기반을 갖지 못했기 때문에 결국은 좌절됐고 최종적으로는 민의를 반영한 혁명이 추구되었다고 설명했다.

하지만 이 '양무-변법-혁명'의 3단계론은 다시 생각해 봐야 한다는 논의가 나오고 있다. 본디 양무란 오랑캐(夷)와 관련한 여러 업무를 의미하는 '이무'(夷務)가 전화한 말이다. 특정 시기의 대외 사무, 외국 관련 업무의 총칭이다. 이러한 대외 사무는 곧 외무라 불리게 된다. 요컨대 1860~1870년대에 갑자기 대외 사무로서 양무(洋務)가 생겨난 것도, 또 양무운동이라는 운동이 제창된 것도 아니다. 또한 양무의 시대라고 하는 시기는 '중체서용'의 특징이 짙은 경우도 있지만, 반면 정치와 제도 변혁을 제창하는 의견, 즉 '중체'의 변혁론도 있었다. 하지만 이런 변혁론은 보수파의 저항으로 실현되지 못했다. 변법의 시대에는 보수파의 후퇴로 정치와 제도의 개혁이 정책으로 채용되었지만, 공업화와 군비 증강이라는 양무의 과제도 계속되었다. 그리고 신해혁명을 거치고 나서도 변법의 과제는 변함없이 중앙정부의 과제였다.

변법의 태동   변법이라고 하는 것은 낡은 법(제도)을 변통(그때그때 필요에 따라 적용)하는 것을 가리킨다. 변법을 향한 움직임은 청일전쟁 이전부터 있어, 다수의 관료들이 개혁론을 제안하고 있었다. 나중에 무술변법을 추진하는 광둥 성 난하이 현(南海縣) 출신의 캉유웨이(康有爲)는 1888년에 최초의 상서(上書, 황제에게 올리는 글. 제1상서)를 시도했다. 아직 과거에 합격한 상태는 아니었던 캉유웨이는 호부상서 웡퉁허(翁同龢, 1830~1904)를 통해서 상정을 시도해 보았지만 그것도 실패했다. 캉유웨이는 공자를 제도 개혁자로 높이 평가하고, 청이 육조(六朝)에서 명(明)에 이르는 제도를 계승한 것을 비판하고 주(周)·한(漢) 시대로 돌아가야 한다고 했다. 또한 일본에는 요순(堯舜)과 우왕(禹王)·탕왕(湯王)·문왕(文王)의 훌륭한 정치가 실현되고 있으며 변법에 성공해 있다고 보고 일본을 학습해야 한다고 했다. 하지만 이런 견해가 채용될 여

캉유웨이(1858~1927) 여러 차례 상서를 올려 변법을 호소했다. 이후 무술신정을 추진하지만, 어디까지나 청조에 의한 입헌군주제를 주장했다.

지가 없을 정도로 '천조의 제도'와 '조법'(祖法)을 수호하려는 보수파의 힘은 강했다.

결국 캉유웨이는 광저우로 돌아가 공양학(公羊學)을 중심으로 하는 금문학(今文學)에 바탕을 두고 진화론과 불교를 가미한 개혁 사상(대동 사상)을 구축해 나갔다. 사실 변법의 주창자 대부분이 불교에도 경도되어 있었다. 그 배경에는 난징에 진링각경처(金陵刻經處)를 창설해 불교를 연구하고 있던 양원후이(楊文會, 1837~1911)가 있었다.

1895년 시모노세키조약 체결을 위한 교섭이 시작되자 강화조약에 반대하는 '청의'(淸議)가 많이 일어났다. 운동으로서 변법은 강화 반대운동과 연동하고 있었다. 그 무렵 캉유웨이는 과거 지방시험 합격자(거인擧人)로서, 최종 시험인 회시를 치르기 위해 상경해 있었다. 이 조약 체결 문제에 직면해 청조가 시모노세키조약을 비준한 다음 날인 5월 3일 상서를 올렸다(제2상서). 이 문서도 결국 광서제한테는 전달되지 못했지만 603명의 서명을 받아 냈고, 더욱이 그 내용이 공개적으로 간행되어 널리 읽혀지게 되었다. 제2상서에서 캉유웨이는 강화 거부, 천도, 변법의 세 항목을 중심으로 '일통수상지제'(一統垂裳之勢, 천하관에 기초를 둔 중국 중심의 세계 질서―옮긴이)에서 '열국병립지세'(列國立之世)로 세계관을 전환하는 것, 즉 의례에 기초한 상하 관계에서 주권국가가 병립하는 세계관으로 전환할 것을 제안했다. 또한 구법(舊法) 변통의 필요성, 구체적으로는 부국(富國), 양민(養民), 교민(教民), 관제(官制), 외교 그리고 의회에 정통한 '의랑'(議郞, 황제의 고문―옮긴이)을 제안하고, 일본식의 입헌군주제의 채용을 주장했다.

또 이 시기 상하이에서는 여성'해방' 운동을 개척한 여학회(女學會)가 조직되어 《여학보》(女學報)를 간행했다. 여성 편집자의 성과 이름을 그대로 올리고, 여성 교육의 중요성과 남녀평등, 여성 참정권을 주장하는 매체가 출현한 것이다.

언론과 학회 1890년대 후반에는 전신(電信) 네트워크가 형성되어 정보 전달이 빨라졌지만, 신문이나 잡지의 간행도 활발했다. 중국어 신문으로는 1870년대에 간행된 《신보》(申報)와 《순환일보》(循環日報)가 있었다. 이때가 되면 새로운 신문이 보관(報館, 발행 회사)에서 공간(公刊)되었을 뿐 아니라 여러 학회에서 잡지도 발간되었다. 이들 신문·잡지는 국토 전역(주로 도시 지역)에서 여론을 형성했는데, 국내의 정치적 쟁점뿐 아니라 외국의 정세도 소개했다. 때때로 정부의 통제가 있기는 했지만, 어느 정도 자율성을 가진 언론의 장이 형성되기 시작한 것이다.

또한 이 시기에는 '독서인의 정치결사'인 학회의 활동도 활발했다. 영국인 선교사들이 1887년에 광학회(廣學會)를 설립하고 선교사를 대상으로 1889년부터 《만국공보》(萬國公報)를 간행하고 있었다. 1891년부터 광학회를 주재한 티모시 리처드(Timothy Richard, 李提摩太)를 고문으로 하여 1895년에는 강학회(强學會)가 탄생했다. 이 학회에는 과거에 합격하여 공부주사(工部主事, 실제로는 관직에 나아가지 않았다)가 된 캉유웨이와 웡퉁허 문하의 원팅스(文廷式) 등 변법을 추진한 젊은 관료들이 집결했다. 후광 총독(湖廣總督) 장즈둥이 회장이 되고 왕원사오(王文韶), 위안스카이, 류쿤이(劉坤一) 같은 고위 관료들도 가담하고 있었다.

강학회에는 강학서국(講學書局)이라는 출판부가 있어, 캉유웨이의 사숙인 만목초당(萬木草堂)에서 공부한 량치차오가 편집주임을 맡아 《중외기문》(中外紀聞)을 발행하여 외국 사정을 소개했다. 강학회는 또 상하이 분회를 설치하여 1896년 1월에는 납 활자로 《강학보》(强學報)를 찍어 무료로 배포했다. 이 간행물에는 광서 21년이라는 연호와 함께 공자 졸후(卒後) 2373년이라는 공자기년(孔子紀年, 공자의 서거를 기점으로 하는 연호)을 사용했다. 나아가 《강학보》에 〈공자기년설〉(孔子紀年說)이 게재되었다. 이 글은 캉유웨이 스스로도 관심이 컸던 공양학의 영향을 받아 사마천이 《사기》에서 사용한 것을 무려 2천 년이 지나 부활시킨 것이다. 그러나 이런 시도를 청조가 문제 삼아 제3기로 발행이 금지되었다. 그 시점에서는 강학회 회장인 장즈둥도 발행 금지를 지지했다.

그러나 1896년 2월에는 (베이징) 강학회와 《강학보》가 즈리관서국(直隷官書局)으로 바뀌고, 쑨자나이(孫家鼐, 1827~1909)의 관리 아래 존 프라이어(John Fryer, 傅蘭雅)까지 가세하여 해외 사정을 소개하는 《관서국휘보》(官書局彙報)를 간행했다. 이 관서국은 1898년에 확충되어 경사대학당(京師大學堂, 베이징대학의 전신)으로 계승되었다.

이 밖에도 베이징에는 월(粵, 광둥)·촉(蜀, 쓰촨)·민(閩, 푸젠)·절(浙, 저장)·섬(陝, 산시) 학회가 조직되어 각 지방으로 변법 사상을 보급하였다. 1898년 4월에는 보민(保民)·양민(養民,)·교민(敎民)을 내건 보국회(保國會)가 조직되었다. 여기서 '국'(國)이 무엇을 가리키는가에 대해서는 논의가 필요한데, 보국회가 대청(大淸)을 보위하는 것이 아니라 중국을 보위한다고 하여 보수파의 비판을 받았을 정도였다.

보관(報館)에 대해서 보면, 상하이에서 량치차오와 황쭌셴 등이《강학보》를 대신해 시무보관(時務報館)에서《시무보》(時務報)를 간행했다.《시무보》는 입헌군주제를 제창하여 일본 구마모토(熊本) 출신의 한학자 고조 사다키치(古城貞吉) 등이 일본의 상황을 번역·소개했다.《시무보》는 쉽고 명료한 데다 통속적인 문체 또는 외래어를 많이 도입한 말투가 환영을 받아 발행 부수가 1만 부를 넘었다. 이 잡지는 나중에《이언보》(易言報),《시무일보》(時務日報),《중외일보》(中外日報) 등으로 이름을 바꾸어 가면서 왕캉녠(汪康年, 1860~1911)을 중심으로 한 입헌군주제를 주도하는 자들의 기관지로 성장했다. 이 밖에도 톈진에서는 옌푸를 중심으로《천연론》의 일부를 게재한《국문보》(國聞報)가 간행되었다.

후난의 변법   청일전쟁 이후가 되면, 그때까지 제안은 되었지만 반드시 채용된 것은 아닌 제도 개혁이 후난 성에서 정책으로 채용되기 시작한다. 1895년에 부임한 순무 천바오전(陳寶箴)과 학정(學政) 장뱌오(江標), 2년 뒤에 부임한 안찰사(按察使, 처음에는 도원道員) 황쭌셴 등이 개혁을 추진했다. 장바오는 과거의 지방시험 문제를 신학(新學,

서양의 학문)에서도 출제하는가 하면 탕차이창(唐才常, 1867~1900)에게 《상학보》(湘學報)를 간행하게 하는 등 실학을 보급하는 데 노력했다. 상하이 강학회에도 참가한 황쭌셴은 지방 관료와 향신(鄕紳)의 협력을 기반으로 자치 조직인 보위국(保衛局)을 설치하여 지방 행정제도를 쇄신하고자 했다. 이 보위국의 시도는 열강의 침입을 막기 위해 지방 사회질서를 재건하려고 하는 것이었지만, 지역사회로부터 충분한 지지는 얻지 못했다. 그렇지만 청말의 지방자치를 둘러싼 계보에서는 중요한 조직이다.

중앙 관료 경험자로 후난 성을 대표하는 향신 왕셴쳰(王先謙, 1842~1917)도 자신이 원장으로 있던 웨루서원(岳麓書院)에서 《시무보》를 구입해 학생들에게 권하고, 다른 향신들과 함께 1896년에 시무학당을 열었다. 후난 출신의 사상가인 탄쓰퉁(譚嗣同, 1865~1898)의 알선으로 량치차오가 이 학교의 중문총교습(中文總敎習, 교육 책임자)으로 초빙되었다. 1898년에는 시무학당에 남학회(南學會)가 조직되어 전족 반대운동과 의회 개설을 호소했다.

후난은 변법이 제도로 채용되는 실험지가 되었고 거기에는 황쭌셴, 탕차이창, 량치차오, 탄쓰퉁 등이 결집했다. 하지만 이들의 새로운 시도는 기존의 지역사회 질서를 혼란으로 이끄는 측면도 없지 않아, 같은 후난의 향신으로서 실업가이기도 했던 예더후이(葉德輝) 등은 정통 유학을 받들어 변법을 비판했다.

《일본국지》　　일본의 메이지유신은 여러 차례에 걸쳐 정치 변혁의 본보기로 제시되었다. 제2차 세계대전 후 장제스(蔣介石)도 타이완의 군사학교에서 직접 메이지유신에 대해 강연했을 정도이다. 그러나 청조 관료들의 메이지유신에 대한 평가가 처음부터 높았던 것은 아니었다. 1877년에 청의 일본 공사관이 소조지(增上寺) 옆에 개관했다가 반년 정도 지나 오늘날의 수상 관저 부근으로 옮겨졌다. 그 초대 공사는 허루장(何如璋, 1838~1891)이었고 총참관(總參觀)으로 황쭌셴이 일했다. 황쭌셴 등은 오코우치 데루나(大河內輝聲)와 오카 센진(岡千仞) 같은 일본인 한학자들과 필담으로 교류하면서 일본에 대한 이해를 높여 갔다.

황쭌셴은 일본에 대한 인상을 한시로 표현하고 주석을 붙여《일본잡사시》(日本雜事詩)로 정리했다. 1879년에 총리아문이 이것을 간행함으로써 청의 관계(官界)에 일본 정보가 소개되었다. 여기에서 메이지유신에 대한 평가는 높지 않았는데, 그것은 당시 메이지유신에 대한 일본인의 평가를 반영한 것이기도 하다. 일본 공사관 근무를 마친 뒤 황쭌셴은 샌프란시스코 총영사관에 부임하여 화교 업무 등을 수행하면서도, 일본 사정을 종합적으로 소개하는《일본국지》(日本國志) 집필을 이어 갔다. 거기에는 라이 산요(賴山陽)의《일본외사》(日本外史) 등을 참조하여 일본사뿐 아니라 메이지 정부의 정치제도와 정책, 조약 개정에 관해서도 기술해 놓았는데, 메이지유신에서 실행된 '변법'을 참고할 만한 선례로서 비교적 높이 평가하고 있다. 이 책은 1887년에 완성되어 총리아문 이홍장과 장즈둥 등에게 전달되었지만 당시에는 그다지 주목받지 못했다.

그런데 1895년에 량치차오가 서문을 붙인《일본국지》가 간행되자, 청일전쟁으로 일본에 대한 관심이 높아지고 있던 점도 작용하여 변법 추진자들에게 널리 읽혀지게 되었다. 이 책은 청의 관계와 독서인들에게 변법의 한 모델로서 일본의 정보를 체계적으로 제공하였다. 캉유웨이가 1898년에 변법을 주창하는 건의서(제6상서)를 광서제에게 제출할 때 첨부한《일본변정고》(日本變政考)에도 그 내용의 일부가 들어가게 된다.

1897년 11월 독일이 산둥 성의 자오저우 만을 점령했다. 여기에 자극받은 캉유웨이는 또다시 상주문을 준비했다(제5상서). 상서에는 광서제에게 '발분(發奮)의 조(詔)'를 내려 국시를 정하고, 국사(國事)를 국회에 부칠 것을 호소했다. 이 또한 광서제에게 전달되지는 않았지만 복사판이 보급되었다.

1898년 1월 24일에 광서제의 명에 따라 총리아문이 캉유웨이를 불러 내 의견을 펼칠 기회를 주었다. 캉유웨이는 변법을 주장하고 제도국·신정국(新政局)의 설치, 민병(民兵)의 육성, 철도 부설 등을 호소했다. 그리고 광서제에게 의견을 펼칠 기회가 주어진 것에 응하여 1월 29일에는 여섯 번째 상주문을 준비했다(제6상서, 〈응조통주전국접應詔統籌全局摺〉). 그러나 이 상주문은 온갖 방해 공작에 부딪쳐 3월이 되어서야 겨우 황제에게 전달되었다. 변법의 주장을 급진적으로 보는 보수파가 여전히 강력한 힘을 갖고 있었기 때문이다. 이 상주문에서 캉유웨이는 "변법을 하면 강해지고 수구(守舊)를 하면 망한다"고 하고, 나아가 "현재의 병은 낡은 법을 굳게 지킬 뿐 변화를 깨닫지 못하고, 열국이 경쟁하는 상황에서 천하적 세계관을 고집하는 데 있다"고 했다. 그리고 국시를 정해 '변법의 근원'으로서 제도국을 설치하고 널리 사민(士民)으로부터 의견을 끌어모아야 한다고 했다. 그 본보기로 러시아의 표트르 대제를 염두에 두고 일본 메이지의 정치를 정법(政法, 정치제도)으로 해야 한다고 주장했다.

이 시기에는 과거 시험에 경제특과(經濟特科)를 설치하여 내정, 외교, 이재 등의 전문 인재를 등용하는 길이 열리기 시작하기는 했지만, 이 제6상서도 곧바로 시행된 것은 아니었다. 캉유웨이는 변법을 호소하는 활동을 이어 갔다. 4월 17일에는 "국가를 보전하고 종(민족)을 보전하며 교(공자의 가르침)를 보전하는 것"을 취지로 하는 보국회 집회에서 회시를 치르기 위해 모여 있던 거인들 앞에서 연설을 했는데, 그 내용이《국문보》(國聞報)에 게재되었다.

변법에 대해서는 중앙 정계에서도 웡퉁허처럼 이해를 표명하는 측도 있었다. 보수파로 여겨지고 있던 공친왕(恭親王) 무술변법 혁흔(奕訢)이 사망하자 6월 11일에 광서제는 "국시를 명확히 정한다"(明定國是)라고 하는 조칙을 내렸다. 이른바 무술변법(백일유신)의 시작이다. 9월 21일까지 103일 동안 캉유웨이를 비롯한 관료가 주도하여 변법 제정과 국회 개설이라는 제도 개혁과 경사대학당 설립 등 인재 양성을 중심으로 한 갖가지 개혁안이 일련의 상유를 통해 발표되었다.

하지만 이 급진적이고도 급격한 개혁안은 개혁파를 포함하여 관료층이나 황족에게는 받아들이기 어려운 것이었다. 이런 불만은 광서제에게 정무를 위임하고 있던 서태후 아래로 집결되었다. 그리하여 서태후는 다시 정무에 간여하기로 하고, 변법을 추진하는 역할을 맡고 있던 웡퉁허를 파면하고 자신과 가까운 룽뤼(榮祿)를 즈리 총독 겸 북양대신으로 임명해 북양 3군을 통괄하도록 했다. 광서제 측도 여기에 맞서 즈리 안찰사인 위안스카이를 자기편으로 끌어들이려고 했지만, 위안스카이는 서태후에게 그 사실을 밀고해 버렸다. 그 무렵 위안스카이 휘하의 군대로는 도저히 룽뤼 군을 상대할 수 없었기 때문에 서태후에게 보고한 것이라는 견해도 있다.

결국 광서제는 자금성 안에 있는 영대(瀛臺)에 유폐되고, 캉유웨이와 량치차오 등은 일본으로 망명했으며, 탄쓰퉁 등 6명(무술 6군자)은 처형되기에 이른다(무술정변). 이렇게 해서 무술변법은 종말을 고했지만, 변법 때 제시된 제도 가운데에는 뒤에 살펴볼 광서신정 아래에서 다시 채용되는 것도 적지 않았다. 또한 무술변법 시기에 설치된 경사대학당은 폐지되지 않고 베이징대학으로 발전한다.

무술정변으로 처형된 탄쓰퉁은 후난의 변법에도 깊이 간여했으며《인학》(仁學)의 저자로도 잘 알려져 있다. 주요 저작인《인학》이 량치차오 등이 발행한《청의보》(淸議報)에 게재된 것은 탄쓰퉁이 사망한 이후의 일이다.《인학》을 게재하면서 량치차오는 탄쓰퉁을 "나라를 위해 피를 흘린 중국 최초의 열사"라고 소개했다. 량치차오는 또《탄쓰퉁전》(譚嗣同傳)을 저술하여 탄쓰퉁은 자신의 사상을 실천하려다 추격자에게 체포되어 죽임을 당하는 것을 선택했다고 밝혔다. 이와 같은 량치차오의 해석이 타당한지 여부는 차치하고라도, 이후 사람들은 탄쓰퉁을 기리고 추도함으로써 기억했다. 그 뒤로는 이렇게 국가를 위해 정치적인 죽음을 바친 활동가들이 열사로서 숭배를 받게 되었다.

쑨원의 '등장' 청일전쟁이 발발하기 진적인 1894년 6월, 이홍장에게 의견서를 올려 정치 개혁을 요구한 청년이 있었으니, 바로 쑨원(孫文, 1866~1925)이다. 쑨원은 1866년 마카오에 인접한 광둥 성 샹산 현(香山縣)에서 태어나 열두 살 나이에 형을 의지해 하와이로 갔다(이 무렵 중국 동남쪽 연해부의 청년들이 해외로 건너가는 경우가 많았다). 쑨원은 그곳에서 구국 의식에 눈뜨고 귀국해서는 의학을 배워 의사로서 생업을 유지하며 나라를 구하기 위해 사색을 거듭했다고 한다. 이홍장에게 보낸 제언이 받아들여지지 않자, 쑨원은 혁명을 목표로 삼고 다시 호놀룰루로 건너가 현지의 화교 자본에 의지해 무장봉기를 준비했다. 그리고

40대 중반 무렵의 쑨원 그의 이름은 해외에 서 먼저 알려지게 되었다(《晩淸民初:武漢映像》).

마침내 "구제달로(驅除韃虜, 오랑캐를 몰아냄─옮긴이), 회복중화(恢復中華)," "창립합중정부"(創立合衆政府)를 기치로 내걸고 흥중회(興中會)를 조직했다. 그는 1895년 홍콩에서도 흥중회를 조직하여 광저우에서 무장 봉기를 시도하지만 실패하고 일본으로 도피한다.

　　그러나 이 무렵 쑨원은 무명의 활동가였다. 그랬던 그의 이름이 전 세계에 알려지게 되는 데는 1896년 런던에서 발생한 '조난 사건'이 계기가 되었다. 10월에 미국을 출발해 런던에 도착한 쑨원은 우연히 알게 된 중국인의 권유로 어떤 건물에 들어갔다. 그곳은 청의 공사관이었다. 쑨원이 총리아문에게 보낸 의견서가 문제가 되어 구류된 것이다. 사법권을 무시하고 영국에서 구류시킨 사건은 런던에서 소동을 일으켰고 국제 미디어로 발신되었다. 쑨원 스스로도 '조난'에 관해 영어로 회상록을 써서 1897년에 출판했다. 그 사건 이후 쑨원은 청에 적대하는 정치 활동가로서 해외에서 단숨에 저명인사가 되어 버렸다.

　일본에서도 쑨원과 친교가 있던 미야자키 도텐(宮崎滔天)이 1902년에
자서전인 《33년의 꿈》을 저술하여 쑨원에 관해 소개했다. 그것이 장스
자오(章士釗)에 의해 《쑨이셴》(孫逸仙, 이셴은 쑨원의 호)이라는 제목으로
1903년 중국어로 번역되자 동아시아에서 그의 지명도도 높아졌다. 이
과정에서 그동안 비교적 소원했던 쑨원과 일본의 중국인 유학생들 사이
에 거리도 좁혀져, 1902년 4월에는 장빙린(章炳麟, 1868~1936) 등이 도
쿄의 우에노에서 기획한 '지나 망국 242년 기념회'(명조明朝 망명 정권의
멸망 시기를 기원으로 하고 있다)에 쑨원을 초대하였다. 이 행사는 일본의
중국인 유학생이 계획한 최초의 대규모 집회였는데, 청조 주일 공사의
요청으로 일본 경찰이 출동하는 바람에 결국 열리지는 못했다.

세계관의 변화와　　　캉유웨이가 말했던 '일통수상지세'(一統垂裳之勢)에
문호개방 통첩　　　　서 '열국병립지세'(列國竝立之勢)로 세계관의 전환은
　　　　　　　　　　외교의 장에서도 실제로 일어나고 있었다. 청의 대외
관계는 적어도 제도적으로는 조약에 바탕을 둔 외교 관계로 일원화되어
가고 있었던 것이다. 하지만 급격한 변화라기보다는 일정한 과정 속에서
진행되었다. 1897년 조선에 대한제국이 건국되고 나서도 청은 곧바로
조약 체결에 응하지 않다가, 결국 무술변법을 거치고 1899년이 되어서
야 원칙상 대등한 한청통상조약(韓淸通商條約)을 체결했다(조계 등은 유
지되었다).

　또한 청은 1899년 러시아 황제 니콜라이 2세의 제창에 따라 개최된
제1회 헤이그평화회의에 참가했다. 이 회의에는 26개국이 참가했는데,

청에서는 주러시아 공사 양루(楊儒), 같은 공사관의 허옌성(何彦昇)과 후웨이더(胡惟德), 통역관으로 루정샹(陸徵祥) 등이 참가했다. 회의가 끝난 뒤 청은 적십자조약(제네바) 등에 서명했고, 최종적으로는 1904년에 열린 헤이그평화회의에 정식으로 참가했다. 이 회의에서 헤이그중재재판소 설치가 결정되었다. 그 경비와 관련해서는 만국우편연합(UPU)의 등급에 따라 인구 등을 근거로 하여 국가별로 결정되었고, 청은 일등국으로서 부담을 받아들였다.

한편 1890년대 후반 중국을 둘러싼 국제정치로 눈을 돌려 보면, 일본뿐 아니라 독일과 미국이 열강으로 등장하고 있었다. 특히 독일은 조차지 설정의 효시가 되었으며, 미국은 1898년에 하와이를 병합하고 또 미국-스페인전쟁에서 승리해 필리핀과 괌을 영유하게 되면서 중국에 한층 더 관심을 보이고 중국 동남 연안부에서 조차지 설정을 모색하고 있었다. 하지만 후발 국가인 데다 이권 확보가 곤란했기 때문에 1899년 9월에서 11월에 걸쳐 존 헤이(John Hay) 국무장관은 중국의 '세력권'에서 통상과 항해의 자유 그리고 그 세력권과 조차지에서 수하물 적재에 대한 청의 관세율 적용 등을 내용으로 하는 문호개방 통첩을 영국·프랑스·독일·이탈리아·러시아·일본 6개국에 잇따라 송부했다. 각국은 저마다 다른 나라의 동의를 조건으로 하면서도 제안에 동의했다. 존 헤이는 1900년 3월에 이 제안을 6개국이 승인했다고 그 6개국에 통지했다. 하지만 미국에서 각국에 보낸 통첩은 나라마다 일부 내용이 달라져 있었다. 영국에 보낸 통첩에서는 "청 정부의 강화와 중국을 보전하고 유지하는 데 긴요한 행정 개혁을 위해 베이징에서 여러 열강이 공동보조를 취한다"고 하면서, 영국이 독일과 러시아와 체결한 세력범위의 상호승인 협정을 비판하고 있다.

19세기 말 홍콩의 풍경(우메야 쇼키치 촬영, 우메야의 증손녀 고사카 아야노小坂文乃 소장).

　원래 문호개방은 영국의 기본 정책이었지만, 1897년 이후 영국은 조차지와 세력범위를 설정하면서 그 정책을 수정하고 있었다. 미국은 중국 시장을 획득하려는 전략으로 이런 영국의 원래 정책을 답습하면서 청 정부의 강화와 보전을 시야에 넣고 이 통첩을 보낸 것이다. 그 정책은 1900년 7월의 제2차 통첩에서 한층 더 명확해지는데, 이 노선이 워싱턴회의라는 9개국조약으로 가는 밑바탕이 되었다.

식민지 홍콩 　19세기를 통해 식민지 홍콩이 서서히 형성되어 갔다. 1842년의 난징조약으로 영국에 할양된 홍콩 섬, 그리고 1860년의 베이징조약에서 할양된 주룽반도 남단부, 1898년에 조차된 주룽반도 북부 및 신계(新界) 지역으로 구성된 식민지 홍콩이 형성되었다. 지난 1997년에 홍콩이 반환된 것은 이 조차지의 조차 기간이 99년이었던 규정에 따른 것이었다.

19세기 중반부터 후반에 걸쳐 홍콩은 아편 무역과 태평양 항로를 이용한 쿨리 무역의 중계지로서, 또 그 이후에도 동남아시아를 비롯한 해외로 오가는 창구로서 번창했다. 1865년에 홍콩상하이은행(HSBC)이 개설되자 홍콩 섬에는 수많은 기업이 설립되고 가스와 수도 사용도 시작되었다. 1880년대 이후 홍콩의 인구는 급증하여 광저우와 더불어 화남의 중심지로 떠올랐다. 그 무렵 일본의 우메야 쇼키치(梅屋庄吉)가 사진관을 개업했고 거기에서 쑨원과 만나게 되었다는 에피소드가 있는데, 이 또한 번영하는 홍콩에서 벌어진 한 장면이었다.

조차지에서 중국인 대우는 식민지와 달리 청의 통치권이 미치고 있었다. 주룽 성(九龍城)도 제도상으로는 청의 통치 아래에 놓여 있는 예외적인 공간이기는 했지만 실효적인 통치는 어려웠다.

2장

왕조의 유지와 '중국'의 형성

"HOLD ON, JOHN!"

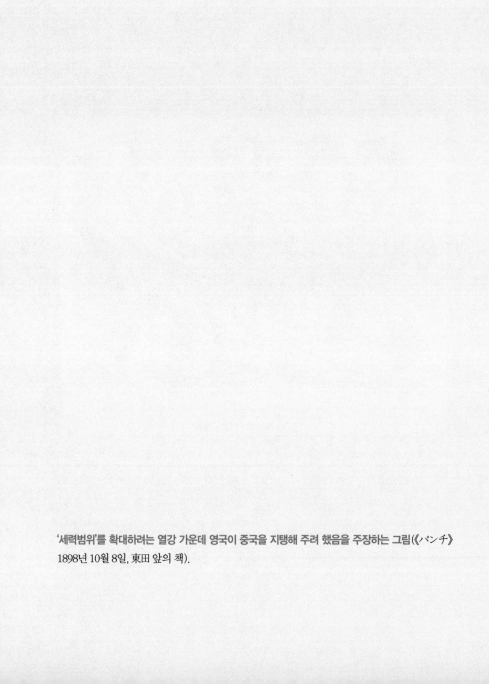

'세력범위'를 확대하려는 열강 가운데 영국이 중국을 지탱해 주려 했음을 주장하는 그림(《パンチ》 1898년 10월 8일, 東田 앞의 책).

1. 의화단전쟁과 신축조약

기독교 포교와 사회의 분열 19세기 후반 중국에는 기독교가 급속히 보급되었다. 외국인 선교사들이 가져온 기독교는 늘상 '제국주의 앞잡이' 따위로 칭해지곤 했지만, 앞에서 나온 중국인 상인을 둘러싼 문제와 마찬가지로 이 기독교를 둘러싼 문제 역시 '침략과 저항'이나 '침략과 피침략' 같은 단순한 이분법으로 다룰 수 없는 측면이 있었다.

청이 가톨릭의 포교를 국내에서 인정한 것은 1846년이고 이 무렵에 기독교(프로테스탄트)에도 포교를 인정했다. 제도적으로 선교사는 개항장에서 (중국인에게) 포교하는 것은 가능했지만, 내지에서 포교할 권리는 인정받지 못했다. 물론 중국옷을 입고 내지까지 깊숙이 들어가는 선교사도 있었지만, 영국과 프랑스 등도 배외 운동을 불러일으킬 수 있는 선교 활동에는 비판적이었다.

제2차 아편전쟁 후의 톈진·베이징조약을 통해 선교사의 내지 포교권이 인정되었다(거주권은 인정받지 못함). 그 뒤로 내지에도 여러 교회가 설립되고 포교가 활발해졌다. 19세기 후반의 중국 사회는 태평천국, 황허 강의 범람에 따른 치수 문제, 대운하의 기능 불능 등과 함께 실업자 증가, 치안 악화, 기층 사회의 무장화 같은 현상이 나타나고 있었다. 기독교는 이런 사회적 동요에 따라 발생한 틈새로 깊숙이 파고들었다. 그중에는 오로지 '먹고살기 위해서' 입교한 '라이스 크리스천'(rice Christian)들도 있었다.

하지만 오직 생활을 이어 가려고 빈민들이 입교한 것은 아니다. 어떤 지역에서는 항쟁에서 패배한 객가(客家) 집단이 모조리 입교하기도 했고, 청의 탄압을 받은 백련교 신도가 집단으로 입교하는 사례도 있었다. 정치적 보호막을 기대하며 입교한 사례도 있었다.

그리고 청조의 통치가 이완되면서, 기층 사회에서는 기존의 질서 아래 있는 사람들(청조 통치 계통의 하부에 위치한 사람들)과 기독교회의 비호를 받는 사람들로 갈라지는 사태도 나타나고 있었던 것 같다. 기독교회는 고아 구제, 빈곤 대책, 의료 사업, 학교 건설 같은 사회사업뿐 아니라, 지방관들이 실시하는 재판에서 때때로 베이징의 외교 루트를 통해 개입하면서 신자를 비호하려고 했다. 이에 대해 기존 질서를 유지하려는 쪽은 기독교의 '수상쩍음'과 그 미신성을 고발했다. 이런 움직임들이 결국 교회와 선교사 또는 신자들 사이에 갈등을 일으키게 되고, 폭력을 수반한 운동이나 사건이 벌어지는 일도 적지 않았다(구교안仇敎案 또는 교안敎案).

1890년대가 되면 창장 강 유역과 함께 의화단의 주요 무대가 된 화북의 대운하 연변을 따라 구교안이 많이 발생했다. 대운하 연변을 비롯해 산둥에서는 독일 등의 교회가 증가했는데, 여기에 자연재해로 대운하의 기능이 떨어지면서 실업 인구가 급격히 늘어나고 있었다.

기층 사회의 무장　　18세기의 인구 증가는 경계지(邊緣) 개발을 재촉했
는데, 경기 악화로 사회가 불안정해지자 이런 개발
지역에서부터 치안이 악화되어 갔다. 이런 상황에서 질서를 회복시키려
는 움직임이 관·민 양쪽에서 나타났다. 그것은 무거운 세금에 저항하는
운동이 되기도 했고, 종교 등을 매개로 한 새로운 사회집단의 형성을 재
촉하기도 했다. 백련교도, 태평천국, 염군(捻軍)의 반란 등 19세기 내내
중국 각지에서 (정부에서 본다면) '반란'이 일어났다.

　이 과정에서 농촌 지역을 비롯한 기층 사회에서도 무기를 통해 스스
로를 지키려는 움직임이 확대되었다. 그리고 팔기와 녹영(綠營) 같은 정
규군이 진압에 힘을 발휘하지 못하는 가운데 청은 재지의 향신들에게
자위 집단을 조직하게 했다(단련團練). 이런 조직을 기초로 점차 상군(湘
軍)이나 회군(淮軍)처럼 강력한 군대로 성장하는 군대 집단도 나타났다.
물론 19세기 후반에는 청조도 서양식 군대를 조직하기 시작하지만 기층
사회의 무장 자위와 지역마다 자위군도 조직되었고, 지방에 역점을 둔
근대 육군도 편성되었다. 청일전쟁 후 일본이 타이완을 통치하기 시작했
을 때 서부의 평야 지대를 장악하는 데 몇 개월이나 소요된 것은 지방의
실력자들 가운데 자위 조직을 이용해 일본군에 저항한 사람들이 있었기
때문이다.

　이러한 무장화에 따라 각층의 통치자들은 강력한 군사력을 보유하게
되었다. 이후 청이 근대식 군대(新軍)를 각지에 배치하고 지방의 군사 세
력이 큰 힘을 갖게 되는 데에는 이러한 배경이 작용하고 있었던 것이다.

산둥성은 크게 칭다오가 있는 반도 지역과 지난(濟
南), 지닝(濟寧) 같은 도시가 있는 중부, 그리고《수호
전》의 무대이기도 한 대운하 주변의 서부로 나눌 수 있다. 특히 실업자
가 늘어나고 사회질서가 흐트러지고 있던 곳은 서부였다. 1890년대 들
어 이 지역에서는 기독교 포교가 적극적으로 이루어짐에 따라 구교안도
증가하고 있었다. 특히 대도회(大刀會)라는 백련교 계통의 무투(武鬪) 집
단의 활동이 두드러졌다. 이들은 기독교 신자와 비신자 사이에 벌어지는
싸움에 개입하여 기독교 쪽을 공격하기도 했다. 1897년 11월에는 허난
성 경계지에 가까운 서부의 쥐예 현(巨野縣)에서 독일인 신부를 살해하
는 일이 벌어졌고, 그것이 독일 해군의 자오저우 만 점령과 조차지 설정
의 원인이 되었다.

1899년, 대도회 세력은 산둥 성 서북부로 파급되었다. 그들은 관우 같
은 신들이 강림하여 인간에게 빙의함으로써 불사신의 신체를 얻을 수
있게 되었다면서 이름을 신권(神拳)으로 바꾸었다. 그리고 독일의 침략
에 시달리고 있던 산둥에서 기독교 신자와 교회에 대해 폭력적인 공격
을 가했다.

비슷한 시기, 즈리 성에 가까운 서북부의 관 현(冠縣)에서는 마을에 있
는 사당의 토지를 둘러싸고 촌민과 기독교도 사이에 벌어진 소송이 장
기화되고 있었다. 그곳을 사유지라 주장하는 기독교도가, 공유지라고 주
장하는 마을 측에 소송을 제기하여 승리하자 결국 구교(仇敎)운동이 일
어났다. 이 운동을 지도한 것은 십팔괴(十八魁)라는 무투 집단이었다. 그
들은 즈리 성 웨이 현(威縣)에 있던 매화권(梅花拳)의 자오산둬(趙三多)
에게 의지했고, 자오산둬 또한 그에 응하여 산둥 성 관 현으로 갔다. 거
기에서 '의기 화합'이라는 뜻을 담아 '의화권(義和拳)'이라 이름 붙이고

의화단으로 보이는 청년(*Foreigners within the Gates*).

교회에 대항했다.

　의화권의 사람들은 '순청멸양'(順淸滅洋, 청을 따르고 서양을 멸한다)이라는 슬로건을 내걸었다. 이런 면모는 '서양'의 침략과 진출을 달가워하지 않는 청(淸), 특히 보수파에게는 인민이 왕조를 지지하고 '양'(洋)에 저항하고 있는 것처럼 보였을 것이다. 실제로 신권이나 의화단 사람들이 관군과 충돌하는 일이 벌어지기도 했지만 산둥 순무 위셴(毓賢)도, 그 전임자 리빙헝(李秉衡)도 적극적으로 단속하거나 탄압하지 않았다. 하지만 의화단 사람들에게 '청'은 반드시 왕조 그 자체를 가리키는 것은 아니었고 기존의 질서 또는 윤리관, 가치관 같은 것이었다고 짐작된다.

**즈리 성으로
진출한 의화단**

1899년 산둥의 서북부에서 활동하고 있던 신권과 의화권은 점차 융합하여 좀 더 공적인 집단을 의미하는 의화단이라는 이름을 내걸게 되었다. 위센도 의화권을 향토의 자경 조직인 단(련)으로서 용인했다. 이에 의화단은 '부청멸양'(扶清滅洋, 청을 도와 서양을 멸한다)이라는 슬로건을 내걸고 기독교도를 살해하고 교회를 파괴했다. 또 '양'과 관련된 것으로 여겨지는 전선(電線)과 철도, 수입품을 취급하는 상점 따위를 파괴하였고, 조계 등에서 '양'과 접촉이 많았던 광둥 사람들을 공격하기도 했다.

열강, 특히 프랑스와 독일은 청조에 의화단 단속과 위센의 해임을 요구했다. 1900년 3월 위센은 산시(山西) 순무로 옮겨 가게 되고, 그를 대신해 위안스카이가 산둥 순무로 임명되었다. 위안스카이는 무위우군(武衛右軍)이라는 당시 가장 강력한 근대식 군대의 하나로 거의 8천 명이나 되는 부대를 거느리고 있었다. 위안스카이 또한 위센 등과 마찬가지로 청조의 보수파를 고려해야 했지만, 동시에 단속을 통한 공적도 필요했다. 위안스카이가 의화단을 즈리로 몰아내자 베이징과 톈진에 의화단이 모습을 드러내게 되었다.

산둥 사람들은 베이징이나 톈진에서 계절노동자로서 일하며 대개 사회의 하층민을 이루고 있었다. 하지만 불사신의 신체를 얻었다고 하면서 '양'과 관련된 것을 하나하나 파괴하던 의화단은 이제 도시 주민에게 권법을 가르치는 사부가 되었다. 대부분 10대 소년이었지만 소녀들도 참가하고 있었다(홍등조紅燈照). 그들은 특히 극장 같은 비일상적인 공간에서 존경을 한 몸에 받고 있었다.

의화단의 활동은 기독교 포교로 인해 동요되고 있던 기존 질서의 회복을 추구했다고 할 수 있다. 아울러 강림한 신이 빙의한 것을 이유로 정의를 주장하고 기독교도 및 '양'과 관련된 사람들을 배격한 점에서, 자신들이 말하는 '정의'의 반대편에 선 자들을 제거해 나가려고 한 측면도 있다. 어느 쪽이든 정의의 이름 아래 폭력이 주요 수단이 되었다는 점을 간과해서는 안 된다.

청 조정의 선전포고 의화단이 베이징 주변에 모습을 드러내자 열강은 청조에 항의하는 동시에 경계심을 강화하고 베이징을 경호하기 위해 병사 400명을 파견했다. 청조 측에서는 동푸샹(董福祥)이 이끄는 정규군, 즉 감군(甘軍)이 베이징에 입성했다.

1900년 6월 10일, 영국의 해군 중위 시모어(Admiral Sir Edward Seymour)가 증원 부대 2천 명을 이끌고 톈진을 출발하자, 청에서는 16일에 자금성 내의 중난하이에 있는 의란전(儀鸞殿)에서 정신(廷臣) 회의를 열었다. 이 회의에서 군기장경(軍機章京) 위안창(袁昶)은 의화단을 난을 일으킨 무리로 규정하고, 요사스런 술법(邪術)으로 성공한 예는 없다고 했다. 그에 대해 서태후는 이렇게 말했다고 한다. "오늘날 중국은 이미 극도로 쇠약해져 있다. 의지할 수 있는 것이라고는 인심뿐이다. 만약 인심마저 잃어버린다면 어떻게 나라를 유지할 수 있겠는가." 하지만 서태후의 발언만으로는 결론이 나지 않아 회의가 이어졌다. 그러는 동안 6월 17일, 8개국 연합군(독일, 오스트리아, 미국, 프랑스, 영국, 이탈리아, 일본, 러시아)이 다구(大沽) 포대를 공격했고 청은 19일에 전쟁에 임할 것을 결의했다.

6월 10일 톈진을 출발한 열강의 증원 부대 2천 명은 의화단이 철도를 파괴해 버린 탓에 결국 베이징에 도착하지 못했다. 그런데 그 부대가 도

독일 공사 케텔러 그가 베이징에서 살해되자 독일은 보복 공격을 가했다 (*Foreigners within the Gates*).

착할 거라 예상하고 11일에 베이징역으로 마중을 나간 일본 공사관의 스기야마 아키라(杉山彬) 서기관이 영정문(永定門) 바깥에서 청의 감군에게 살해당했다. 그 무렵 각국의 공사관은 오늘날의 톈안먼 광장(당시에는 광장이 아니었다) 동쪽 둥자오민샹(東交民巷) 구역에 모여 있었다. 19일에 전쟁을 결의한 청은 외국인들에게 24시간 안에 공사관 구역에서 퇴거할 것을 명하였다. 당시 둥자오민샹에는 외국인 8백여 명과 의화단의 공격을 피해 온 중국인 기독교도 3천 명이 있었던 것으로 추정된다.

6월 20일 청군은 둥자오민샹에 대한 공격을 개시했고, 총리아문에서 막 돌아오던 독일 공사 케텔러(Clemence von Ketteler)를 충원먼(崇文門) 대로에서 살해했다. 그러고는 이튿날 21일 청은 선전포고의 상유를 발표했다. 청군은 그 뒤로 50일이 넘도록 공사관 구역을 포위했다. 열강의 군대 파견이 지체된 것은 영국은 보어전쟁으로, 미국은 필리핀 독립

운동으로 여념이 없었으며 일본의 경우 열강의 태도를 살피고 있었기 때문이다.

결국 일본군 1만 명을 주력으로 하는 8개국 병사 총 2만 명이 톈진을 공격하여 점령했다. 이를 전후해 7월 14일부터 청과 교섭이 시작되었지만 전쟁은 계속되었다. 8월 14일에는 8개국 연합군이 베이징에 침입하여 공사관 구역을 '해방'시켰고, 다음 날 새벽 서태후는 광서제와 함께 베이징을 탈출하여 시안(西安)으로 달아났다.

열강의 병사들이 베이징에서 약탈을 자행하는 가운데 9월 14일, 청은 의화단 진압령을 내렸다. 의화단은 진압에 맞서 '소청멸양'(掃淸滅洋, 청을 몰아내고 서양도 멸한다)이라는 슬로건을 내걸었지만, 위안스카이에게 철저히 탄압을 당했다. 또 공사를 잃은 독일은 발더제(Count von Waldersee) 장군을 파견했고, 10월 17일에 도착한 그는 화북 지역에서 보복 공격을 가했다. 처음에는 일본의 대규모 파병에 반대한 러시아도 남만주 지선 일부가 의화단에 의해 파괴되기 시작하자 일본의 파병을 인정하고, 나아가 혼란을 피한다는 명분으로 만주(중국 동북부)를 점령하기에 이르렀다.

샤먼 사건　의화단전쟁은 베이징 주변을 중심으로 한 화북 지역만을 전장으로 하는, 이른바 한정된 전쟁(限定戰爭)이었다. 산둥 순무인 위안스카이, 강남의 량장(兩江) 총독 류쿤이(劉坤一), 후난·후베이의 후광(湖廣) 총독인 장즈둥, 광둥·광시의 량광(兩廣) 총독인 이홍장 등은 조정에 대한 노골적인 반발은 피하면서, 의화단을 반란민으로 규정하고 질서 유지에 힘쓰고, 청의 선전포고에 따르지 않은 채 열강의 생명과 재산을 보호했다. 외국 군대가 선교사와 기독교도, 철도 등을 방위하기 위해 밀려온다면 중국은 더욱 분할될 것이라는 위기감 때문이었을 것이다.

6월에 러시아 선박의 한커우(漢口) 입항에 자극을 받은 영국 영사가 해군을 증파하여 비적 단속에 협력하겠다고 제안했다. 장즈둥은 류쿤이와 함께 그 제안을 거절하고 창장 강 유역은 스스로 지켜 내기로 약속했다. 동남(연해부와 창장 강 유역)의 총독들은 일치단결하여 반란을 진압하고 치안 유지, 외국인 상인과 교회를 보호함으로써 외국 군의 침입을 저지하고 동남을 지켜 내고자 했다(동남호보東南互保). 그들은 연대 서명하여 총리아문 등에 의견을 올리고 또 그런 뜻을 주로 일본, 영국, 미국 등 외국의 영사들에게도 전했다. 이러한 움직임의 배후에는 상하이전보총국 독판 성쉬안화이(盛宣懷)가 있었는데, 그는 동남의 총독들과 중앙 그리고 외국 영사들을 연결하고 있었다.

덧붙이자면, 이러한 동남호보에 지지를 보낸 쪽은 중국의 영토와 행정적 보전을 유지하고 세력범위를 철폐하려고 한 미국이었다. 미국은 동남호보에 동조해서 전쟁을 지역 차원에 머물게 하고, 그에 따른 중국의 영토적·행정적 통일과 함께 통상에서 기회균등을 보전하려고 했던 것이다.

한편 일본은 1900년 8월 24일에 샤먼(厦門, 아모이)의 오다니파(大谷派) 혼간지(本願寺) 포교소가 '흉악한 무리'에게 습격당했다는 보고를 받자, 함선을 파견해서 1소대를 상륙시켰다(샤먼 사건). 이 사건은 고다마 겐타로(兒玉源太郎)를 총독으로 하는 타이완 총독부를 포함해, 일본 측이 샤먼 점령을 기획하고 준비해 온 '사건'이었다. 그러나 동남호보를 지지하고 있던 열강, 특히 영국과 미국의 반발에 부딪친 데다 민저(閩浙)

총독 쉬잉퀴(許應騤) 등이 일본과 영국·미국 등의 입장 차를 이용하여 교섭함에 따라 일본의 계획은 실현되지 못했다. 그해 9월, 쑨원이 타이완 총독 고다마 겐타로를 방문해 무장봉기 계획에 무기를 원조해 달라고 요청했다. 고다마는 일본의 샤먼 점령을 승인하는 대가로 지지를 허락했다. 쑨원은 10월에 정스량(鄭士良)에게 후이저우(惠州)에서 봉기하라고 명했지만, 같은 달에 성립한 이토 히로부미 내각은 열강 간의 협조를 중시하여 쑨원에 대한 지지를 금지했고 정스량 등은 청조에 의해 진압되었다.

이 의화단전쟁 동안에는 일찍이 무술변법에 참가했다가 그 뒤 일본에서 망명 중이던 탕차이창(唐才常)이 상하이에서 활약했다. 탕차이창은 국회를 열어 혁명파까지 포함하는 광범한 층의 지지를 끌어내려고 했다. 나아가 창장 강 지역의 회당(會黨, 비밀결사)에게는 무장봉기를 일으켜 화중 지방을 청으로부터 독립시키려고 했다. 장즈둥은 이 또한 열강의 개입을 불러올 우려가 있는 혼란 요인이라고 생각해 탄압했고 탕차이창은 결국 처형되었다(자립군 봉기). 이후 탕차이창은 량치차오에 의해 현창되게 된다.

신축화약 1901년 9월 7일, 연합군을 구성하고 있던 8개국에 세 나라(벨기에, 네덜란드, 에스파냐)를 더한 11개국과 청 사이에 신축화약(베이징의정서)이 체결되었다. 정식 강화 교섭은 량광 총독을 맡고 있던 이홍장이 북상해서 경친왕 혁광(奕劻)과 함께 전권을 부여받은 뒤인 1900년 10월 15일에 시작되었으므로, 교섭이 타결하기까지 1년 가까이 소요되었음을 알 수 있다. 교섭이 시작된 당초부터 청은 공사관 구역에 대한 공격이 국제법 위반이었음을 인정하고 배상금 지불에 응하려고 했다. 그런가 하면 외국 측에 점령되어 있던 총리아문의 반환과, 이미 병사 수가 4만5천 명으로 불어 있던 열강의 철병을 요구했다. 열강 측도 청의 요청에 응하여(러시아는 만주에서 철병하지 않았다) 1900년 12월 24일 강화대강(和約大綱) 12조가 11개국의 연합통첩이라는 형식으로 경친왕과 이홍장 등에게 직접 전달되었고 청조도 그것을 승인했다. 하지만 그 뒤에도 열강 내부의 조정은 계속되었다.

중국에서 불평등조약 체제는 1858년의 톈진조약, 특히 중영(中英) 톈진조약이 일종의 대헌장으로서 그 근간을 이루었다. 이 신축화약도 기본적으로 이 체제를 유지하면서 열강의 공통된 이익을 확대·균점시키고, 동시에 이권획득 경쟁을 억제하려 한 것이다.

이 강화조약은 먼저 공사관 구역에 대한 공격과 기독교도들에게 가해진 위해(危害)에 대한 처벌을 다루었다. 제1조는 독일 공사 케텔러 살해 사건과 관련해 순친왕(醇親王) 재풍(載灃)을 청조 황제의 대사(大使)로 독일에 파견하여 독일 황제에게 '슬프고 안타깝다'(愒惜)는 뜻을 표하고, 또 공사가 살해된 장소에 청조 황제의 '슬프고 안타까운' 마음을 표시하는 기념비(牌坊)를 조성한다고 규정했다(케텔러 기념비). 제2조에서는 의화단전쟁의 주모자로 지목된 위셴이나 동푸샹 같은 왕족과 대관들은 사형시키거나 유배 보내고, 반대로 쉬융이(徐用儀), 위안창, 쉬징청(許景澄) 등 의화단을 지지하지 말 것을 주장하여 서태후에게 처형된 자들은 복권시키기로 했다. 아울러 외국인에 대한 학대와 살해 사건이 일어난 지역(주로 산시성山西省)에서 5년 동안 과거 시험이 정지되었다. 제3조에서는 살해된 스기야마 아키라에 대해서 나퉁(那桐)을 특사로 일본에 파견하고, '안타깝고 슬프다'는 뜻을 나타내기로 했다. 제4조에서는 의화단

케텔러 기념비(패방牌坊) 독일 공사 케텔러를 살해한 일에 대해 청조 황제의 '슬프고 안타까운' (惋惜) 뜻을 표현했다(*Foreigners within the Gates*).

이 훼손한 외국인들의 묘지를 복구하는 예산 조치와 함께 속죄하는 기념비를 세우기로 정했다. 제10조에서는 외국을 배척하는 단체를 금지하고 범죄자 목록 및 앞서 언급한 과거 시험 정지 등에 대해서 2년 동안 계속 게시한다고 정했다. 제5조에서는 무기, 탄약과 그 제조에 필요한 원료를 2년 동안 청에 반입하지 않기로 했다.

배상금에 대해서는, 제6조에서 4억5천만 냥을 금화로 환산하여 해관량(海關兩, 청대 세관에서 사용한 화폐 단위. '평은'(平銀), 관평은(關平銀)이라고도 한다. 1930년에 폐지되었다―옮긴이)으로 지불하도록 했고, 연이율 4퍼센트 이자와 함께 공채를 발행해 1902년부터 1940년까지 39년에 걸쳐 모두 갚도록 했다. 양관(洋關, 수입품에 대한 관세―옮긴이) 수입과 염세(鹽稅) 그리고 상관(常關, 국내 토산품에 부과하는 관세―옮긴이) 수입을 담보로 삼았다. 배상금의 비율은 러시아와 독일이 가장 많아 두 나라가 거의 절반을 차지했고, 그 밖에 프랑스 16퍼센트, 영국 11퍼센트, 일본과 미국이 각각 7퍼센트였다. 통상과 관련해서는 제11조에서 통상조약을 다시 체결한다고 정했고, 제6조에서 관세에 관련한 사항을 정했다. 아편전쟁 후의 난징조약 및 관련 규정들에서는 종가(從價)의 5퍼센트를 기준으로 한 종량세로 되어 있었지만 여전히 종가세(從價稅, 상품의 가격을 기준으로 한 과세. 수량이나 중량을 기준으로 과세하는 종량세에 비해 세액 산정이 쉬워 행정의 능률을 높일 수 있다—옮긴이)로 납입하고 있던 품목이 있었기 때문에, "가능하면 빨리" 실질적인 종량세로 완전 이행한다고 정했다.

그리고 제7조에서는 의화단전쟁 당시 열강의 외교관과 기독교도가 농성을 벌인 둥자오민샹을 장차 공사관 구역으로 삼아, 중국 사람들에게는 거주권을 주지 않고 공사관 경찰의 관할 아래 두도록 했다. 아울러 열강에게 방위를 위해 상주하는 호위병을 둘 권리를 부여하게 했다. 제8조에서는 청은 다구 포대를 비롯하여 베이징에서 해안선에 이르는 포대를 철거할 것이 규정되었고, 제9조에서는 베이징에서 해변까지 교통을 유지하기 위해서 협의를 통해 결정한 12개 장소에 대한 외국 측의 점령이 인정되었다(사실상 병사 주둔권 승인). 이 조항에 따라 일본이 파견한 것이 바로 톈진에 본부를 둔 청국주둔군(뒷날의 지나주둔군)이다.

1937년 7월 7일에 발생한 루거우차오(盧溝橋) 사건 당시, 그 지역에 있던 일본 병사들은 바로 이 신축화약의 제9조에 따라 주둔하고 있었던 것이다. 하지만 루거우차오나 완핑 현(宛平縣)은 제9조에 규정된 12개 장소에 포함되어 있지 않았다. 사실은 열강의 협의에 따라 주둔 장소를 증감시킬 수 있었고, 더욱이 루거우차오 부근은 영국이 한 차례 주병한 적이 있었기 때문에 일본이 그 전례를 이용해서 주둔한 것이었다.

외무부 설치　신축화약의 제12조에는 "외교 사무아문인 총리아문 개혁, 즉 총리아문을 외무부로 고치고 나머지 6부의 상위에 둘 것"과 함께, 외국 사절이 황제를 알현하는 방법에도 수정을 가했다. 이런 규정은 총리아문이 외교 교섭 창구로서 기능하지 못했다는 인상에 근거해 열강이 요구한 사항을 수용한 것이다. 열강의 대표자 가운데 일본의 고무라 주타로(小村壽太郞)와 미국의 제1차 문호개방 통첩을 기초한 사람 가운데 하나였던 록힐(William Rockhill)이 협력하여 청에 대한 요청 원안을 작성했다.

그리고 열강 대표들 사이에 조정을 거친 뒤 외무부라는 명칭을 제안받아서 경친왕(慶親王)이나 이홍장과도 의논하여 설치가 정해졌다. 조직상 최고 주권자인 황제와 거리가 가까운 제왕이나 제후를 수반으로 하고 간부급에는 외국어에 능통한 자를 참여시킨다는 방침이 정해졌다. '6부보다 높은 자리'라는 것도 황제와의 거리는 물론 여러 관청에 대한 권한을 의식한 것이었다. 하지만 이런 총리아문의 개혁은 이미 청조 내부에서도 논의되어 온 사항이었다. 열강의 요청은 그 조직의 큰 틀 정도였고 상세한 부분은 청조 측이 결정했으므로, 청이 이 조약을 계기로 내부에 있던 총리아문 개혁론을 실현한 것이라고 볼 수 있다.

외무부는 장즈둥을 비롯한 지방 대관(大官)과 협력하면서 신축화약 제11조에 따라 영국과 통상조약 개정에 임했다. 교섭은 1902년 9월에 타결(청영추가통상항해조약, 맥케이조약)되었다. 지방의 재원이던 이금 같은 내지 과세가 전부 폐지되거나 제한(재리裁釐)되고, 그에 대한 보상으로 중앙정부가 관할하는 수출입 관세에 부가세를 매기는 것을 조건으로 했다(재리가세裁釐加稅). 이런 조치에 지방 대관의 반대가 있었지만 조약은 체결되었다. 그러나 조약 내용은 독일의 반대 등도 있어서 결국 실행되지는 못했다.

　매우 중요한 사항 하나를 덧붙이자면, 이 조약의 제11조에 청의 법제 정비를 조건으로 한 치외법권 철폐의 길이 제시되었다는 점이다. 중국 또한 불평등조약의 개정을 정책으로 규정하기 시작한 것이다. 이후 미국이나 일본과도 새 통상조약이 체결되었는데, 거기에서도 법제 정비를 조건으로 한 치외법권 철폐 노선이 제시되었다.

러시아의 만주 점령과
영일동맹

러시아는 의화단 사건에 편승하여 만주를 점령했다. 하지만 1901년이 되어서도 철병하지 않고 만주의 기득권과 이익을 확정하기 위해 청과 비밀 교섭을 추진하고 있었다. 이 조약은 신축화약과는 별개의 것이며 청조 측 교섭 담당자는 앞서 러청 밀약을 체결했던 이홍장이었다.

　이 조약의 체결을 경계하던 일본과 영국은 이를 저지하기 위해 당시 시안에 있던 군기처(軍機處)와 더불어 위안스카이, 장즈둥, 류쿤이 그리고 상하이의 성쉬안화이에게 손을 썼다. 그런데 1901년 11월 7일, 이홍장이 병사함으로써 이 조약의 체결은 물 건너갔고 즈리 총독과 북양대신의 지위는 위안스카이가 이어받게 되었다. 한편 러시아는 조약 체결 교섭이 결렬된 뒤에도 만주에서 철병하지 않았다.

　1902년 1월 30일 제1차 영일동맹이 체결된다. 이로써 일본은 중국에서 영국의 권익을, 영국은 중국과 한반도에서 일본의 특수 권익을 승인했다. 아울러 그 이권을 지키기 위해 영국과 일본 어느 한쪽이 다른 나라와 교전할 경우 중립을 지키기로 하며, 복수의 국가와 교전할 경우에는 참전해서 동맹국을 지원하고 단독으로 강화하지 않기로 했다. 이 동맹은 러시아의 남하, 특히 만주 점령을 의식한 것이었다. 러시아는 영일동맹 체결에 따라 만주에서 철병할 것을 청에 약속했고, 1902년 4월 8일에는 청과 러시아 사이에 만주반환조약이 체결되었다. 여기에서 러시아는 반년을 단위로 세 시기로 나누어 1년 반 만에 철병하기로 되어 있었다. 하지만 러시아는 두 번째 시기에는 철병을 하지 않았을 뿐 아니라 1903년에 청에게 7개 항목의 철병 조건을 제시하기에 이른다. 이 일로 중국의 지식인을 자극하여 거아운동(拒俄運動, 반러시아 운동)이 일어났다.

러일전쟁과 중국의 중립 러시아가 만주반환조약을 이행하지 않는 가운데, 조선을 둘러싼 이해관계까지 맞물려 러시아와 일본 사이에 긴장이 높아졌다. 확실히 이번 러시아의 행위는 미국이 주장하고 각국이 받아들인 문호개방과 기회균등, 중국 보전이라는 방향성에 어긋나는 것이었다. 청은 미국과 통상조약 체결 등을 통해 미국이 러시아에게 항의하도록 하려고 했다.

1903년 러시아와 일본 사이에 전운이 감도는 가운데, 이 전쟁에 어떻게 대응할지 심의하고 있던 즈리 총독 위안스카이는 청의 '국외(局外) 중립'에 관해 유명한 말을 남겼다. "일본과 러시아 사이에 전쟁이 일어날 경우 중국이 전쟁 국면의 중심(局中)에 있기는 어렵겠지만, 그렇다고 바깥(局外)에 있는 것 또한 옳다고 볼 수 없다"고 하는 량장 총독 장즈둥의 견해에 대한 언급이었다. 위안스카이는 "러시아 편에 서면 일본 해군이 남쪽을 협박할 것이고, 일본에 붙으면 러시아 육군이 우리들의 서북을 노릴 것이다"라고 하며 기치를 선명하게 내세우는 것의 문제점을 지적했다. 확실히 전쟁에 휘말리는 것은 군비 면에서 낙후한 청에게 불리했다. 러청 밀약에 대해서는 외무부 간부가 문서실에서 그 내용을 확인하고 있기는 하지만, 그것이 정책 결정을 구속했던 것 같지는 않다.

한편 청은 러시아에게 점령당한 만주를 다시 되찾기를 열망하고 있었기 때문에 러시아와 일본의 대립을 이용할 생각도 있었다. 장즈둥의 경우, 전쟁 기간 동안에는 중립을 유지하되 전쟁이 끝나면 일본과 협력하여 주권 회수에 유리한 방향으로 움직이려고 했다. 해외에 파견된 대사(공사)들 사이에서도 열강이 중국에서 힘을 쓰지 못하는 동안 '변법'을 서둘러야 한다는 주장이 있었다.

이러한 정세 속에 1904년 2월 러일전쟁이 발발했고 8일에는 교전 상태가 되었다. 전쟁 지역에는 청조의 발상지인 만주가 포함되어 있었지만, 청은 2월 12일에 중립을 선언했다. 이어 청은 1899년에 체결된 헤이그평화회의의 여러 조약을 비준했고(1904년 11월 21일), 이 조약의 가맹국으로서 전쟁에 관여하는 방법을 국제 표준에 따라 정당화하려고 했다. 그리고 중립 조규를 정해서 중앙과 지방에 관철시키고 중국 전체를 중립지로 삼고자 했다. 그러나 이 조규의 해석과 운용, 전투 구역의 해석과 관련해서는 통일되지 않아 혼란이 컸다.

러시아는 1903년에 완성된 시베리아철도를 이용해 전쟁을 수행하려고 했는데, 아마도 러시아는 전쟁이 시작된 직후부터 청이 일본을 지원하고 있다고 생각했을 것이다. 청은 만주에서 러시아가 철병하기를 바라고 있었기에 일본을 지지하는 쪽으로 기울고 있었다. 또 만주 지역의 관헌에게도 중립을 지시했기 때문에, 러시아는 만주에서 철도를 운행하고 사람이나 말을 징병하고 식량을 조달하는 데 큰 곤란을 겪었다. 이런 의미에서 보자면, 청의 중립은 일본에 대한 '우호적 중립'(benevolent neutrality)이지 '엄정 중립'(strict neutrality)은 아니었다고 보는 시각도 있다.

그 후 러일전쟁 30주년을 맞아 육군의 반자이리 하치로(坂西利八郎)는 "지나는 선의의 중립을 지켜 주었습니다"라고 말했다. 실제로 중국의 지방 대관들한테서 일본으로 헌금이 이어졌고(즈리 총독 위안스카이는 은 2만 상하이량을 보냈다), 발틱 함대의 이동 상황도 청의 연안부 대관들한테서 일본영사에게 전달되고 있었다. 러일전쟁 종결 뒤에는 위안스카이를 비롯한 여러 중국 관헌에게 일본이 '훈장'을 수여했다. 이때 "시종 본방(本邦)에 동정(同情)을 기울였다"는 말이 위안스카이에게 전달되었다.

전쟁 종결과 만주 문제

러일전쟁은 커다란 희생을 내며 일본의 승리로 귀착되고 있었다. 청에서는 '전제(러시아)에 대한 입헌(일본)의 승리'라고 하며 일본의 승리를 긍정적으로 보는 경향도 있었지만, 결국은 일본이 러시아를 대신해서 남만주를 점령했기 때문에 일본에 대한 비판도 커졌다. 일본의 승리가 아시아의 민족주의를 고무했다고 보기도 하지만, 이 문제는 신중하게 생각해 봐야 한다. 중국에서는 1905년 쑨원이 유럽에서 귀국하는 길에 서아시아를 통과하면서 일본의 승리에 기뻐하는 현지 사람들의 모습을 본 것을 강조하고 있지만, 그렇다고 쑨원이 중국에 도착한 뒤에 일본을 찬미한 것도 아니다. 쑨원이 러일전쟁에서 일본의 승리를 평가한 것은 전쟁 후 20년 가까이 지나서 1924년에 열린 '대아시아주의 강연'에서였다.

한편 러일전쟁이 미국의 알선으로 종결로 향하고 강화조약 교섭이 모색되자 중국도 참가를 희망했지만 이루어지지는 못했다. 1905년 9월 5일, 미국의 포츠머스에서 강화조약이 체결되었는데, 조약 제3조에서 만

19세기 말~20세기 초의 만주

千葉功,《舊外交の形成》을 바탕으로 가필 수정했다.

러일전쟁 후의 러시아와 일본의 관할지(창춘역 부근)

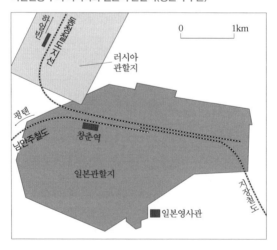

주(東三省)에 대한 중국의 주권이 확인되었다. 이 결정은 중국에게 최소한의 외교 성과였다. 또 제5조, 제6조에서는 '중국 정부의 승낙'을 조건으로 일본이 '남만주'에서 러시아가 누려 온 여러 이권을 계승하기로 결정했다.

이 전쟁에서 일본은 배상금을 획득하지 못했고, 일본 육군이 뤼순·다롄에서 치른 희생의 대가는 조선에서의 우위, 연해주 어업권, 남만주의 여러 가지 이권(북만주는 러시아)과 사할린 남부 등이었다. 이 전쟁이 일본의 부분적 승리 또는 일본이 우세한 가운데 무승부라고 판단되었기 때문일 것이다.

포츠머스조약에 따라 러시아의 이권을 계승하기 위해 일본은 청과 교섭하여 1905년 12월 22일에 베이징조약을 체결했다. 그에 따라 일본은 25년 기한의 뤼순·다롄 조차지와 창춘(長春) 이남의 철도 지선 및 광산 채굴권 등을 계승했다. 동청철도(東淸鐵道)와 그 지선인 하얼빈에서 창춘 부분은 러시아 측이 관할하게 되었다. 러시아는 그 후로도 관리와 통치를 이어 나가 하얼빈은 러시아가 건설한 근대 도시로서 발전해 갔다. 일본이 계승한 창춘 이남 부분은 만철(滿鐵, 남만주철도주식회사)이 운영하게 되었다. 또 뤼순·다롄 조차지는 관동주(關東州)라고 명명하여 러시아가 건설한 도시를 계승했으며 관동도독부(나중에 관동청과 관동군)를 두었다.

일본 육군으로서는 이런 만주의 이권이 그야말로 막대한 희생의 대가였다. 일본은 그 뒤로도 계속해서 만주에서 이권 확대를 꾀했기 때문에 만주 문제는 중국과 일본 사이에 중요한 현안이 되었다. 또 러일전쟁 과정에서 일본은 조선의 외교권을 박탈한 바 있는데, 이후 그 지배를 한층 강화해 갔다.

2. 광서신정과 근대국가 건설

의화단전쟁 패배의 의미 의화단이 베이징으로 육박해 왔을 때 청은 의화단 측에 서서 '서양'과 싸울 것인가, 아니면 열강의 요청에 따라 의화단을 진압할 것인가를 결정해야 했다. 결국 전자를 선택했다. 앞서 살펴본 서태후의 말처럼 만주인의 청이라고 하는, 국가 로서의 내셔널리즘이었다고 볼 수도 있을 것이다. 그러나 현실적으로 생각한다면 8개국을 상대로 전쟁을 하는 것은 상당히 무모한 결단이어 서, 동남호보나 공사관 공격을 주저하기도 했다. 실제로 의화단전쟁 패 배의 결과는 중국에 4억5천만 냥이라는 거액의 배상금과 함께 엄청난 충격을 주었다.

우선 청조의 권위가 하락하고 정치가 출렁인 점을 들 수 있다. 특히 이 홍장의 죽음을 비롯하여 대관들이 타계하고, 그때까지 변법으로 치닫는 움직임을 억제하면서 체제 유지의 원동력이 된 보수 관료의 영향력이 감소한 것은 정치 개혁의 브레이크를 상실하게 만들었다. 이후 청은 다 소 급진적이라고 할 수 있는 개혁을 실시해 나가게 된다.

다음으로는 주로 입헌군주정을 지향하는 무술변법의 여러 정책이 다시 채용되어, 재정난 속에서도 근대국가 건설이 추진된 점이다. 거기에는 천황의 강력한 권한을 인정하는 일본 같은 국가가 모델이 되었다.

그리고 20세기 첫 10년 동안 청 자신의 청이라는 국가 건설과 함께, 점차 형성되고 있던 '중국'이라는 국가 상(像)이 '청'을 대신해 다양한 정치 세력을 아우르는 국가의 결집체로 등장하게 되었다. 또 지역을 뛰어넘는 '중국인'으로서의 의식도 성장하기 시작했다. 이런 상황이 배경이 되어 배외 운동과 보이콧 같은 다양한 운동이 등장하는데, 거기에는 정의를 방패 삼아 폭력을 동반하는 현상이 자주 보인다.

이 시기에는 중국을 무대로 하는 국제정치의 장에서 이권획득 경쟁이 억제되었고, 두 차례에 걸친 미국의 문호개방 통첩이 가져온 영향도 있어서인지 청조의 근대국가 건설을 원칙적으로 지지하게 되었다.

광서신정 의화단전쟁이 끝나 갈 무렵, 시안에 있던 광서제와 서태후는 1901년 1월 29일에 변법을 예약하는 조서를 발표했다.

(……) 필요한 것은 법령을 고치고 인습을 타파하는 것이다. 진흥을 바란다면 개혁에 대한 논의가 필요하다. 군기대신(軍機大臣), 대학사(大學士), 6부9경(六部九卿), 파견되어 있는 각국 대신, 여러 총독과 순무는 저마다 직면한 갖가지 문제에 대해 중국과 서양의 정치를 짐작하여 조정(朝廷), 국정, 이치(吏治), 민생, 학교, 과거, 군제, 재정 등 모든 면에서 정리해야 할 점, 그리고 국력의 진흥, 인재 활용, 재정 충실, 군비 개선의 방법 등에 대해 저마다 보고 들은 것에 기초하여 전개하고 내용을 열거하여 두 달 안에 상주하라.

4월에는 군기대신과 왕대신(王大臣), 약간 명으로 이루어진 독판정무처(督辦政務處)라는 제도 개혁 조사기관이 설치되었다. 룽뤼(榮祿), 경친왕(慶親王), 이홍장 등이 주도하고 장즈둥과 류쿤이도 참여했다. 장즈둥과 류쿤이 등은 서태후의 의견 징집에 따라, 제도 개혁과 교육개혁을 중심으로 한 상주문 세 편을 제출했다(강초회주변법삼접江楚會奏變法三摺). 이렇게 개혁의 방향이 정해짐에 따라 이후 입헌군주제를 축으로 하는 근대국가 건설이 추진된다(광서신정光緒新政). 이 상주문에서 강조되고 있는 것은 36개 사단(진鎭)으로 이루어진 서양식 군대(신군)의 건설, 상부(商部)의 설치, 상회(商會)와 회사(會社)의 설립 장려, 상법 제정과 실업(實業) 진흥, 학제 정비와 교육개혁, 과거 폐지, 유학생 파견과 새로운 형태의 관료 양성 등이었다.

1901년 10월 7일 시안을 떠난 광서제와 서태후는 1902년 1월 7일 베이징에 다다랐다. 처음에 이 개혁은 "과거 폐지, 학교 설치, 유학생 파견"이라는 점으로 구체화되었고, 동시에 관제 개혁, 군제 개혁, 법제 개혁, 실업 진흥 등도 추진되었다. 관제 개혁의 면에서는 외무부 이외에 1903년에 상부가 설치되었고, 지방에서도 후베이·윈난·광둥 순무처럼 직책에 중복이 있는 관직이 폐지되었다.

광서신정에 대해서는 여러 가지 해석이 있다. 제도적 정비를 근대국가 건설의 진전이라고 하여 긍정적으로 보는 견해도 있다. 그러나 통치 안정이라는 면에서는 오히려 이 신정이 중앙·지방 문제, 국가·사회의 연관성 문제 같은 여러 가지 문제를 불러일으켜 결국에는 청의 멸망을 앞당긴 측면도 있다. 태평천국의 반란 등에 따른 사회질서의 동요에 대해, 청은 지방의 자립성을 중시하여 치안과 징세 질서를 재편하고 있었다. 그러나 신정은 이른바 근대국가를 모델로 하여 다시 중앙집권화를 목표로 했기 때문에 자립화하고 있던 지역사회로부터 반발을 불러올 수밖에 없었다.

청이 지방과 사회에 엄격한 정책을 실시한 배경에는 재정 문제도 있었다. 청은 청일전쟁과 랴오둥반도의 반환으로 2억3000만 냥 남짓을, 의화단전쟁으로 4억5000만 냥의 부채를 지고 있었기 때문에 신정을 추진하는 데 필요한 재원을 마련하자면 외국으로부터 차관뿐 아니라 지방과 민간에서 거두는 징세에도 의존할 수밖에 없었다. 청조 내부에서도 절제의 분위기가 나타나 1904년에는 서태후도 고희 축하연을 중지할 정도였지만, 결국 재정 부담의 증가는 무거운 세금 징수로 나타났다. 1902년부터는 방연(房捐, 가옥세), 포세(鋪稅, 점포세), 고연(膏捐, 아편거래세), 인화세(印花稅, 인지세)가 만들어졌다. 이전에는 토지에 대한 과세와 이금 등 유통세가 중심이었는데, 이 새로운 세금들은 상공업 그 자체로부터 징세하는 것을 의미한다. 이러한 증세 조치는 물가 급등과 맞물려 민중의 생활을 압박했기 때문에 각지에서 항량(抗糧. 농민의 납세거부 운동)과 항조(抗租. 소작료 감면 운동), 쌀 소동이 일어났다.

과거제도 개혁　　과거제도는 왕조의 통치를 유지하는 기본 제도로 기능하고 있었다. 왕조는 과거를 통해 지방 엘리트를 통제하고, 엘리트들은 과거를 통해서 위신을 얻었다. 이 제도는 예수회 선교사를 통해 유럽에도 소개되어 근대적 관료제도의 성립에도 영향을 주었다고 한다. 특히 중요한 것은 과거가 기본적으로 모든 국민(남성만)에게 문호를 개방하여 전국에서 일률적으로 시험을 실시하고, 특정 전문가보다는 교양인을 중시했다는 점이다. 그렇지만 문장 표현의 형식주의(팔고문

八股文)와 고전을 중시하는 경향이 격동의 시대에 걸맞지 않게 되어, 19세기 말 이래 각종 개혁론이 제창되었다.

1897년에 옌슈(嚴修, 1860~1929)가 주창한 실무 중시의 경제특과(經濟特科)는 무술변법 시기에 채용되었지만 그 후 폐지된 바 있다. 신정으로 경제특과가 부활했고 팔고문은 폐지되었으며 시험 내용도 사서오경에 중국과 각국의 정치 등이 추가되었다. 이런 조치는 일본에서 간행되고 있던 량치차오의 《청의보》(淸議報)가 읽히는 계기가 되기도 했다. 또 1902년에는 무과거(武科擧, 무인을 선발하는 과거)가 폐지되었다. 1903년에는 이후 세 차례의 과거에서 정원을 삭감하고 그 몫을 학교 졸업자에게 할당하는 방식이 채용되었다. 그러나 1905년 9월 즈리 총독 위안스카이와 후광 총독 장즈둥을 비롯한 여러 총독·순무의 상주에 따라 결국 과거제도 폐지가 결정되었다. 그리하여 1904년이 마지막 과거 시험이 되었다.

왕조는 과거를 통해 지방 엘리트를 끌어당긴 면이 있었다. 따라서 과거 폐지는 국가와 사회의 관계에 심각한 영향을 주게 되리라고 짐작할 수 있다. 그러나 이 시기에는 통치라기보다도 '교육' 또는 '인재 양성·등용'의 문제로 논의되고 있었던 것 같다. 물론 과거 폐지가 관리 채용을 중지하는 것을 의미하지는 않았다. 해외의 학위나 국내 학력 등 별도의 기준도 마련해 놓았던 것이다. 1901년에는 각 성에 유학생 파견을 명하고 졸업생에게는 과거 합격자 자격을 부여하기로 했다. 또한 1903년 청은 유학생이 학업을 마치도록 장려하는 장정(장려유학필업생장정獎勵遊學畢業生章程)을 발포했는데, 그것은 주로 일본을 염두에 둔 것이었다. 해외에서 취득한 5년제 중학, 고교학원(高校學院), 전문대학, 학사 취득자, 석사·박사학위 취득자 순으로 과거의 지방 시험에서 회시(會試) 합격자에 이르는 등급을 적용시켰다.

　과거의 폐지는 확실히 서양의 학문을 섭취하는 데는 유용했을 것이다. 그러나 유학생이 급증하고 중국 내부에서도 학교가 많이 설립되면서 학위에 따라 부여된 과거 자격 자체의 가치가 흔들리게 되었다. 유학과 인사 채용을 연결시킨 제도는 청이 가진 구심력, 국가와 사회, 중앙과 지방을 연결하고 있던 고리가 떨어져 나가는 계기로도 작용했을 것이다.

교육개혁　근대적 학제의 정비도 추진되었다. 1901년에 이미 경사대학당(뒷날의 베이징대학)을 정점으로 각 성(省)에 대학당, 각 부(府)에 중학당, 주(州)·현(縣)에 소학당을 두는 학교 체계가 정해졌다. 청의 문단 주류 가운데 하나인 동성파(桐城派) 학자인 관학대신(管學大臣) 장바이시(張百熙)는 경사대학당의 교원 우뤼룬(吳汝綸)을 중심으로 하는 시찰단을 일본에 넉 달 동안 파견했다. 일본이 도입한 근대적인 학제를 조사하는 것이 목적이었다. 일본 쪽에서도 편의를 제공했고 그 성과에 기초해 1902년 흠정학당장정(欽定學堂章程)으로 발포되었다(임인학제壬寅學制).

　이 학제는 몽학당(蒙學堂) 4년, 심상소학당(尋常小學堂) 3년을 의무교육으로 했다. 몽학당의 과목으로는 수신(修身), 자과(字課), 습자(習字), 독경(讀經), 사학(史學), 여지(輿地), 산학(算學), 체조 등이, 심상소학당의 과목으로는 수신, 독경, 작문, 습자, 사학, 여지, 산학, 체조 등이 설정되어 있었다. 또 학력에 따라 과거 자격을 상정하고 있는 점도 특징이다. 그러나 이 제도는 1903년에 폐지됨에 따라 시행되지 못했고 이후 장바이시, 룽뤼, 장즈둥 등이 중심이 되어 재검토하게 된다.

베이징의 소학당 광서신정기에는 근대적 교육제도의 정비가 추진되었다(《袁世凱与北洋軍
閥》).

1904년 1월 13일 흠정학당장정을 개정한 주정학당장정(奏定學堂章
程, 계묘학제癸卯學制)이 발포되었다. 이 학제는 과거제도의 폐지를 감안
하되 충효를 교육 목표로 설정하고 경학과 문학 같은 중국의 기존 학문
체계를 중시한 것이었다. 대학원은 통유원(通儒院)이라고 이름 붙였다.
초등교육도 수정하여 유치원에 해당하는 몽양원(蒙養院) 4년을 설치하
고, 초등소학 5년, 고등소학 4년으로 했다. 아울러 이 제도는 사범학당과
함께 실업학당도 설치하기로 했다.

1905년에는 중앙과 지방의 학제 전반을 관할하는 학부(學部)가 창설
되었고, 일본의 교과서를 참조해 교과서 편집도 시작되었다. 1906년 제
학사사(提學使司)와 성(省)에는 학무공소(學務公所)가, 그리고 청(廳)·주
(州)·현(縣)에는 권학소(勸學所)가 설치되어 중앙과 지방에서 학제가 정
비되었다. 그러나 성에 따라서 총독이 주도하기도 했고, 현에서도 지역
엘리트의 주도로 학교가 설립되기도 했다. 또 학교 업무와 관련이 있는

지역 엘리트들은 학회 조직을 준비하고 있었다. 1906년 청은 교육회장정(教育會章程)을 정해 학회를 교육회로서 법적으로 공인하고 교육 행정의 보조 단체로 삼았다.

당초 계묘학제에서 여자는 몽양원(유치원) 교육과 보모로 육성하는 대상에 불과했지만, 1907년에는 여자소학당장정과 여자사범학당장정이 정해졌다. 주된 교육 내용은 덕육(德育)에 있었는데, 이 무렵에는 이미 민간의 여학당도 많이 설립되고 있었고 유학의 기회도 늘어나기 시작했다. 비록 유복한 가정의 자녀가 중심이기는 했지만, 여자 교육의 가능성도 다양화되고 있었던 것이다. 그에 따라 서양식 교육을 받은 도시 여학생 가운데에는 스스로 배우자를 선택하는(自行擇配) 자도 있었고, 찻집이나 레스토랑에서 남성과 잡담을 하는 모습도 찾아볼 수 있었다. 이런 행동은 대체로 '음란'을 조장하는 것이라고 해서 비판을 받았다.

일본을 경유한 '근대' 그 무렵 일본은 그야말로 '라이징 재팬'(rising Japan)이라 할 만한 존재였다. 청의 처지에서 본다면 일본의 발전으로부터 무엇인가를 배우려는 학습의 대상이기도 했지만, 한편으로는 위협이 될 수도 있는 존재였을 것이다. 20세기 초에는 수천 명이 넘는 유학생이 일본으로 건너가, (일본 그 자체라기보다) 일본이 섭취한 서양 근대를 습득하려 했다.

일본을 유학지로 선택한 것에는 다른 이유도 있었다. 예컨대 장즈둥은 1898년에 쓴 《권학편》(勸學篇)의 〈유학〉(游學)에서 유학(留學)의 중요성을 설명하고, "작은 나라인 일본이 어찌 그리 빠르게 융성한 것일까? 이토(伊藤), 야마가타(山縣), 에노모토(榎本), 무쓰(陸奧) 같은 이들은 모두 20년 전에 바다 건너 유학한 학생들이었다"라고 썼다. 즉 작은 나라였던 일본이 흥하게 된 것은 바로 유학을 통해 얻은 성과일 것이라고 하면서, 유학의 대상지로 특히 일본을 추천하고 장려했다. "유학할 나라로 말하자면 서양은 동양(일본)에 미치지 못한다"고 하면서, 그 이유로 지리적으로 가깝고 경비가 적게 들고 일본어가 중국어와 유사하며, 방대한 서양 지식을 필터를 통해 일본이 섭취한 것을 흡수하는 것이 청으로서는 바람직하다고 지적했다. 이 같은 사고방식은 장즈둥뿐 아니라 량치차오 같은 이들한테서도 보였다.

물론 일본 쪽에서 유학생 유치 알선도 있었고, 또 일본 육군이나 외교 루트를 통한 학생 파견 요청도 있었다. 1898년 베이징 주재 공사이던 야노 후미오(矢野文雄, 龍溪)는 일본 국비로 유학생 2백 명을 유치할 뜻이 있다고 청조에 전달했다. 최초의 일본 유학은 1880년대라고도 하고 1896년이라고도 하지만, 갑자기 수가 늘어난 것은 의화단전쟁 후의 일이다. 청조에서 유학을 통한 학위 취득을 관위(官位)로 연결하기로 결정하고, 일본에서도 짧은 기간에 학위를 취득할 수 있는 코스를 개설하면서 간편하게 할 수 있는 일본 유학이 갑자기 증가한 것이다. 장제스 같은 정치 군사 지도자뿐 아니라 루쉰 같은 인물도 일본에서 공부했다. 유학생 대부분은 도쿄의 사립학교에서 법률과 정치제도를 배웠지만, 세이조학교(成城學校, 신부학교振武學校의 전신으로 중국 유학생을 위한 육군사관학교 예비학교—옮긴이)에서 육군사관학교로 진학하는 수십 명의 국비 유학생도 있었다. 일본 유학생의 증가에 대해서는 러일전쟁에서 일본의 승리와 관련지어 설명하는 경우도 있지만, 그보다는 과거나 인재 등용 제도의 변화와 관련이 더 크다고 생각된다.

한편 일본에서도 수많은 교원이 학교 교사나 가정교사로 청에 건너왔다. 요시노 사쿠조(吉野作造)도 위안스카이의 아들인 위안커딩(袁克定)의 가정교사로 왔다. 또 법학자인 아리가 나가오(有賀長雄)를 비롯한 일본의 수많은 학자들이 청으로 건너가 정부의 고문이 되기도 했다. 이렇게 해서 '일본 근대'가 (취사선택되어) 청으로 전파되어 나갔다.

그러나 일본 정부가 1905년에 청국유학생취체규칙(淸國留學生取締規則)을 설정하고, 청 스스로도 1907년에 관비 유학생의 행선지를 유럽이나 미국으로 바꾸게 되면서 일본 유학생도 감소하기 시작한다.

군사·경찰 제도의 개혁 신정은 군사 제도의 개혁도 불러왔다. 사실 청일전쟁에서 패배한 뒤 청조는 위안스카이 등에게 명을 내려 근대식 육군 정비를 추진해 왔다(신건육군新建陸軍). 의화단전쟁에 즈음하여 롱뤼와 위안스카이가 거느리고 있던 무위우군(武衛右軍) 등은 기본적으로 근대식 군대였다. 신정이 시작된 후 장즈둥 등의 상주에서는 36개 사단(진鎭) 건설이 제창되고 있었다. 1개 사단에 1만 명 남짓한 군대를 상정하고 있었는데, 합산하면 40만 명가량의 신식 육군 건설을 계획하고 있었던 것이 된다.

계획에 따르면 원칙상 각 성에 신군을 두는 것으로 하고 있지만, 톈진의 북양군은 독일의 영향을 받은 신식 육군이 중심이 된 사실상 중앙정부 직할이었다. 북양군은 북양 무비학당(武備學堂) 졸업생과 일본 육군사관학교 출신자를 구성원으로 하는 북양 6진(六鎭)의 신군으로 조직되어 있었다. 1901년부터 1907년까지 즈리 총독 겸 북양대신 직위에 있던 위안스카이가 북양군을 통솔하면서 군인들과 사적인 관계를 구축하여, 뒷날 북양 군벌로 불리게 되는 집단으로 성장했다. 북양 신군 외에도 난

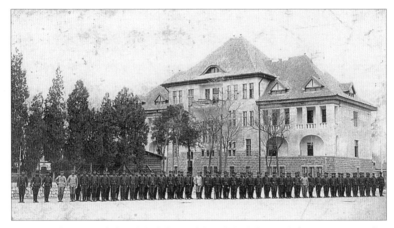

동북 신군 일본군을 모방한 복식과 장비를 채택하고 있다(펑톈, 1909년, 《袁世凱与北洋軍閥》).

징의 자강군(自强軍)과 후베이의 후베이 신군 등이 잘 알려져 있다.

인재 양성 면에서 청은 무과거(武科擧)를 폐지하고, 중앙 연병처(練兵處)와 무비학당(武備學堂)을 중앙과 지방에 설립하여 지방에서 독자적으로 군인을 양성하는 것을 금지하였다. 또 일본과 맺은 협정에 근거해 바오딩군관학교 등에서 선발된 인원을 해마다 수십 명씩 일본으로 보내 세이조학교와 각 연대에서 훈련을 거쳐 육군사관학교에 입학시켰다. 세이조학교에서는 천두슈(陳獨秀, 1879~1942)가, 신부학교(振武學校)에서는 장제스가 공부했다. 그 밖에 쉬충즈(許崇智), 옌시산(閻錫山), 장췬(張群) 같은 수많은 인재들이 '육사' 출신이다.

위안스카이가 신군을 건설할 때 문제가 된 것은 재원 마련과 함께 인재의 모집이었다. 병사 중에는 무자격자나 탈주병이 섞여 들어오는 일이 예사였다. 따라서 신분 보증이 있고, 신체 능력에서도 기준을 충족하는 자를 채용하려고 했다. 이 시기가 되면 19세기 이래의 질서와 치안이 악화되고 지역사회의 무장화에 따라 문(文)과 무(武)를 명확하게 구분하

신군 보병 서양식 기계체조를 하고 있는 풍경(《新軍旧影》).

는 풍속은 약해지고 있었다. 그럼에도 여전히 "훌륭한 남자는 절대 병사가 되지 않는다"는 사고방식이 만연했다. 위안스카이는 바로 그런 사고방식이 문제라고 생각하고 있었다. 물론 그러한 가치관이 쉽게 변하지는 않았지만, 이때가 되면 과거 시험 합격자가 군사 엘리트의 성격을 겸비한다든가, 군사 엘리트가 정치와 행정에 관심을 갖는 경우가 널리 나타나게 되었다. 또한 신축화약에서 청은 2년 동안 무기를 수입할 수 없게 되었지만, 한양(漢陽), 상하이, 광저우 세 곳에 병기 공장을 설치해 탄약, 기관총, 소총, 산포(山砲) 등을 생산했다.

한편 이 시기에는 근대적인 경찰 제도도 도입되었다. 1902년에 위안스카이가 즈리 성 바오딩에 경무학당(警務學堂)을 설립했다. 의화단전쟁 후에 열강으로부터 톈진이 반환되자, 신군 일부를 순경(巡警)으로 톈진에 '주둔'시켰다. 청이 톈진에 병사는 주둔시킬 수 없었기 때문이라고 한다. 순경은 길거리를 중심으로 치안과 규율, 풍속을 단속했다. 19세기 후반 이후 치안 악화 속에서, 청은 각 지역의 단련(團練)에게 치안 유지를 의탁했다. 그런데 이런 상황이 배외 풍조를 부추기는 측면도 있었기 때문에 개항장처럼 서양 사람이 많은 장소에서 단련에만 의존하는 것은 위험했다. 이 때문에 새로운 치안과 규율 유지를 위한 조직으로 순경이 창설되었다고 볼 수 있다. 톈진에서 시작된 이 제도는 후베이를 비롯하여 전국 곳곳으로 확대되어 갔다. 중앙에는 통괄하는 기관으로서 순경부(巡警部, 1906년 민정부民政部로 개칭)가 설치되었다.

법제 정비   1902년의 맥케이조약 제12조에는 청이 국내법을 개선하기를 기다려 치외법권을 철폐하고 영국도 그것을 지원한다고 정해 놓았다. 19세기 이래 청조도 근대 법전을 정비하려 움직여 왔지만, 이때 비로소 선자번(沈家本) 등이 중심이 되어 형법전의 편찬이 시작되었다. 참고한 것은 일본의 형법으로, 우선 시전(熙楨), 마이즈엔(麥秩嚴), 동캉(董康) 등을 일본에 파견했다. 그리고 1907년 10월에는 원래 청이 초빙하고 싶어 했던 우메 겐지로(梅謙次郎)의 제자 오카다 아사타로(岡田朝太郎)를 편찬 고문으로 초빙했다. 오카다에 따르면, 베이징에 도착했을 때는 이미 구 형법에 바탕을 둔 형률 초안이 90퍼센트 정도 만들어져 있었지만 수정해야 할 부분이 많아 직접 고쳐서 초안을 작성하기로 했다고 한다.

여기에서 그는 일본의 새 형법에 의거하여, 청의 사정을 짐작하면서 새로운 형률안을 써서 올렸다. 이후 오카다의 예상과 달리 청은 이 초안에 대해서 중앙과 지방 대관들한테서 의견을 들었는데, 예로부터 내려온 예교에 비추어 적절치 못하다는 지적이 적지 않아 여러 차례 수정을 더했다. 결국 선자번이 청의 형률에 기초해 부적절한 부분을 삭제하여 새로운 초안을 작성했는데, 그것이 1910년에 대청현행형률(大淸現行刑律)로 공포되었다.

또한 상공업 촉진을 위해 민률(民律, 민법)보다도 우선해서 상률(商律, 상법) 제정을 서둘렀다. 1903년에는 상부(商部)가 설치되고, 위안스카이와 우팅팡(伍廷芳)에게 명하여 상률 편찬에 착수하게 했다. 우팅팡은 상하이에서 각국 상법의 개요를 정리하여 베이징에 가지고 가서 심의하고, 우선은 공사률(公司律)과 상인통례(商人通例)를 정했다. 1906년이 되자 파산률(破産律, 파산법)이 제정되고 공포되었다. 하지만 이들 법률은 실효성의 면에서는 상당히 한계가 있었던 것으로 생각된다.

예컨대 영어를 말하는 중국인들은 자구반세(子口半稅) 특권과 영국 국적 회사 등기 제도에 포함된 유한책임제를 이용했는데, 자구반세 특권에 대해서는 청이 그 특권을 일부 무효화할 수 있었지만 유한책임제의 경우는 회수할 수 없었다. 이 문제가 해결되지 않은 상태에서 시행된 파산률은 실제로는 기능하지 못해 결국 철회되었다.

실업 진흥정책 19세기 말 이래 청에게는 통상 면에서 세계와 경합하여 나라의 생존을 도모하는 것(상전商戰)과, 산업 진흥을 통한 구국(실업구국實業救國)도 커다란 과제였다. 국제사회에서 벌어지는 상전에 대응하기 위해 1907년에는 상부를 농공상부로 재편하여 산업진흥책을 추진했다. 상부는 1904년에 상회간명장정(商會簡明章程)을 발포하여 상하이와 톈진 같은 대도시를 중심으로 상무총회(商務總會)를, 그밖의 도시에는 상무분회(商務分會)를 설치했다. 이들은 상회로 총칭되었는데, 역사적 배경이 있는 회관이나 공소(公所) 등 동업 단체와 동향 단체 같은 상인 조직을 기반으로 했고 거기에는 신흥 상인층과 사신(士紳, 紳商)들도 참가했다.

'신'(紳)이라고 할 경우 대개 과거(科擧) 엘리트들을 가리키는데, 이 무렵에는 부유한 상인의 자제로 과거에 합격하거나 그 지위를 돈으로 산 사람이 많아서 점차 '신'과 '상'이 결합되어 신상(紳商)이라는 사회계층이 형성되었다. 상회는 바로 이 신상들이 활약하는 장이었다. 이 조직은 경제 질서 유지와 함께 징세 청부 기능도 수행했으며, 자선사업이나 사회사업도 펼쳤다. 때로는 반미 보이콧운동 같은 사회운동을 일으켜 외국 상품의 영향을 배제하는 등 점차 커다란 정치적 발언권을 보유하게 되었다. 그 밖에도 청조의 해외 화상(華商) 파악을 위해 나라 밖에서도 활동을 펼치며 중화총상회(中華總商會) 같은 조직도 만들었다.

각지의 상회는 중앙의 상부(商部)와 관계를 유지하고 있었다. 상회 설립에는 과거 상공업자를 조직화하려는 목적으로 각 지방에 설치되어 있던 상무국의 영향이 컸고, 상회의 확대가 곧바로 중앙의 통제 강화를 보여 주는 것은 아니다. 더욱이 청은 상인의 재산을 보호하는 제도를 창출할 수 없었던 탓에 결국 파산률(破産律)도 제 기능을 하지 못했다. 19세기 후반 이래의 경제 변동과 무역 구조의 변동에 대해서 청은 경제체제의 재편이나 상인 통제의 재편에서 곤란에 직면해 있었던 것이다.

한편 중앙뿐 아니라 각 지방에서도 실업 진흥을 꾀했다. 즈리 총독 위안스카이는 무역 적자를 해소하기 위해 실업 진흥을 추구하기도 했다. 지방에서 나타난 움직임으로는 장쑤 성 퉁저우(通州, 난퉁)에서 애쓴 장

톈진카오공장(天津考工場) 1904년 공업 전람
관으로서 조성되었다(《天津舊影》).

젠(張謇)의 사례가 잘 알려져 있다. 장젠은 위안스카이의 개인교사가 되
었다가 절교한 경험이 있는 과거 수석 합격자(장원)였다. 부친의 사망도
있어 합격하고도 관직에 나아가지 않고 고향에서 지역사회의 발전을 도
모했다. 장즈둥의 부탁도 있었기 때문에 장젠은 우선 실업구국을 내걸고
1899년에 외국자본이나 관의 자본도 끌어들이지 않고, 지역 엘리트인
신상(紳商)의 자본에 바탕을 둔 면방적 공장 대생사창(大生紗廠)을 설립
해 경영을 궤도에 올려놓았다. 이 시기에는 상판(민영)의 공장 건설이 법
으로 허용되었다. 원래 퉁저우 주변은 질 좋은 면화 산지였지만, 장젠은
다른 지역의 면화 재배에도 관심을 보여 황해 연안의 황무지를 개간하
기도 했다. 그 무렵 강남은 면업과 제사업 등 경공업이 발흥하는 그야말
로 중국의 공업화를 선도하던 지역이었다. 이에 더해 유럽 시장(특히 프
랑스)의 견직물업을 위한 생사 수출도 좋은 상황이었다. 하지만 이러한

공업들은 강남과 주장 강(珠江) 삼각주가 중심이었고, 공장도 주로 외국 자본 계열이 아니면 관료나 지역 엘리트와 결합해 있었다.

　19세기 후반의 내란 후에 재편성된 지역 질서는 이금과 여러 내지세(內地稅)의 징세 청부를 통해 청조의 지방 관료와 지역 엘리트가 결합하는 모양새가 형성되고 있었다. 장젠 또한 그러한 흐름 속에서 지역에서 출발한 실업 진흥을 목표로 삼고 있었으며 강남의 면업에도 그 점이 두드러졌다.

　1903년 4월 장젠은 일본을 방문해 오사카의 내국권업박람회를 비롯해 교육 관련 시설 등도 시찰했다. 그중에서도 홋카이도 개척에 대한 관심이 특히 강했다. 그는 삿포로에서 성공을 거둔 산둥 출신의 농민을 보고 크게 놀랐다고 한다. 메이지 초기에 계약 노동자로 홋카이도를 방문한 산둥 농민 가운데 일부가 그곳에 귀화하여 정주하고 있었던 것이다. 장젠은 일본 방문을 통해 정치체제 쇄신의 필요성을 통감하게 되었고, 입헌정체에 기초를 둔 의회정치를 실현하지 않으면 안 된다고 생각해 대일본제국 헌법을 한문으로 번역하여 조정에 보내기도 했다. 또 위안스카이에게 입헌군주제를 권하며 '중국의 이토 히로부미'가 될 것을 촉구하기도 했다.

번부에서 본 신정　광서신정은 근대국가 건설로서 평가되기도 하지만 그 안에는 다양한 문제가 깃들어 있었고, 더욱이 번부(藩部)의 입장에서 보면 다른 측면에서 파악될 여지도 많았다. 예를 들어 한인 엘리트층은 우승열패(優勝劣敗) 사상을 통해 세계에서 멸종할 수 있다는 위기감을 느끼게 되었다. 그런데 그들은 우승열패의 논리를 국내에 들여와 한인과 중앙을 '우월한 자'(優者)에, 한인이 아니거나 변경의 사람들을 '열등한 자'(劣者)로 보았고, 나아가 변경에 대해서 중앙이 우월한 자라고 인식했다. 우열의 근거 가운데 하나는 '근대화'였을 것이다. '서양 근대'는 한편으로 중국을 침략하고 멸종시키려는 열강의 논리였는데, 중국 내부에서는 그것이 한인의 대내적 우위성의 근거가 되었던 것이다. 여기에는 오로지 근대국가 건설만을 '정답'(是)으로 여기는 역사 해석의 문제점이 드러나 있다.

예컨대 청조가 중시해 온 몽골과 티베트는 이 시기가 되면 중국의 '변경'으로 자리가 바뀌게 된다. 몽골과 티베트인이 사는 광대한 번부도 근대 주권국가 영역의 일부이자 실업 진흥의 대상으로서 인식되었다. 18세기 이래 한인이 번부로 이주하는 움직임이 서서히 진행되어 왔는데, 20세기 초 몽골 남부로 한인 이민이 확대되면서 목초지가 줄어들고 몽골 사회 내부에 농경화가 진행되었다. 신정을 추진하면서 청은 신식 군대와 학교, 보건위생 시설을 몽골 등지에도 확대하려고 했다. 내몽골은 그것을 받아들였지만, 외몽골의 하르하에서는 그런 조치의 결과 직할지인 성과 다름없게 되는 것이라며 반발했다. 그러나 청은 신정을 번부로도 확대하여 추진하기 위해 번부에 한어 교육과 유교 교육을 시행하려고 했으며, 현지의 제후나 종교 지도자, 토사(土司)나 사원을 통한 간접통치를 부정적으로 여겨 중앙정부가 파견하는 관료가 직접 통치하는 형태로 전환하려 했다(개토귀류改土歸流). 본디 청조 황제는 몽골의 대칸(大汗)이자 티베트 불교의 보호자이기도 했지만, 이 무렵이 되면 티베트 불교를 '낙후한 것'으로 간주하게 되었다고 한다.

신정에 반발하고 있던 하르하에 대해서도 청은 크론(오늘날의 울란바토르) 판사대신(辦事大臣)을 파견해 행정기구 개혁과 한인 농민의 개간을 강행했다. 하르하 쪽은 이러한 청의 신정 실시 움직임에 반발하여 러시아에 원조를 구하기로 결의했다. 이에 베이징의 러시아 공사가 청에 신정 정지를 요청했고 청은 그것을 받아들였다. 1911년 9월 신해혁명 직전에 일어난 일이다.

3. 지식인의 '중국'과 '근대'

주권국가와 덕치 　19세기 후반을 통해 잇따라 전쟁에서 패배한 청은 주변의 식민지화에 맞추어 국경을 획정해 나갔다. 1880년대에는 신장(新疆)과 타이완에 성(省)을 설치했다. 광서신정 시기에는 청조의 발상지인 만주에 동3성(東三省)이 설치되었고, 티베트에서도 건성(建省)이 모색되는 등 과거(科擧) 관료의 순례권(巡禮圈)으로 성이 있는 지역(행성行省 구역)이 새로운 국경선으로까지 확대되는 경향이 나타났다. '분할(과분)의 위기' 아래 진행된 이러한 변모는 청조가 근대 주권국가로 지향하는 바를 설명할 수 있을 것이다. 하지만 그것이 황제의 덕치와 교화의 확대라는 논리로 이해된 면도 있음을 간과해서는 안 된다. 근대 주권국가에서의 직할지에 대한 '균등한 주권 행사'가 '덕치와 교화의 확대'로 인식되는 측면이 있었던 것이다. 이는 한인의 가치관을 비한인에게 밀어붙이는 덕치의 논리와 결합시킨 것으로 볼 수 있다.

　한편 19세기에는 여전히 인구 압박이 강해 동남아시아로 이민이 증가했다. 청의 입장에서 보면 해외 이민은 황제의 덕위(德威)로부터 자진 이탈한 기민(棄民)이었지만, 그들이 현지 국가와 청의 교역이나 조공을 담당하며 다시금 판도로 접근해 오는 것은 꺼리지 않았다. 그렇지만 1860년의 베이징조약과 그 후의 국내법에 의해 해외 도항이 용인되자, 이민지인 동남아시아 등에서 그들의 법적 지위가 문제시되었다. 더욱이 동남아시아의 식민지에서 종주국민과 현지인의 구별이 추진되자, 현지인과 동일시되기를 꺼리는 화교들이 보호를 요구해 옴에 따라 청조도 20세기 초에는 국적법을 제정했다. 도항이 금지되어 있던 시기에는 치외법권과 영사재판권의 문제는 어디까지나 판도 내의 외국인과 자국민 간의 문제만 고려하면 되었다. 하지만 이제 해외에 거주하는 조건을 상정해야 하는 상황이 되자 만국공법의 논리로 자국민을 보호할 것을 제창했다. 이는 전통에서 근대로, 왕조에서 주권국가로 전환한 것으로 설명할 수도 있을 것이다. 그러나 이 또한 왕조의 논리에서 본다면 덕치와 교화의 확대라는 논리로 치환되어 이해되고 있었음을 아울러 지적해야 한다.

'중국'이라는 표상   1890년대부터 20세기 초반에 걸쳐 망국의 위기와 분할의 위기가 문제로 등장하면서 구국은 그야말로 지식인의 과제가 되었다. 그런데 이 '분할의 위기'론은 오히려 국토의 일체성을 강조하는 논의로서 기능했다. 예를 들어 20세기 초 잡지《신민총보》(新民叢報)의 표지에는 균일하게 붉은색으로 칠해진 중국 지도가 등장했다. 또한 이 시기에는 화이(華夷) 의식이 청산된 것도, 주변 국가들과의 관계도 완전히 평등한 상태에 있었던 것도 아니지만, 국제사회를 만국공법 속의 '열국병립'(列國竝立)으로 보는 경향이 지식인 사이에 확산되고 있었다.

그러한 가운데 청이라고 하는 왕조 이름보다도, '중국'을 국가의 명칭으로 의식하는 경향이 나타났다. 이미 19세기 후반의 외교문서에는 영국, 프랑스 등에 대치하여 '중국'이 사용되고 있었다. 20세기 초에 량치차오는 자국사를 어떻게 부를 것인가 하는 점에 대해 이렇게 서술했다.

우리가 견딜 수 없이 수치스럽게 여기는 것은 우리나라에 국명이 없다는 점이다. 한, 당 같은 것은 왕조명이고 외국인이 사용하는 지나(支那)는 우리들이 붙인 이름이 아니다. 왕조명으로 우리 역사를 부르는 것은 국민을 중요하게 여긴다는 취지에 어긋난다. 또 지나라는 이름으로 부르게 되면, 이름은 주인을 따른다고 하는 공리(公理)에 어긋나게 된다. 중국이나 중화 같은 이름에는 자존자대(自尊自大)의 느낌이 있어 다른 나라로부터 비판받을 수도 있다. 비록 세 가지 호칭이 저마다 결점을 갖고 있기는 하지만, 우리들의 언어 습관에 따라 '중국사'라고 했으면 좋겠다. 민족마다 자기 나라를 존중하는 것은 세계의 통의(通義)이니, 이 또한 우리 동포의 정신을 환기하는 하나의 수단일 것이다(이와모토 미오岩本美緒 옮김).

량치차오는 왕조의 정통에 관해 논의해 온 것을 엄격히 비판하고, 연호에 대해서도 공자 몰후(歿後) 몇 년 같은 식으로 새 기원을 사용할 것과 왕조의 역사를 초월한 중국의 새로운 역사학을 희구했다. 같은 시기에 장빙린(章炳麟) 또한 일찍이 왕조의 역사를 살리면서도 왕조를 뛰어넘을 수 있는《중국통사》를 구상하고 있었다. 이 밖에도 '지나'를 사용하면서 통사 집필을 시도하는 움직임도 있었다.

'중국'은 이제 왕조를 관통하는 국가의 호칭으로서 자리 잡아 가기 시작했다. 국토의 면에서도 본디 통치에 농담의 차이가 있던 번부(藩部)와 토사(土司)의 공간을 모두 한 국토로 파악하고, 거기에 중국사라는 공통의 역사를 가진 중국인을 상정하게 되었다. 말하자면 중국으로 통합함에 공간뿐 아니라 역사라는 시간 축이 부가된 것이다. 량치차오 등의 발상은 중국에서 정착하여 '중국 몇 천 년의 역사' 같은 문구와 함께 널리 퍼져 나갔다.

한편, 지방(省)을 중심으로 한 질서의 재건 아래, 성에 대한 귀속 의식을 높이는 논의도 활발해졌다. 도시의 지식인은 주로 '성-중국-세계'라고 하는 범위의 확산을 통해 중층적인 귀속 의식을 품게 되었다.

기원의 표기 국가의 역사로서 중국사를 상정할 때, 황제마다의 연호가 아닌 서력(西曆)과 같은 장기적인 연도 표기가 요구되었다. 예를 들면, 공자의 몰후나 생후, 황족(黃族, 漢種)의 시조인 황제(黃帝) 또는 공자가 칭송한 요순, 중국 개벽의 시조인 대우(大禹), 중국 최초의 통일 왕조 진(秦) 등을 기원(紀元)으로 할 것 등이 고려되었다. 공교(孔敎, 공자의 가르침)의 국교화를 상정하고 있던 캉유웨이 같은 이는 공자 기원을 중시했고, 그 공교 국교화 운동과는 거리를 두고 있던 량치차오도 공자의 사상과 언행이 갖는, 당시 현대적 의의를 인식해서 공자 기원을 사용한 것이라고 생각된다.

그러나 캉유웨이나 량치차오와 정치적 입장을 달리하는 자들, 특히 혁명을 지향하는 그룹은 황제(黃帝) 기원을 사용하는 경우가 많았다. 이 정치 그룹 가운데에는 만주인을 배제하고 한인의 국가를 건설하려는 풍조가 있었던 점과 무관하지 않을 것이다. 그들은 또 우승(優勝)을 자랑하는 백종(白種, 백인)과 열패(劣敗)의 늪에 빠진 황종(黃種, 황인종)을 대비시키면서, 황종을 한종계(漢種系, 한인이나 일본인 등)와 시베리아 인종(몽골, 터키, 만주인)으로 변별한 뒤 한종을 황종의 대표로 자리매김했다. 그리고 만주인과도 백종과도 다르다고 하는 뜻을 담아 황종을 강조하고, 한인이 황제의 자손인 것을 황종의 증거로 삼으려 했다. 당시 독일의 빌헬름 2세가 제창한 황화론(黃禍論)이 유행하고 있었는데, 러일전쟁에서 거둔 일본의 승리 또한 이 논의를 자극했을 것이다.

일본에 유학한 쑹자오런(宋敎仁, 1882~1913)의 일기에도 이 황제 기원이 사용되고 있다. 이들도 청의 연호를 폐지하려는 점에서 캉유웨이나 량치차오와 공통점이 있었다. 그렇지만 1912년에 중화민국이 수립되고 나서 태양력의 민국 몇 년이라는 기원이 사용되면서 공통의 기원을 사용해 중국사 전체를 표현하는 일은 없어졌다. 다만 공자 기원과 황제 기원을 사용해 표현하는, 이른바 '중국 3천 년'이나 '중국 4천 년' 같은 말투는 그 뒤로도 사람들의 입에 널리 오르내렸다.

교과서로 보는 중국사

1905년에 학부(學部)가 창설되고 교과서 편찬이 시작되자, 중국인으로서 국민 양성을 목표로 한 국어 교육과 역사 교육도 추진되었다. 역사는 자국사와 외국사로 나뉘었고 자국사 가운데 현대사에서는 동시대사까지 그려 냈는데, 근현대사 부분에 무척 흥미로운 점 두 가지가 발견된다.

첫째, 열강의 침략과 그에 대한 저항, 아편전쟁-제2차 아편전쟁-청불전쟁-청일전쟁이라는 일련의 전쟁에서의 패배와 그 대처, 그리고 염비(捻匪)나 태평천국 같은 반란을 함께 엮어서 그려 내고 있다. 오늘날에도 볼 수 있는 중국 근대사 서술의 원형이 이 단계에서 이미 나타나고 있었

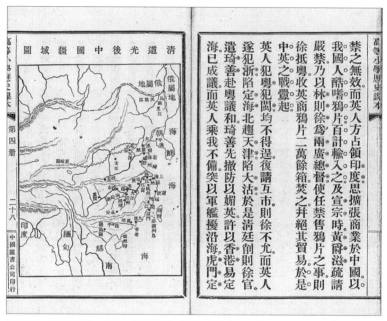

청말 민국 초기의 역사 교과서 아편전쟁의 양상을 기술하고 있다(東臺 趙鈺鐸 編,《高等小學歷史讀本》, 中國圖書公司, 宣統 元年 초판, 民國 元年 2월 6판).

던 것이다. 물론 청대의 교과서인 만큼 청조의 입장을 긍정적으로 묘사하고 있다.

둘째, 열강과 벌인 잇따른 전쟁에서 국권을 상실하는 과정을 묘사하는 동시에, 주변 국가들이 열강의 식민지가 되어 청과 책봉 등의 관계를 단절하는 과정을 자국사의 일부로서 그리고 있는 점이다. 본디 외국사에 해당하는 내용을 자국의 국권 상실과 연관시켜 서술하고 있다. 거기에서 상정되는 '본디 마땅히 그래야 할 중국'은 청의 국경을 한층 더 넘은 것으로 관념화될 가능성이 있었다고 생각된다.

일본에서 본 중국　　무술변법부터 광서신정까지, 청의 근대국가 건설을 위한 노력을 청일·러일전쟁에서 승리한 일본은 어떻게 보았을까?

메이지의 문호 나쓰메 쇼세키(夏目漱石)는 1900년, 세계 최강이라고 일컫던 대영제국의 수도 런던으로 유학을 갔다. 쇼세키가 쓴 1901년 3월 15일의 일기에는 이런 구절이 있다.

　일본인을 보고 지나인이라고 했을 때 왜 기분이 나쁜 걸까? 사실 지나인은 일본인보다 훨씬 명예로운 국민인데, 불행히도 오늘날 극도로 부진한 상태에 빠져 있을 따름이다. 의식이 있는 사람이라면 오히려 일본인이라고 불리는 것보다 지나인으로 불리는 것을 명예로 여겨야 할 것이다.

이튿날 쇼세키는 "일본은 30년 전에 자각했다고 한다. 하지만 절반의 종소리에 급히 날아오른 데 불과하다. 그런 자각이라면 진정한 자각이 아니다"라고 적었고, 며칠 후에는 "미래에는 어떻게 해야 하는가. 스스로 만족하고 뽐내지 말지어다. 자포자기하지도 말지어다. 소처럼 묵묵하라. 닭처럼 부지런하라. 속은 비어 있으면서 큰소리치지 말라. 진지하게 생각하라" 하고 경종을 울렸다. 쇼세키는 근대를 대표한다고 할 수 있는 영국에, 그리고 그 영국을 목표로 한 일본의 근대 자체에 의문을 제기하면서 "지나인으로 불리는 것을 꺼리는" 것을 비판하고, 오히려 명예로 여겨야 한다고 했다.

하지만 이런 쇼세키의 감정은 그 무렵의 일본인에게 이질적인 것이었다. 쇼세키가 교묘하게 표현했지만 "일본인을 보고 지나인이라 부르면 기분 나빠 한"것이 일반적이었을 것이다. 도쿠도미 이이치로(德富猪一郎, 도쿠도미 소호德富蘇峰)는, 1904년 5월 20일 '일본인과 지나인'이라는 제목의 강연에서 이렇게 말했다.

> 이른바 지나에는 사회질서는 있지만 국가적 질서는 없다. 가족의 단결은 있어도 국가적 단결은 없다. 향토적 애착은 있지만 애국심은 없다. 물론 지나의 정치가들이 인민을 인식하고는 있었지만 그것은 단지 개인의 총합을 인정하는 데까지이다. 그것은 우리가 말하는 '국가'는 아닌 것이다.

도쿠도미 소호는 중국이 국가의 몸체를 이루지 못하고 있다고 비판하면서, 그것을 일본과 대조시키는 방법으로 자기 나라를 자랑스럽게 그려내고 있다. 이렇게 중국을 비판적으로 보는 언론은 청일전쟁에서부터 러일전쟁에 걸친 시기의 일본에서 흔히 나타났다. 예를 들어 1898년에 동아시아의 대동단결을 목표로 고노에 아쓰마로(近衛篤麿)를 회장으로 성립한 동아동문회(東亞同文會)도 중국보전론을 외치면서 중국에 대한 일본의 우월성과 지도 가능성을 전제로 하고 있었다. 그리고 일본의 국익신장을 중요한 목적으로 의식하고 있었다. 쇼세키와 소호의 인식이 언뜻보아 상반된 것처럼 보이지만, 중국을 거울로 하면서 일본의 가치를 확인하는 수법에서는 서로 통한다. 이렇듯 일본의 자기 인식에 중국은 중요한 역할을 했다. 물론 중국이 스스로를 위치 지을 때 일본이 필요했는가 하고 묻는다면 그것은 아니다. 다만 일본이 청에 대항하면서 근대국가 건설을 추진한 결과, 중국의 애국주의도 일본과 경합 관계를 통해 형성되었다고 하는 관련성 또는 상호작용은 있었다고 볼 수 있다.

1890년대 말부터 20세기 초에 걸쳐 일본은 청의 학습
대상이 되어 다양한 지적 정보가 청으로 전해지게 되었
다. 중국의 《시무보》(時務報)와 《상보》(湘報) 같은 19세
기 말의 잡지에는 이미 일본으로부터 어휘의 유입이 눈에 띄게 나타났
다. 수많은 유학생들이 일본으로 향하는 20세기 초가 되면 일본발 중국
어 미디어의 영향도 있어서 중국어로 설명하는 방식이나 사용되는 어휘
전반에 일본어가 유입되었다.

이런 상황을 보여 주는 것으로, 곧 해외에 파견될 유학생이 장즈둥과
만나는 장면을 그린 에피소드가 있다. 장즈둥이 출발 일정을 묻자, 학생
은 "출국 수속이 끝나는 대로"라고 대답했다. 장즈둥은 일본어에서 유
래한 이 '수속'이라는 단어가 마음에 들지 않아, '새로운 명사'(新名詞)를
사용하지 말도록 주의시켰다. 그러자 그 학생은 웃으면서 '새로운 명사'
라는 말 또한 일본어에서 온 '신명사'가 아닙니까 하고 응수했다 한다.

일본에서 탄생한 이러한 일본제 한어(和製漢語)로는 널리 알려져 있
는 '경제' '조직' '사회' '단체' '권리' '대표' '진화' '무대' 외에도 '인류
자유' '가정 혁명' '혼인 자유' 같은 표현에까지 이른다. 이러한 어휘는
일본발 중국어 미디어, 특히 그 역할을 담당한 사람인 량치차오의 언론
과 함께 유입되었다. 이에 맞서 《천연론》을 비롯하여 직접 서양의 저작
을 번역해 온 옌푸 같은 이는 일본제 한어에 기대지 않는 번역어를 만들
어 내려고 했지만, '로직'(邏輯, logic) 같은 일부 어휘밖에 정착하지 못했
다. 그 정도로 일본 번역어의 영향은 강력했다. 물론 일본제 번역어를 사
용한다 해도 뜻을 잘못 이해하거나 인식하는 경우가 있었을 것이다. 하
지만 메이지 일본의 국가 건설과 사회문제를 자신의 문제로서 받아들인
광서신정 시기에는 지적 정보와 지적 관심을 일본과 공유하는 자장(磁

場)이 온갖 다양성을 내포하면서 중국 지식인들 사이에 형성되기 시작했다고 할 수 있다.

1909년 학부는 옌푸를 총찬(總纂)으로 초빙해 편정명사관(編訂名詞館)을 개설했다. 이 기관에서는 교과서에서 사용할 명사의 통일 규범을 작성하는 한편 빈민이나 학습 기회를 놓친 자들도 읽을 수 있는《국민필독》(國民必讀)을 편찬했다. 하지만 옌푸의 이러한 노력이 보상받은 것은 아니었다. 당시 지식인들 사이에 널리 사용되었고 옌푸 스스로도 서문을 쓴 황인(黃人, 마서摩西)의 편저《보통백과신사전》(普通百科新辭典, 上海國學扶輪社, 1911년)에도 주로 일본제 한어가 채록되는 등 옌푸의 어휘는 그다지 많이 보이지 않았다.

청말의 저널리즘과 여론

19세기 말에서 20세기 초 중국의 여론 형성을 살펴볼 때 신문과 잡지의 역할은 무척 중요하다. 19세기 후반부터《신보》(申報, 1872년, 상하이)나《순환일보》(循環日報, 1874년, 홍콩) 같은 신문이 있었는데, 20세기 초에는 사회 계몽, 인민의 지식 증진 등을 사명으로 삼아 나라 안팎의 정보를 전달하려 한 신문과 잡지, 그리고 입헌과 혁명 같은 정치적인 입장을 가진 신문·잡지가 대량으로 출판되었다. 예컨대《대공보》(大公報, 1902년, 톈진) 같은 매체는 '공'(公)의 표현 장(場)으로서 스스로를 자리매김해 나갔다.

또한 논설과 나라 안팎의 정보를 실어 널리 읽힌《동방잡지》(東方雜誌, 1904년, 상하이 상무인서관)가 있으며, 해외로 나간 망명자나 유학생이 간행한 잡지《청의보》와《신민총보》(둘 다 요코하마에서 량치차오가 간행), 그리고《민보》(1905년, 도쿄)도 많은 독자를 확보했다. 신문과 잡지는 전보와 철도를 이용해서 판매망을 확대시켰다. 또한 취재 범위가 확대됨에 따라 정보의 균질화가 대도시 지역을 중심으로 나타났다. 물론 이 단계에서는 이런 신문·잡지가 전국적인 정보 매체 또는 이른바 대중매체였다고 할 수 없지만, 대도시를 연결하는 네트워크를 통해 유통하는 정보 미디어로서의 기능은 갖고 있었다고 할 수 있다.

하지만 열강의 요청으로 청조가 신문이나 잡지의 내용을 개선하라고 요구하기도 했고, 1903년의 《소보》(蘇報) 사건에서 볼 수 있듯이 청조 체제를 비판하는 언론을 단속하려고 한 일도 있었다. 《소보》 사건이란 상하이 조계에서 발행되고 있던 잡지 《소보》의 편집장 장빙린이, 쓰촨 출신의 일본 유학생이던 쩌우룽(鄒容)의 저작 《혁명군》(革命軍)을 소개하고 높게 평가하자, 청이 《소보》를 발매 금지시킨 것이다. 그 결과 장빙린은 체포되고 자수한 쩌우룽은 옥사했다. 《혁명군》은 장제스도 애독하고 있던 100만 부짜리 베스트셀러였다. 《혁명군》은 20세기에 중국이 살아남으려면 반드시 혁명이 필요하다고 하면서, "중국인이 만주인이나 유럽인의 노예가 된 것은, 중국인 스스로가 원해서 그렇게 되었을 뿐"이므로 "지금이야말로 중국인은 이 노예근성을 바로잡아," 독립전쟁을 달성한 미국을 본받아 만주인 황제를 몰아내고, 자유 독립국인 중화 공화국을 건설해야 한다고 주장했다. 그 맺음말은 "한족에 의한 독립혁명 만세"로 끝나고 있다.

**해외 이민과
교향(僑鄕)의 근대**

19세기 후반 중국으로부터 해외 이민의 행선지는 동남아시아뿐 아니라 전 세계(글로벌)로 확대되었다. 영국령이 된 홍콩을 통해 태평양 항로로 미국에 건너가 철도 건설과 골드러시로 들끓고 있던 캘리포니아에서 채굴에 종사하는 노동자(쿨리苦力, 저자豬仔)가 되었다. 그리고 만주 이민의 연장이라 할 수 있는 한반도와 시베리아 등으로 이민이 확대되고 있었다.

이민자는 대부분 인구 압력이 높은 공간을 떠나 부와 성공을 거머쥐기 위해 나라 밖으로 뛰쳐나갔다. 글로벌한 시야에서 본다면, 흑인 노예제에 대한 비판이 높아지는 가운데 세계 곳곳에서 양질의 노동자가 필요해진 것이 중국인 이민을 받아들이는 요인이 되었다. 홍콩에 지점을 둔 외국 상사는 아편 무역과 함께 이민 사업을 중요한 영업 내용으로 삼아, 이민자에게 도항(渡航) 비용을 가불해 준 뒤에 이민지에서 일해서 번 돈으로 변제하는 계약을 맺었다.

이민 간 사람들은 광산이나 플랜테이션, 철도 건설 현장에서 노동을 견뎌 내야 했는데, 그중에는 차츰 독립해서 소매업자나 기업 경영자로 성공한 사람도 생겨났다. 또 처음부터 상인으로서 이민을 간 경우에는 행상과 소매상에서 성공하여 점차 큰 회사를 경영하는 이들도 있었다. 그들은 출신지나 성(姓)에 바탕을 둔 조직(동향회, 회관, 공소, 종친회)과 비밀결사 조직(당회堂會, 회당)을 기초로 각지에 화인(華人) 커뮤니티를 형성했다. 그들은 또 지역의 상황에 따라 저마다 현지 사회에 적응했는데, 동시에 신국(信局, 소규모 민간 금융업자) 등을 통해 고향으로 송금했고(교회僑滙), 새로운 이민을 권유하고 받아들이는 역할을 수행하기도 했다. 고향과 이민지의 연락은 전보나 편지 따위를 통해서 긴밀하게 이루어졌으며, 향토와 이민지를 연결하는 마을 신문이 간행되기도 했다(교보僑報).

시암(오늘날의 태국)에서는 광둥 성 동부의 차오저우(潮州) 출신 이민자들이 활약하고 있었다. 그들은 태국 쌀 관련 산업을 담당했는데, 화인

광둥 성 카이핑(開平) 현의 석조 건물　해외 이민자들이 송금한 돈을 밑천으로 건설한 건물 꼭대기에 전망대가 있다(2007년, 지은이 촬영).

들을 국민으로 동화시키려던 시암의 외교 정책의 영향 아래에서 시암 사회로 융화되어 갔다. 한편 자바에서는 푸젠 성 남부 출신자들이 많았다. 네덜란드의 정책에 따라 현지 사회와 격리되어 중국풍 생활 습관을 유지하며 현지에 동화되지 않도록 억제하였다. 말레이반도의 주석 광산에서 성공한 광둥 성 후이저우(惠州) 출신의 예야라이(葉亞來), 싱가포르의 고무 농장 경영자로 샤먼대학(廈門大學)의 초석을 다진 푸젠 성 퉁안(同安) 출신의 천자겅(陳嘉庚), 마찬가지로 싱가포르에서 만금유(萬金油) 등 제약업으로 재산을 형성한 푸젠 성 융딩(永定) 출신의 후원후(胡文虎) 같은 성공 사업가들이 등장했다.

　푸젠에서 광둥에 이르는 지역에서는 이들 이민자들한테서 오는 송금이 향촌 건설을 지탱했다. 남성이 고향에서 가족을 이루고 나서 이민을 간 경우에는 대부분 그 후에 귀향했다. 그중에는 현지에서 가족을 꾸린 이들도 있어 고향에 남겨진 아내는 사실상 과부가 되는 경우도 있었지만, 남편의 송금은 아내와 자녀들의 생활을 지탱해 주었다. 또 이런 송금은 학교 건설이나 위생 정비 등 이른바 여러 근대 제도와 인프라 정비에도 파급되어, 동남아시아의 식민지 근대, 특히 방갈로 등의 양식을 취한 건축물이 중국 동남쪽 연안부로 퍼져 나갔다. 이런 형태는 조계나 조차지 또는 중국 정부가 주도한 근대와는 다른, '교향(僑鄕)으로서의 근대'라고도 할 수 있는 근대의 한 모습이었다.

또한 해외 이민자들 가운데에는 모국인 중국의 정치 정세에 관심을 갖고 혁명이나 입헌을 지향하는 인사들에게 자금을 제공하거나, 스스로 모국으로 돌아와 정치 활동에 투신하는 사람도 있었다. 쑨원도 이러한 이민 사회와 화남(華南) 사회의 왕래를 통해 자금을 모아서 활동한 인물이다. 이에 대해 청은 황제의 은덕과 위엄을 확대하고 근대국가의 자국민 보호 논리를 구축하면서, 상인을 관리하는 상회 조직을 해외에도 확대하려고 했다. 또 화교 사회에서도 공자묘가 만들어지는 등 '중국화'가 나타났다. 해외 이민자 중에는 현지 사회에 동화되는 이들도 있었고 정치 상황보다는 자신의 이익을 우선시하는 경향도 강했지만, 정치 상황이 자신의 생활 기반과 경제활동에 영향을 주는 경우에는 모국의 정세에 마냥 무관심할 수만은 없었다. 그러한 의미에서 '중국'은 이민을 통해 바깥 세계로도 확산되어 간 것이다.

**미국 이민과
반미 운동**

19세기 중반 캘리포니아에는 골드러시와 철도 건설에 따른 중국인 이민이 급증하고 있었다. 그중에는 저화(豬花)라고 불리던, 그 대다수가 매춘부가 된 여성 이민도 포함되어 있었다. 이민자들은 홍콩을 거쳐 태평양을 건넜는데, 출신지는 대부분 광둥의 4읍(신후이, 카이핑, 인핑, 타이산 4현)이었다. 그들에 의해 동향 조직인 삼읍회관(三邑會館), 사읍회관(四邑會館) 등이 각지에 만들어졌다.

1868년의 벌링게임조약(Burlingame Treaty, 청미톈진추가조관清美天津追加條款)에서 양국 인민의 자유로운 왕래를 인정했기 때문에, 중국으로부터의 이민은 1870년대 이후에도 계속 늘어났다. 그들은 미국 서부를 중심으로 세탁소나 식당, 담배 제조, 모직물업 등 다양한 업종으로 진출하고 있었다. 하지만 중국으로부터의 이민은 귀화를 인정받지 못하는 등 제도적 차별이 있었다. 대륙횡단철도가 개통되자 수많은 백인들이 서부로 유입되었는데, WASP(백인 앵글로색슨계 프로테스탄트)의 지배 아래 열등한 위치에 놓여 있던 아일랜드계 이민들은 비숙련 노동자 시장에서 중국인과 경합하며 충돌하게 되었다. 그리하여 중국인을 표적으로 삼은 폭동과 배척 운동이 일어났다. 미국에서는 흑인 노예제와 중국의 쿨리를 함께 비판하는 진보적인 논조도 있었지만, 점차 인종의 차이가 강조되어 갔다.

1882년 5월 6일, 미국 연방의회는 중국인 이민제한법을 가결하여 장차 10년간 중국인 노동 이민의 입국을 금지했다. 나아가 1884년에는 상인에게까지 그 적용 범위를 확대했고, 4년 후에는 일단 출국한 이민은 재입국할 수 없게 했다. 1892년에는 1882년 법이 다시 10년 연장되었다. 당연히 청은 항의했지만 1894년에 또다시 양국 간에 중국인 노동자의 이민을 앞으로 10년 동안 금지한다고 정했다. 미국-에스파냐 전쟁을 전후하여 하와이와 필리핀을 영유하게 된 미국은 이들 지역에도 그 결정을 적용했다. 광둥과 푸젠 지방에서 이민 온 이들이 많았던 지역들이다. 이러한 배척의 결과 약 35만 명가량 되는 미국의 중국인 이민 가운데 거의 28만 명 정도가 귀국했다고 한다.

1904년 미국은 이민금지법의 10년 재연장을 결정했는데, 그 이유에 민족 차별 요소가 있다 하여 중국 각지와 해외 이민자들 사이에 반미 보이콧운동이 일어났다. 이민자 배출지인 광둥에서는 광제의원(廣濟醫院)을 비롯한 선당(善堂, 지역사회의 자선·호조 조직)과 72행(行)으로 총칭되는 상인 단체를 중심으로 보이콧운동과 인종차별에 맞선 항의 운동이 일어났다. 그중에서도 광둥 성 난하이 현(南海縣) 출신의 멕시코 화교인 펑샤웨이(馮夏威)가 귀국한 뒤 미국에 항의하여 상하이 미국 영사관 앞에서 음독자살한 사건이 운동을 격화시켰다. 그들은 의화단과 차별화하기 위해 '비폭력' 수단을 사용하기로 다짐했고, 광둥인의 유대를 강조했다. 또 인종차별에 대한 '중국인'의 분노를 표시했고, 중앙정부와 재외 공사에 대해서는 미국과 엄중하게 교섭할 것을 요구했다. 상하이에서는 닝보방(寧波幫)과 광둥방(廣東幫)을 중심으로 상회가 조직되어 있었는데, 상회는 반미 보이콧에는 적극적이지 않았기 때문에 간부 가운데 한 사람으로서 푸젠방(福建幫)을 대표하고 있던 정주(曾鑄)가 운동을 주도했다. 각각의 방이 가진 이해관계에다 미국 제품을 취급하지 않게 될 경우 따르는 손해도 있었기에 처음에는 보조가 맞지 않았지만, 지역을 초월한 애국이라는 의분이 그들을 한데 이어 붙여 상회 차원에서 정주의 활동을 후원하게 되었다.

광둥과 상하이 이외에도 여러 지역에서 저마다 특징을 갖고 보이콧운동이 일어났다. 그 정보는 정보망을 통해 대도시에서도 공유했고 신문에 그 내용이 실리면서 운동은 확산되었다. 예전 같으면 광둥 같은 지역에 한정되었을 주체 의식(원문은 '당사자성'當事者性—옮긴이)이, 그 지역성을 유지하면서도 전국 각지의 도시 신상(紳商) 등 엘리트층과 해외 유학생에게도 어느 정도 주체 의식을 갖게 만들었고, 그것이 언론 및 운동으로 연결되었던 것이다. 그들은 또 의화단전쟁을 의식해 폭력을 사용하지 않았고, 자신들의 운동이 문명적이라는 것을 강조했다. 거기에는 '중국인'이라고 하는 공통의 귀속 의식도 형성되어 있었다.

20세기 초에는 반러시아 운동인 거아(拒俄)운동, 일본 선박의 무기 밀수가 발각되어 청에 나포된 것을 둘러싸고 일어난 제2차 다쓰마루(辰丸) 사건 관련 운동 그리고 반미 보이콧처럼 '중국'을 이해(利害)의 단위로 한 정치 운동이 발생하고 있었다.

유학생들의 일본 체험   오늘날에도 그렇지만, 일본에 온 유학생들이 곧바로 친일로 돌아선 것은 아니었다. 하물며 그들이 배우려고 한 것이 일본 자체라기보다 서양 근대였기에 더욱 그러했다. 또 청일전쟁과 의화단전쟁을 거치면서 중국인에 대한 일본인의 우월 의식이 강해졌기 때문에 유학생들은 언짢은 일도 겪어야 했다.

유학생들의 눈에 비친 일본은 복잡했다. 음식이 너무 소박해서 맛이 없고, 때로는 찬밥에 날달걀만으로 밥을 먹었고 고기를 먹지 않는 등 일본 음식이 입에 맞지 않았다. 그래서 당시 유학생을 대상으로 한 예비학교가 많아 하숙집이 모여 있던 도쿄의 진보초 주변의 유신호(維新號) 같은 중화요리 식당에는 중국 유학생들의 왕래가 잦았다고 한다. 또 벗은

중국인 이민에 대해 경계심을 드러내고 있는 포스터 "그들(중국인)은 어떻게 하루 40센트로 생활할 수 있을까. 백인이라면 그것은 불가능한 일이다"라는 글귀가 적혀 있다(미네소타대학 sociological images 웹사이트).

몸을 타인에게 보이는 관습이 없던 그들에게 공중목욕탕은 고역이었다. 더구나 당시 일본은 남녀의 구별이 엄격하지 않은 면도 있었기 때문에 중국인의 눈에는 극히 야만적인 상황으로 여겨졌을 것이다. 하지만 일본에서 일상적으로 사용되고 있는 한자는 중국의 고전에서 유래하는 것이 많았고, 옷차림도 중국의 옛날 옷(古服)처럼 보였기 때문에 오히려 청의 옷차림을 이민족의 복장(胡服)이라고 생각하는 사람도 있었다. 무엇보다도 유학생을 놀라게 한 것은 전족(纏足)을 하지 않은 활발한 일본 여성들의 모습이었다.

일본은 정치적으로도 자극적인 장소였다. 중국의 혁명파나 입헌파와

일본 유학 시절의 장제스 그는 1910
년 12월에 일본 육군 제13사단 야포
병 제19연대(高田)에 입대했고, 이듬
해 발생한 신해혁명 때 부대를 이탈
했다(타이완 국사관國史館 소장).

함께 다른 나라들의 독립운동가들이 저마다 잡지를 발행하며 활동을 펼
치고 있었고, 일본 측에서도 정부의 입장과 다른 의견을 가진 정치가와
기업가들이 그들을 지원하기도 했다. 유학생 사회에서는 대개 성(省)이
나 지역의 경계가 강조되었지만, 다른 한편에서 그 경계를 초월하는 국
가의 논리, 중국인이라는 논리도 중요시되었다. 그것은 일본인과 접촉을
통해 형성된 측면도 있다. 특히 러일전쟁은 청에 대한 일본인의 우월 의
식을 한층 더 높이는 계기가 되었다. 그런 이야기를 전하는 것이 루쉰의
유학 체험이다.

1904년, 센다이의학전문학교에 유학한 저우수런(周樹人, 루쉰의 본명)
은 해부학 교수 후지노 겐쿠로(藤野嚴九郞)를 만나 가르침을 받았다. 후
지노 교수는 저우수런의 수업 노트를 점검해 가며 보살폈다고 한다. 저

우수런의 성적이 좋은 것을 본 일본인 학생이 의심쩍어 하며, 러일전쟁에 반대한 톨스토이가 러시아 황제와 일본의 천황을 향해서 던진 메시지를 이용해 "그대, 회개할지어다!"라는 문구를 적은 편지를 저우수런에게 보냈다. 톨스토이가 사용한 이 글귀는 당초 《런던 타임스》에 게재되었다가 그 후 《평민신문》(平民新聞) 등을 통해 일본에도 확산되고 있었다. 결국 일부 뜻있는 인사들에 의해 루쉰의 명예는 지켜졌지만, 이 사건은 전쟁 승리에 들뜬 일본인 학생들의 중국인에 대한 시선을 잘 보여 주는 것이라고 생각된다.

유학은 근대의 표본을 유학생들에게 심어 주는 공간이었다. 사물을 생각하고 판단하는 비교와 대조의 기준이 일본에서 형성되었던 것이다. 나중에 장제스도 공원을 보면 우에노 공원과 비교했고, 니가타 현 다카다(高田)에서 보낸 군대 생활에서 습관화된 생활 스타일을 일생토록 견지했다. 이처럼 장제스 또한 그 시대에 일본식 근대를 온몸으로 누린 인물 가운데 하나였다.

인류관 사건 　 유학생들은 일본 자체의 문화와 습관에 대해 때로는 기이한 시선을 보내면서도, '근대의 지식'(近代知)을 흡수해 갔다. 하지만 그와 동시에 중국인으로서의 의식을 떨쳐 일으키게 하는 기회도 있었다. 그 하나가 1903년에 오사카 텐노지(天王寺)에서 개최된 내국권업박람회(內國勸業博覽會)였다. 종래의 권업박람회가 산업 진흥을 중심으로 한 것이었다면, 이때의 박람회는 만국박람회를 의식한 모양새를 갖추고 있었다. 그 무렵 만국박람회는 특히 1855년의 파리 만국박람회 이후, 그야말로 "제국주의의 거대한 전시장"이 되어 있었다. 심지어

인류학자 쓰보이 쇼고로　도쿄대학 인류학 교실의 교수였던 그는 도리이 류조(鳥居龍藏)를 타이완에 파견하기도 했다. 근대 학문 가운데 지리학, 인류학, 의학 등 이과 계통의 여러 학문도 식민지 통치나 이권 획득과 밀접하게 연계되어 있었다.

식민지 사람들을 그대로 울타리 속에 가두어 생활하게 하면서 '전시'하는 일까지 자행했다. 관객이 그 '전시'를 보고 자신의 우월성을 느낄 수 있도록 하는 일종의 장치였던 것이다. 이 오사카 권업박람회에서는 화려하게 채색된 누문(樓門)과 익랑(翼廊)이 있는 타이완관과 함께, 인류학자 쓰보이 쇼고로(坪井正五郎, 1863~1913)의 건의로 학술인류관이 설치되었다(전시 공간은 박람회 바깥 장소에 있었다). 거기에서는 타이완의 '원주민'(生蕃)과 함께 아이누인, 류큐인, 조선인, 지나인, 자바인, 아프리카인 등 32명의 남녀가 일정한 구역 안에서 일상생활을 하는 모습이 그대로 전시되었다. '전시'된 '지나인' 가운데에는 전족을 했거나 아편을 흡입하는 여성도 포함되어 있었다. 이 전시가 민간업자에 의한 것이었다고 하지만 량치차오의 《신민총보》, 저장 성 혁명파의 《절강조》(浙江潮) 등이 문제를 제기했고 유학생들도 항의했다. 결국 고베 영사 차이쉰(蔡勛)이 오사카 부와 교섭하여 '전시'를 중단시켰다.

　여기서 문제가 된 것이 사람을 전시한다고 하는, '문명과 야만'에 근거를 둔 차별의식 자체는 아니었다. 중국인들이 문제로 삼은 것은 자바인이나 자신들이 "사슴이나 돼지와 다를 바 없다"고 여긴 타이완의 원주민이 '지나인'과 동렬로 취급당한 사실이었다. 사회진화론에 기초한 우열의 순서를 전제로, 그들은 '지나인'의 특징을 "전족과 아편 흡입"으로 매도한 것을 참을 수 없었다. 또 '지나인'의 처지에서 보면 자신들보다 아래에 있다고 여기던 사람들과 동등하게 취급된 것에 분노했던 것이다.

그 밖에도 인류관에 타이완인으로 '전시'되고 있는 중국 옷차림의 전족 여성이 실은 후난(湖南) 사람이라고 하는 소문이 일었다. 후난 유학생 동향회는 량치차오가 도쿄에 설립한 다퉁학교(大同學校) 학생 저우훙예(周宏業)를 파견하여 담판을 짓게 했다. 담판에서 그는 타이완의 한인(漢人)인 그녀가 '생번,' 즉 원주민과 함께 전시되는 것은 굴욕이라 주장했고, 결국 원주민과 같은 방에는 전시하지 않는 것으로 낙착을 보았다. 그 담판 과정에서 저우훙예가 갖고 있던 한인-타이완 한인-타이완 원주민이라는 우열의 감각을 엿볼 수 있다.

변발을 자른다는 것 청조의 남성은 변발이라는 머리 모양을 하고 있었다. 만주인의 관습을 한인에게도 강요한 것이다. 하지만 19세기 후반의 한인은 과거에 벌어진 강제를 의식하지 않았을 뿐아니라 오히려 변발을 중국의 문화라고 생각하고 있었던 것 같다.

제일고등학교(第一高等學校) 입시에 실패한 열아홉 살의 나가이 가후(永井荷風, 1879~1959, 소설가)는 1897년 상하이에 있었다. 그때의 회상을 훗날 〈열아홉 살의 가을〉이라는 글로 발표했는데, 가후는 변발에 대해 이렇게 서술하고 있다.

다이쇼(大正) 2년이다. 혁명(신해혁명―옮긴이)이 일어난 뒤로 지나인은 청조 200년의 풍속을 바꾸고 우리처럼 서양의 것을 채용해 버렸다. 때문에 오늘날 상하이에는 과거 30여 년 동안 우리가 목격한 것과 같은 색채의 아름다움이 이미 거리에 존재하지 않는 것 같다.

당시 우리는 아름다운 용모의 젊은 지나인이 변발 끝부분에 기다란 술이 달린 비단실을 매달고, 걸을 때마다 그 술의 끝이 새틴 신발의 새하얀 뒤축에 스쳐서 움직이는 것을 보고 무척 우아하고 섬세한 풍속이라고 생각했다. 화려하게 짠 긴 비단 옷 위에 또다시 품이 넓은 화려한 초록빛 조끼를 겹쳐 입고 여러 개의 단추에는 상감 세공으로 아로새긴 보석을 사용하고, 기다란 술이 붙은 띠에는 자수가 있는 여러 가지 주머니를 늘어뜨리고 있는 것을 보고, 나는 아름다운 남자 복장은 오히려 여성들의 옷보다 뛰어나다고 부러워했었다.

과거를 회상한 글이기는 하지만, 남성의 변발에 대해 아름다움이라는 긍정적인 평가를 부여하고 있는 것은 분명하다. 하지만 가후가 "청조 200년의 풍속을 바꿔"라고 하듯이, 20세기 초두에는 중국인이 전발(剪髮, 단발)을 했다.

변발을 자른 이유를 생각하면, 만주인 통치에 대한 반발이라고 하는 배만주의자들의 논리를 쉽게 떠올리게 된다. 하지만 광서신정 시기의 신문·잡지, 나아가 청말의 자정원(資政院) 등에서도 전발을 제창하고 결의할 정도였으므로, 배만주의만으로는 전발을 설명하기 힘들다. 공비(公費) 유학생이던 루쉰도 〈두발 이야기〉(頭髮的故事)라는 글에서, 자신이 일본에 유학할 때 "달리 심각한 이유가 있었던 게 아니라, 단지 불편했기 때문에" 변발을 잘랐다고 고백하고 있다. 또 장제스를 비롯하여 청조에서 파견되어 신부학교(振武學校)에서 일본의 각 연대로 입대한 육군 학생들도 까까머리였다. 유학생뿐 아니라 스스로를 개명한 사람이라고 생각하는 도시의 지식인들도 이미 머리를 잘라 버렸던 것이다.

그런가 하면 일본에서도 "서양식으로 짧게 자른 머리를!"이라는 말이 나왔는데, 이처럼 전발은 문명개화와 관련해서 이해해야 한다. 확실히 변발은 전족이나 아편 흡입과 함께 서양에서 기이한 풍습으로 여겨 경멸되었다. 물론 국수주의에 서서 변발을 옹호할 수도 있겠지만, 전족과 마찬가지로 서양의 시선을 의식하면서 '야만'의 상징인 변발을 잘라 '진보'한 새로운 중국을 보여 주려는 경향에 더 주목해야 할 것이다. 이런 의미에서 본다면 개혁을 지향하는 청 자신이 전발을 주장한 것도 충분히 있을 수 있는 일이다.

하지만 개혁을 향한 분위기를 신체로 드러내는 것과 함께 중요한 것은, 변발이 불편하여 몸을 움직이기 어렵고 부국강병에 어긋난다고 하는 점이었다. 군사 강국이 되는 것이 과제였던 당시에 존중된, 이른바 상무(尙武) 정신에 변발은 부합하지 않았다. 이러한 배경에서 이루어진 전발을 애국 사상과 관련짓는 경우도 흔히 나타났다.

전족과 여성　중국 사회가 변모해 가면서 여성이 학교에서 공부하고 유학도 할 수 있는 시대가 도래했다. 가족이나 친족 같은 사적인 영역에서 활동하는 것을 전제로 하던 여성의 생활이 공적 영역으로 확장된 것이다. 하지만 거기에는 장벽이 있었다.

가장 큰 장벽은 관화(官話, 관청에서 쓰던 표준어—옮긴이)였다. 공적 영역에서는 관화가 많이 사용되고 있었지만, 사적인 영역에서는 현지어를 쓰고 있었다. 그러므로 여성이 공적 영역으로 진출하기 위해서는 관화를

신해혁명이 일어날 무렵 '베이징의 만주 귀족 여성들'(《晚清民初: 武漢映像》).

배우지 않으면 안 되었다. 량치차오의 해외 활동을 적극 지원한 허후이전(何惠珍) 여사 같은 인재도 있었지만, 전체적으로 보면 극히 드문 존재였다.

또 한 가지는 신체의 자유화, 특히 전족을 푸는 일이었다. 유아기부터 발을 안쪽으로 꺾고 구부려서 보행의 자유를 뺏는 전족은 명청 시기 이래 패션으로서, 점차 혼인에 유리한 조건이 되어 퍼져 나갔다. 청조는 남성에게는 변발을 강요했지만, 여성의 전족은 금지하고 있었다. 그럼에도 여성의 전족은 객가(客家) 등 일부를 제외하면 널리 유행하고 있었다. 심지어 민국 시기의 저명한 학자 구훙밍(辜鴻銘, 1857~1928) 같은 이는 전족을 중국의 가장 가치 있는 국수(國粹)라고까지 평가했다.

한편 일본으로 건너간 유학생 눈에 일상 풍경은 기묘하게 보였다. 1906년, 처음 일본에 간 저우쭤런(周作人, 1885~1967)은 도쿄의 유시마

(湯島)에서 친형 루쉰이 하숙하던 후시미관(伏見館)에서 생활하던 때의
인상을 이렇게 기록하고 있다.

내가 후시미관에서 처음 본 것은 심부름을 하고 있던 열대여섯 살
의 소녀였다. 그곳 주인의 여동생인 이누이 에이코(乾榮子)는 손님의
신발을 정리하거나 차를 내오기도 했다. 무엇보다 특이한 것은 그녀
가 맨발로 집 안을 걸어 다닌다는 점이었다. 본디 중국 강남 지방의 수
향(水鄕)에 사는 부인들도 맨발로 다니는 경우가 많다(〈첫인상〉最初的
印象, 사카모토 히로코坂元ひろ子 옮김).

저우쮀런은 말하자면 전족을 하지 않은 '천족'(天足)을 발견한 것인데,
그 뒤로도 그는 전족에 대한 불편한 느낌을 담은 글을 몇 편 썼다.
전족 반대운동은 19세기 중반에 선교사들에 의해 시작되었지만 점차
정관잉(鄭觀應) 같은 관료들도 제창했고, 마침내는 변법을 주창한 캉유
웨이와 량치차오 등이 조직한 부전족회(不纏足會)를 시작으로 1897년에
는 상하이부전족총회가 조직되었다. 서양의 시선을 의식한 그들은 전족
을 나라의 수치이자 민족(種)을 약화시키는 해악이라고 인식했다. 무술
변법 때는 광서제가 각 성의 총독·순무에게 여성에 대한 전족 금지를 권
하는 상유를 내렸고, 서태후도 의지(懿旨)를 내려 서서히 전족을 풀라고
촉구했다. 광서신정 시기가 되자, 전족을 하지 않은 발, 천족(天足)이 긍
정적으로 평가되었고 여성들도 전족 반대운동에 나서게 되었다. 다만 이
미 심하게 변형된 발을 가진 경우 신체를 개선하기란 간단한 문제가 아
니었다.
이처럼 중국이 정체(停滯)되어 있음을 상징할 뿐 아니라 기이한 습속

으로 매도되는 전족이지만, 한편에서는 원래 육체노동을 하지 않아도 되는 (특히 한인) 상류계급임을 드러내는 여성미의 상징이기도 해서, 여성 스스로 전족의 아름다움을 놓고 경쟁했을 정도였다. 더욱이 청조 초기의 변발 거부와 마찬가지로 전족 그 자체에는 반청(反淸)의 의미가 담겨 있었다(청말에는 만주인들도 한인과 조금은 다른 방법으로 전족을 하기도 했다). 하지만 1903년의 오사카 내국권업박람회에 전족한 여성이 '진열'되고, 1904년 세인트루이스 만국박람회에서도 전족한 소녀가 접대 부서로 끌려가자 재미 화교들로부터 반대운동이 일어났다.

이처럼 전족을 둘러싼 19세기의 언설은 오리엔탈리즘의 전파 또는 근대 사상에 입각한 남성의 새로운 시선 구축과 관련된 것으로 볼 수 있다. 한편에서 전족 반대운동은 '국민의 어머니'가 될 근대국가의 여성을 대상으로 한 악습 타파의 길이기도 했다. 원래 도시에서 많이 볼 수 있는 전족은, 20세기 이후 도시에서 천족을 우대하게 되면서 거꾸로 농촌의 일부에서 보전되는 상황이 되었다. 도시와 농촌 사이에 전족과 천족의 담당자가 바뀌었다고는 해도 신체의 표상은 여전히 도시의 우월성을 드러내고 있었던 것이다.

3장

입헌군주제와 공화제

청조 황제의 퇴위를 보도한 영국 신문 왼쪽은 선통제(*The Sphere*, 1912년 2월 17일).

1. 입헌군주제의 모색

국제정치의 변모 러일전쟁에서 가까스로 승리한 일본은 세계 8대국의 하나로 인식되고, 차례로 나머지 7개국과 대사를 교환하게 되었다. 그 이전에 상주하던 사절은 모두 공사였다. 여러 열강은 동아시아에서 이권을 재확인하기 위해 여러 가지 협정을 체결했다. 1905년 7월 29일에는 가쓰라 다로(桂太郞) 수상과 미국의 윌리엄 태프트(William Howard Taft) 육군장관 사이에 가쓰라-태프트 협정이 체결되었다. 이 협정은 미국의 필리핀 통치를 일본이 인정하고, 일본의 조선 지배를 미국이 인정했다. 또 8월 12일에는 러시아한테서 인도의 권익을 침해당하지 않을까 우려한 영국과 일본이 제2차 영일동맹을 체결했다. 이렇게 해서 영국도 일본의 조선 지배를 용인했다.

국제정치에 변화가 나타났다. 독일·오스트리아·이탈리아가 3국동맹을 형성하는 가운데, 영국과 프랑스는 러시아에 접근해서 3국협상을 형성했으며 극동에서는 일본도 거기에 관련을 맺게 되었다. 1907년에는 일본과 프랑스의 협상(日佛協商)이 체결되어(6월 10일), 일본은 인도차이나에서 프랑스의 영토권과 광둥·광시에 대한 특수 권익을, 프랑스는 만주·몽골·푸젠에서 일본의 특수 권익을 인정했다. 그 무렵 러시아와 프랑스의 관계가 좋았기 때문에 일본과 프랑스의 협상은 러시아와 일본의 접근을 가속화했다. 결국 러시아와 일본 두 나라는 7월 30일에 제1차 러일협상을 체결하여 청의 보전을 전제로 한 남북 만주의 이권을 상호 인정하고, 러시아는 조선에서 일본의 자유행동을, 일본은 외몽골에서 러시아의 특수 권익을 승인했다.

이러한 일련의 협상 네트워크는 3국동맹의 대항 축(軸)이 되었고, 동시에 중국에서 특수 권익의 상호 승인을 한층 강고하게 만들었다. 이는 문호개방과 기회균등을 주장해 온 미국에게는 부정적으로 받아들여질 여지가 있었다. 특히 만주를 둘러싸고 미국과 일본 사이에 마찰이 생겨났다. 미국의 철도 왕 에드워드 해리먼(Edward H. Harriman)은 1905년에 만철(滿鐵)의 미일 공동관리 계획을 추진하는 등 만주 지역의 철도 부설에 의욕을 보였지만 결국 실패로 돌아갔다. 한편, 19세기 말에는 일본보다 열세에 있던 미국의 태평양 함대가 10년도 안 되는 사이에 증강을 거듭해 1907년에는 일본과의 전쟁을 가정한 오렌지 플랜을 작성하기에 이르렀다. 일본 쪽에서도 미국을 가상의 적으로 상정하는 제국 국방 방침이 책정되었다. 이 같은 미국과 일본의 마찰은 1908년 다카히라-루트 협정으로 일단락되었다(다카히라 고고로는 주미 일본 대사, 엘리후 루트는 미국 국무장관). 양쪽은 청의 독립과 영토 보전과 통상에서 기회균등주의를 확인하고 나서 일본은 미국의 태평양 지배(하와이, 필리핀 등)를, 미국은 남만주 및 조선에 대한 일본의 지배를 용인했다.

제2회 헤이그평화회의 광서신정기에는 영국과 맺은 맥케이조약이나 일본, 미국과 맺은 조약을 통해 조약 개정의 절차가 제시되었다. 청은 영국, 미국, 일본과 조약 개정 교섭에는 임하지 않았지만, 러시아와는 1881년의 일리조약 갱신 시기(1911년)에 맞춰 개정 교섭을 진행하려고 했다(실제로는 실패했다). 청을 둘러싼 국제정치의 면에서도, 중국에서 권익을 다투는 열강의 역 관계를 이용해 그 영향력을 억제하고 자신에게 유리한 상황을 만들어 내려는 경향이 나타났다.

예를 들어 러일전쟁 후에는 포츠머스조약에 참가할 것을 고려했으며, 일본의 동아시아 먼로주의에 대항하기 위해 중국·미국·독일 연맹을 구상하기도 했다. 또 영국, 미국과 공조하여 러시아와 일본의 만주 제압을 견제하려고도 했다. 하지만 이런 계획은 대부분 구상에 그쳤다.

그러던 중 청은 러시아와 네덜란드의 초빙을 받아 1907년 제2회 헤이그평화회의에 양루(楊儒) 주러시아·오스트리아 공사, 루정샹(陸徵祥) 참찬관을 비롯한 대표를 파견했다. 이 회의는 44개국 대표가 모여서 군축과 국제분쟁의 해결에 대해 심의했다. 청의 입장에서는 1899년의 제1회 평화회의, 만국우편연합과 더불어 '세계 속의 청'을 느낄 수 있는 몇 안 되는 장이었을 것이다.

일본은 3등국에서 2등국, 2등국에서 1등국이라는 계단을 올라가고 있었다. 이 몇 등국인가 하는 것은 문명화의 정도 또는 강국화·대국화의 정도 등 여러 요소를 총체적으로 평가한 것이라고 할 수 있다. 이런 국가의 등급은 인상이나 이미지뿐 아니라 좀 더 구체적이고 가시적으로 서열화가 이루어지는 것이었다.

평화회의에서도 기본적으로는 나라마다 한 표였지만 미국이 제안한 상설중재재판소에 17명의 판사를 두는 안(案)에서는 영국, 미국, 독일,

청말부터 민국기에 활약한 외교관 루정샹
(陸徵祥, 1871~1949) 청조가 양성한
외교관으로서, 프랑스어가 뛰어나고 구웨
이쥔(顧維鈞) 같은 여러 청년들을 발탁했
다(《袁世凱与北洋軍閥》).

프랑스, 오스트리아, 이탈리아, 러시아, 일본 같은 이른바 1등국에서 각
각 임기 12년의 판사를 배출하고, 나머지 9명은 임기를 10년, 4년, 2년,
1년으로 하고 있었다. 이 임기 연수가 바로 2등, 3등, 4등, 5등에 대응하
는 것이었다. 이 안에서 청은 4년 임기에 해당하는 3등국으로 되어 있었
다. 이런 안에 청의 대표는 제1회 회의에서 조직된 헤이그중재재판소에
1등국과 똑같이 25주(柱)를 지불했다고 하며 경비 부담액의 논리로 반
대했다. 이 경비 부담은 인구 비례에 따른 만국우편연합의 방식에 따르
고 있었다. 토론이 마땅한지 아닌지는 제쳐 놓고라도, 청의 외교 관료 역
시 이러한 국가 등급의 논리에 따라 자국의 서열을 높여 보려고 했음을
알 수 있다.

　청의 이 제안은 인정받지 못했지만 외교 관료들이 함께 서명하여 베
이징에 의견서를 보냈다. 청이 문명국가 집단으로부터 소외되지 않도록

해야 하며, 이를 위해 헌법 반포와 법률을 신속하게 정비해야 한다고 청원했다.

이권회수 운동과
교통정책
광서신정기에는 거아(拒俄)운동, 반미 운동, 제2차 다쓰마루 사건을 둘러싼 반일운동이 일어났다. 그 밖에도 도시의 사신(士紳)이나 신상(紳商) 층을 중심으로, 열강이 보유하고 있던 철도나 광산의 이권을 회수하려는 운동이 전개되었다.

각지에서 발생한 광산 이권회수 운동으로 19세기 말 외국에 부여한 광산 개발권은 대부분 돌려받았다. 그중에서 1898년에 설정된 산시 성(山西省)에서 영국 자본의 개발권 회수는 널리 알려져 있다. 영국 자본의 푸공사(福公司)가 석탄 산지인 산시에서 60년간의 개발권을 취득하면서 기존의 영세한 광산은 폐광해 버릴 것을 요구했기 때문에 개발권 회수 운동이 고조되었던 것이다. 1906년에 산시 출신의 일본 유학생이 투신 자살하는 일이 발생함에 따라 운동은 더욱 격화되어 1908년에는 광산 개발권이 회수되었다.

철도에서는, 1903년에 상부(商部)가 철로간명장정(鐵路簡明章程)을 발포하여 철도 민영화는 물론 철도의 부설과 경영에 대한 외국의 투자도 인정하고 있었다. 애초에 신규 노선 건설을 목표로 했던 40개도 넘는 민간의 철도회사는, 점차 청과 외국 간의 차관 계약에 기초하여 계획된 노선을 자신들이 건설할 노선으로 만들기 위해 그 계약의 파기를 목표로 삼게 되었다. 이런 시도가 철도 이권회수 운동이 된다. 이 운동은 신상(紳商)이나 총독 등 지방 사회가 철도를 스스로 운영하려는(자판自辨)

움직임과 외국자본에 기초를 둔 철도 부설·경영 사이에서 발생한 줄다리기였다고 볼 수 있다.

웨한철도(粵漢鐵道, 광저우-한커우 노선)의 경우, 1898년에 주미 공사 우팅팡(伍廷芳)과 미중개발회사가 체결한 차관 계약을 기초로 건설이 예정되어 있었지만, 1903년에 러시아·프랑스 자본으로 유지되는 벨기에 신디케이트가 주식을 한꺼번에 사들였다. 이에 맞서 후광 총독 장즈둥은 후난을 중심으로 후베이와 광둥의 지역 엘리트들과 함께 외국자본이 철도를 건설하는 데 반대하는 운동을 일으켰다. 주식은 미국의 모건상회가 되샀지만 이 회사는 결국 청 정부에 주식과 이미 건설한 부분을 매각했다. 이 과정에서 청조도 운동을 지원했고 웨한철도는 1936년에 건설을 마쳤다.

후항융철도(滬杭甬鐵道, 상하이-항저우-닝보 노선)의 경우 1898년에 영국과 예비 계약을 체결했다. 그런데 1905년 저장 성과 장쑤 성에서 민영 철도회사가 설립되면서 외국과 맺은 예비 계약 취소를 요구하는 운동이 시작되었다. 청은 영국에 계약 파기를 신청했지만, 교섭 결과 철도를 담보로 하지 않는 150만 파운드의 차관 계약을 1908년에 체결했다. 이에 대해 저장·장쑤의 철도회사와 신상, 학생들이 격렬하게 항의했다. 거기에는 목숨을 던지는 사람, 또 교섭을 담당했던 저장 출신의 우전부(郵電部) 시랑(侍郎, 고급간부) 왕다셰(汪大燮)의 조상 묘를 파헤쳐 유골을 훼손하는 자까지 나타났다. 결국 두 성은 민영 철도회사를 통한 운영을 유지할 수 있었다. 이러한 운동의 주체는 성이나 현의 엘리트 인물들이었으며, 이 이권회수 운동의 움직임은 뒤에 설명할 자의국(諮議局)에 집결한 세력들이 담당한 운동 가운데 하나이기도 했다.

이러한 이권회수 운동 속에서 청은 차관에 기초한 철도 건설 정책을

잔톈유 예일대학 출신의 엔지니어로, 중국의 근대 철도 건설에 깊이 간여했다(《袁世凱与北洋軍閥》).

민영 중심으로 전환했다. 철로총공사 독판 성쉬안화이는 사임을 표명했다. 1906년 9월 우전부가 신설되어 민영 철도도 포함해 철도 행정을 담당하게 되었다. 그러나 국가 전체의 철도 건설 계획에서 본다면 민영 중심의 철도는 경영이 이루어지는 동남 각 성과 만주로 한정되어 버렸다. 이 문제는 차관 주도형에서도 나타났다. 특히 몽골·신장·티베트처럼 국방상 중요한 지역에 대해서는 예일대학 출신 엔지니어 잔톈유(詹天佑)에게 징장철도(京張鐵道, 베이징-장자커우 노선)를 건설하게 한 것을 제외하면 모든 철도 계획이 보류되어 있었다. 그런 가운데 천춘쉔(岑春煊) 같은 이는 청조의 통치를 강화하기 위해 판도 전역을 망라하는 철도망을 건설할 것을 제기했다. 이런 제안에 기초하여 우전부는 1907년, 21세기가 되어서야 겨우 개통하게 되는 칭짱철도(靑藏, 칭하이-시짱 노선)를 포함한 철도망 구상을 책정했다. 하지만 민간 자본을 모으기 쉬운 연안부와 달리, 내륙부에서는 외국 차관에 의존할 수밖에 없었다.

그동안 청은 진푸철도(津浦鐵道, 톈진에서 난징 건너편 푸커우浦口까지 운행하는 노선)와 앞서 언급한 후항융철도 문제에서 철도 운영권을 외국에 담보로 하지 않고 중국 측이 보유한 상태로 차관을 얻는 데 성공했다. 그래서 청은 1908년에 철도 건설 정책을 다시 변경하고, 차관에 기초하여 건설을 진행하려 한 것이다.

헌정 시찰을 위한 해외 파견

청은 러일전쟁에서 거둔 일본의 승리를 전제에 대한 입헌의 승리로 받아들였다. 그 뒤로 재외 공사, 지방 대관 그리고 황족으로부터도 입헌군주제를 위한 정치 개혁을 요구하는 목소리가 높아졌다. 청은 1905년 9월에 '고찰헌정 5대신'(考察憲政五大臣)을 해외에 파견하려고 했지만 혁명파인 우웨(吳樾)에 의한 암살미수 사건이 발생함에 따라 일단 연기했다. 그 뒤 12월에 황제의 남동생 짜이쩌(載澤)를 비롯하여 다이훙츠(戴鴻慈), 돤팡(端方), 상치헝(尙其亨), 리성두오(李盛鐸) 등 다섯 대신을 파견했다. 그 무렵 주요 국가였던 영국, 프랑스, 독일, 러시아, 일본에 두 팀으로 나누어 반년간 시찰하게 했다. 그 사이에 입헌군주제 책정을 위한 고찰정치관(考察政治館)이 11월 25일에 설치되었다(1906년 8월 13일에 헌정편사관憲政編查館으로 개칭).

청이 살펴보고 연구할 대상으로 중시한 것은 영국, 독일, 일본 같은 입헌군주국이었다. 짜이쩌, 상치헝, 리성두오 세 사람은 일본을 중점적으로 조사했는데, 일본 정부도 두터운 편의를 제공했다. 짜이쩌가 남긴《고찰정치일기》(考察政治日記)라는 기록을 보면 그들이 고찰한 일본의 모습과 관심사를 알 수 있다. 이토 히로부미를 만난 짜이쩌는 강국을 실현하는 것이 이번 고찰의 목적이라고 하면서 그 방책을 물었다. 그러자 이토는 변법자강을 바란다면 입헌을 시급한 과제로 삼아야 한다고 조언한다. 이토는, 헌정에는 입헌군주와 입헌민주가 있는데, 청은 일본처럼 입헌군주를 채용하는 게 좋다고 하면서 일본을 본보기로 삼을 것을 권했다. 짜이쩌 등은 의회제 도입이 가져올 황제의 지위나 군주권의 문제에 주의를 기울였다. 그들은 영국의 경우 비록 군주제이긴 하지만 의회가 강하고, 프랑스의 경우 중앙집권은 좋지만 공화제를 모방하기는 쉬운 일이 아니므로 일본의 제도를 따르면 문제를 해결할 수 있으리라 생각했다.

한편 다이훙츠와 돤팡 등은 미국, 독일, 러시아를 살펴보았다. 그 결과 미국은 국가 체제가 다르기 때문에, 러일전쟁에서 막 패배한 러시아는 국가 체제를 변혁하고 있는 중이었기 때문에 판단을 보류했다. 하지만 독일은 일본 메이지 정부가 본보기로 삼았기에 반드시 배워야 한다고 결론을 내렸다.

고찰헌정 5대신과 수행원들은 현장에서 또는 귀국 후에 의무교육제도까지 포함하여 근대국가 제도와 관련된 여러 가지 의견서와 조사 보고서를 청조에 제출했다. 이런 과정에서 최종 결론으로 일본을 모범으로 삼아야 한다는 의견을 올렸다. 입헌군주제로 이행할 것을 결의한 청은, 1906년 9월 1일 "헌정을 본받아 실행한다"며 예비 입헌을 선언하였다.

그해 11월 7일 청은 개혁의 첫걸음으로 중앙 관제를 개혁하여 외무부, 이부(吏部), 탁지부(度支部), 예부(禮部), 육군부, 법부, 우전부, 이번부(理藩部), 민정부, 학부, 농공상부 11부제로 정했다. 각 부의 상서(尙書)는 만주인과 한인이 각각 한 명씩이던 기존의 제도를 고쳐 한 명만 임명했다. 이렇게 해서 임명된 11명의 상서 가운데 6명이 만주인이었다. 이렇듯 중앙에서는 관제 개혁이 실행되었지만 지방의 관제 개혁은 결코 쉬운 일이 아니었다.

한편 일본 언론의 영향을 받고 있던 량치차오는 1902년부터 《신민총보》에 〈신민설〉(新民說)을 연재했다. 량치차오는 민권과 결합된 국권을 체현하는 유기체인 국가를 담당할 주체가 '중국의 신민'이라고 보았다. 그 밖에도 그는 1906년에 〈개명전제론〉(開明專制論)을 저술하여, 현 상황에서 중국은 의원(議院) 정치를 수행할 능력이 없으며 중국의 국민도 공화국 시민으로서 자격을 갖추지 못했으므로 공화입헌제를 채용해서는 안 된다고 했다. 그러나 청조가 입헌정체를 채용하는 방향으로 움직이기 시작하자 그는 〈신민설〉 연재를 중단하고 혁명파와 논쟁을 벌이며 입헌을 주장하는 언론을 펼치게 되었다.

헌정을 시찰할 세 대신 1907년 5월 청은 또다시 예비 입헌의 추진 방법에 대한 의견을 널리 모집했다. 6월에는 예비 입헌이 신속하게 진전되기를 바라던 위안스카이가 헌정을 전문적으로 시찰할 대신을 해외에 파견하도록 진언했다. 이에 청조는 시찰 대상을 입헌군주국인 일본, 영국, 독일로 한정하여 8월에 세 사람을 파견하기로 했다. 왕다셰(汪大燮, 외무부 우시랑, 영국), 위스메이(于式枚, 우전부 우시랑, 독일), 다서우(達壽, 학부 우시랑, 일본)가 '고찰헌정대신'에 임명되었다. 또 중앙정부의 자문기관으로서 9월 20일에는 자정원(資政院)을, 10월 19일에는 각 성에 자의국(諮議局)을 설치하라고 명하였다.

해외에 파견된 세 대신 가운데 왕다셰는 영국 헌정과 관련한 14건의 조사 보고서를 작성했고, 위스메이는 《프로이센 헌법 해석 요약》을 편집한 뒤 프로이센을 모방한 일본으로부터 배워야 한다고 지적했다. 하지만 이번 시찰에서 가장 중요한 국가는 다서우가 방문한 일본이었다. 다서우는 이토 히로부미와 이토 미요지(伊東巳代治)를 만나 법학자인 아리가 나가오(有賀長雄)와 호즈미 야쓰카(穗積八束)를 청에 파견하여 헌정편사관(憲政編査館)에서 중점 항목에 관해 강의해 줄 것을 협의하고 요청했다. 다서우는 시찰 도중에 베이징으로 소환되었기 때문에 주일 공사 리자쥐(李家駒)가 그 업무를 이어받았다. 귀국한 다서우는 입헌을 서두를 것, 헌법을 흠정(欽定)으로 해서 국체를 강고히 하고 황제의 지위를 평안하게 할 것 그리고 일본처럼 내각과 헌법을 설치하고 나서 국회를 개설할 것을 주장했다.

청조가 지향한 입헌군주제와 입헌파가 지향한 입헌군주제에는 차이점이 있었다. 청조가 황제의 지위를 중시하여 의회를 억제하고 조기에 의회를 개설하는 것을 원하지 않았던 데 반해, 입헌파는 황제에 대한 힘을 가진 국회를 조기 개설하는 것을 중시했다. 일본은 전자, 영국 등은 후자의 사례로 간주되고 있었다.

흠정헌법대강   1908년 8월 27일 청조는 예비 헌정에 관한 조서를 발포하여 9년 안에 헌법을 제정하고 의회를 소집하기로 했다. 아울러 흠정헌법대강(欽定憲法大綱)을 제시했다. 그 첫머리의 '군상대권'(君上大權, 황제 대권)에서는 "대청 황제는 대청제국을 통치한다. 만세일계로 영원히 존대(尊戴)받는다"고 했다. 이 표현은 제1장 제1조에 "대일본제국은 만세일계의 천황이 통치한다"고 되어 있는 대일본제국 헌법을 본보기로 한 것임을 보여 주는 것이다. 대청제국이라는 호칭은 시모노세키조약 때도 사용되긴 했지만 청이 별로 사용하지 않은 호칭이다. 일본의 영향을 강하게 받을 때 나타나는 호칭이라 할 수 있다.

황제에게는 법률 발포권, 의원(議院) 소집 및 해산권, 육해군의 통솔권, 선전포고 및 강화권을 비롯한 갖가지 권한이 인정되었고, 의회의 권한이 황제의 대권에 미치지 않도록 조치했다. 이 또한 일본의 제국헌법을 따른 것이지만, 청은 일본 이상으로 황제 권력을 높이고 의회를 억제하는 헌법을 구상하고 있었다. 예컨대 헌법대강의 의원법요령(議院法要領) 제1조에 "의원은 건의할 권한만 갖는다. 행정의 책임은 없다. 모든 의결 조건은 반드시 흠정을 기다린 뒤 정부가 시행할 수 있다"고 명시했다. 이 내용은 대일본제국헌법 제37조에 "모든 법률은 제국의회의 협찬을 거쳐야 한다"고 규정된 것과 크게 다르다.

의회 개설까지 이행 기간을 설정한 것 또한 일본을 모방한 것이라고 한다. 하지만 일본의 경우 1875년에 입헌정체로 이행한다는 방침이 제시된 뒤 1881년에 국회 개설을 약속했고, 1889년에는 헌법을 발포(이듬해 시행)하고 1890년에 국회가 개설되었다. 다서우가 말한 것처럼 일본은 내각과 헌법을 만들고 나서 국회를 개설했다. 청의 경우 헌법 시행까지 9년이라고 약속했지만 국회 개설의 기한은 정해져 있지 않았다.

이렇게 볼 때 청의 헌법대강은 일본의 제국헌법을 기초로 하면서도 많은 차이점을 갖고 있었다. 중앙의 황제 권한을 강화해서 의회 권한을 억제하려고 한 것이었기 때문에, 지방 대관을 비롯하여 도시부나 해외의 입헌파는 도저히 받아들일 수 없었다.

2. 중앙집권과 분권

중국의 정치체제를 살펴보자면, 그것을 집권적이라고 볼 것인가 분권적이라고 볼 것인가에 따라 견해가 엇갈린다. 물론 중앙과 지방을 불문하고 백관의 생살여탈이 황제 권력에 장악되는 경우도 있지만, 실제로는 지방 대관이 자신의 관할 영역에서 꽤 자립적으로 권력을 행사하고 있었던 것 같다. 중앙과 지방의 문제야말로 이 책에서 다루는 19세기 말부터 1920년대 중반 또는 그 이후까지 포함하여 중국 국내 정치의 중요한 초점이었다.

청조에서는 관료나 군인의 인사권을 최종적으로는 황제(중앙)가 장악하고 있었고, 또 동일한 임무에서도 중복되는 이직(二職)이 설치되어 상호 감시하는 제도가 있었다. 지방에서도 총독과 순무(巡撫), 포정사(布正使)와 안찰사(按察使) 간의 제도적인 관계는 분명하지 않았다. 황제에 대해서는 상하 관계가 있었다는 점에서 집권적이었다고 할 수 있지만, 동시에 각각의 직위는 횡렬로 배열되어 제도적 관계가 불분명했던 것이다. 중앙정부의 각 부 또한 횡적으로 병렬되는 형식을 띠었다. 따라서 만일 황제 권력이 이완될 경우, 중앙도 지방도 상호 간에 권력 및 권리 관계가 흔들릴 가능성이 있었다. 재정 면에서는 중앙과 지방의 세제가 분리되어 있었고, 중앙이 지방정부의 세수(稅收)에 의존하는 형태였기 때문에 중앙의 통제력이 이완될 경우 곧바로 지방이 저마다 분립할 수 있었다.

　태평천국 이후 19세기 후반의 청은 통치를 회복하기 위해 총독·순무같은 지방 대관의 권력을 강화했다. 반대로 광서신정은 국세와 지방세의 구별을 혁파하기 위해 재정기관인 탁지부로 하여금 각 성의 포정사를 감독하게 하거나 상호 감시제도에 따른 업무의 중복을 해소하는 등 지방에 대한 중앙의 권한을 강화하는 측면이 강했다.

지역 엘리트와 각 성의 자의국　청말 지역사회에서는 신상(紳商)을 비롯한 새로운 유형의 엘리트가 생겨나고 있었다. 이들은 지역에 따라 편차가 있었지만 교육 단체와 법정 단체를 결성해 지방 정치에도 관여했다. 그리고 중앙이 고찰정치관(헌정편사관)을 설치해 입헌군주제로 이행을 준비하는 가운데 지역 엘리트도 저마다 지역 실정을 조사하고, 지방자치의 형태 나아가 지방행정 자체에 관해서도 토론하였다.

　거기에서 청조 지방 통치의 말단에 있던 서리(胥吏)나 지보(地保)의 존재 의의에 관해서도 논의되었다. 청의 제도 아래에서 과거 합격자는 출신지가 아닌 다른 지역에 부임했기 때문에, 언어나 풍습을 고려하여 현의 아문(현청)에 근무할 현지의 하급관리인 서리들이 필요했다. 하지만 지역사회의 입장에서 본다면 수수료 수입에 의존하는 데다 반드시 지역사회의 이익을 대표한다고 볼 수 없는 그들은 지방자치에 위배되는 존재로 비쳤다.

새로운 지역 엘리트는 교육이나 지방자치는 물론 아편 흡입 같은 생활 전반, 즉 풍속에 관심을 쏟았다. 풍속에 대한 관심은 과거에도 대개 사신(士紳)들에게 나타나고 있었지만, 20세기 초두 그들의 관심은 구국이나 질서 안정, 나아가 이른바 문명화에 있었다. 이들은 그 논리에 따라 본디 자신들의 사명인 민중 교화를 추진하고자 했다. 사신들의 새로운 가치관은 사람들의 행동, 신문·잡지, 심지어 뜬소문(謠言)을 통해 확산되어 사회적으로 공유되었다. 신세대 지역 엘리트로서 젊은 사신이나 신상(紳商)들은 적극적으로 신식 교육을 받았으며 유학을 떠나기도 했다. 그들은 자발적으로 몇몇 정치 단체에 가입했으며, 스스로를 시대에 걸맞은 인재라고 표현하며 출세를 지향하기도 했다. 그리고 그 연장선에서 지역사회에서 공익성을 실현하고, 그런 활동을 통해 자신의 지위를 높이려고 했다.

청이 '고찰헌정 5대신'의 파견을 거쳐 중앙에 국정 자문기관인 자정원, 그리고 그것을 뒷받침하는 성 단위의 자의국(諮議局)을 설치한다는 방침을 내걸자, 지역사회에서도 여러 단체가 자의국을 둘러싸고 토론하였다. 중요한 사실은 거기에 모인 지역 엘리트들이 현(縣)의 울타리를 넘어 성(省) 단위로 집결하게 된 것이다.

청은 입헌을 향한 일정을 담은 축년주비사의(逐年籌備事宜)를 발표하였다. 1908년 7월에는 각 성 자의국장정(諮議局章程) 및 자의국의원선거장정(諮議局議員選擧章程)을 발포하고, 성마다 1년 안에 자의국을 개설할 것을 명하였다. 또 헌정편사관(憲政編査館)도 각 성에 자의국 주판소(籌辦所, 준비기관)를 설치할 것과 1년 안에 자의국을 개설할 것을 요구했다. 선거 자격은 만 25세의 남자로 다음과 같은 조건 중 한 가지를 갖추어야 했다. ① 성내(省內)에서 '교육 업무(學務)나 공익 사무'에 3년 이상

종사하여 눈에 띄는 공적이 있는 자, ② 중국이나 외국의 중학당 또는 그이상의 학력이 있을 것, ③ 거인(擧人)·공생(貢生)·생원(生員, 향시 합격자) 이상의 과거 합격자, ④ 7품 이상의 문관 및 5품 이상의 무관으로 실직(實職)을 경험했고, 탄핵이나 면직을 받지 않은 자, ⑤ 5천 원 이상의 영업 자본 또는 부동산을 소유한 성내(省內) 사람.

이 밖에도 그 성에 적을 둔 지 10년 이상이 된 35세 이상의 남자와 1만 원 이상의 영업 자본 또는 부동산을 소유한 자에게도 선거권이 주어졌다. 피선거권은 30세 이상의, 선거권과 같은 동일한 자격을 가진 남자에게 주기로 결정했다. 염두에 두고 있던 선거는 당시 일본의 지방선거를 모방한 간접선거였다.

이에 발맞추어 지역 엘리트의 움직임도 더욱 활발해졌다. 자의국 주판소의 설치 형태는 지역마다 다양했다. 한 개의 성에 복수로 설치되는 경우도 있었지만, 어떤 경우든 법정 단체 등에서 적잖은 직원이 선출되었다. 개설이 예정되어 있는 자의국은 중앙에 설치되는 자정원 의원을 선출하는 모체이기도 했기 때문에, 기본적으로 성 단위로 결집해 있던 지역 엘리트가 전국의 입헌정체 수립에 참여한 셈이다. 하지만 자정원은 어디까지나 국회가 아니었다. 국회 개설까지 잠정적인 국정 자문기관일 뿐이며, 성의 자의국도 성의회가 아니라 자정원을 떠받치는 지방 기관에 지나지 않았다. 그 때문에 각 성의 자의국은 횡적 결합을 강화하여 각성자의국연합회를 결성하고, 국회의 조기 개설을 요구하게 된다.

1908년 11월 14일부터 이튿날까지 자금성에서는 광서제와 서태후가 잇달아 서거했다. 12월 2일 광서제의 조카로서 겨우 세 살밖에 안 된 푸이(溥儀, 선통제)가 즉위했다. 한인 대관으로서 그 무렵 최대 세력을 보유하고 있던 위안스카이는 즈리 총독 겸 북양대신 직위를 사임하고 고향

낚시를 하고 있는 위안스카이 관직을 사임하고 장더(彰德) 교외의 지상춘(泊上村)에 은거했다
(《袁世凱与北洋軍閥》).

인 허난 성 장더(彰德)에 은거했다. 1909년 10월 14일 지방의회의 기초
가 될 것으로 기대된 각 성 자의국이 개국했다.

지방자치　광서신정 아래에서 지방자치는 성이 설치된 지역의 각 현(주
도 포함)과 현 아래에 있는 성(城)·진(鎭)·향(鄕)에서 실시되
었다. 성은 자의국 의원을 선출하는 모체이기는 하지만 지방자치제도가
실시되는 대상은 아니었다. 1909년 1월에는 성진향지방자치장정(城鎭
鄕地方自治章程)이, 이듬해 2월에는 부청주현지방자치장정(府廳州縣地方
自治章程)이 제정되었다.

자치를 실시하는 주체인 자치공소(自治公所)를 상정하고, 거기에 동

사회(董事會)와 의회에 해당하는 의사회(議事會)를 설치하기로 예정되어 있었다. 공소를 설치할 장소로는 공유(公有) 건물이나 묘우(廟宇) 등이 상정되어 있었다. 이들의 개설에는 지현(知縣, 현지사)과 지역 엘리트 양쪽에서 담당했다. 지방자치의 내용은 지방 공익사업이었는데, 구체적으로는 현 아문과 협조하여 공적 재산의 재분배, 전부(田賦) 부가세의 관리, 선거 조사비 징수, 학교와 선당(善堂) 건설 및 관리·운영을 수행했다. 자치공소의 직원들은 지역사회의 재정 기반이던 묘우, 의창(義倉, 재해에 대비하여 식량을 비축하는 창고), 육영당(育嬰堂, 고아 수용 시설) 등에 의거하면서 현 내의 여러 사회단체와 연계해서 사업을 추진했다. 그리고 이러한 사업을 추진하는 과정에서 점차 현 엘리트층이 형성된 것으로 보인다.

그런데 이 시기 지방자치는 근대국가의 통치를 사회의 말단까지 관철시키는 것을 목적으로 했다기보다는 관치(官治)를 위한 보조 장치에 불과했다. 지현(知縣)은 징세나 사법 전반(경찰·검찰·재판 등)을 담당하고 있었는데, 고향에 부임하지 않는다는 회피제(回避制)를 유지했고 업무에도 변화가 없었다. 결국 이 제도의 취지는 현 이외의 '주변' 영역을 지현의 감독하에 있는 자치공소로 하여금 수행하게 하는 것이었다. 말하자면 기존의 질서관에 근거한 관치 보조인 것이다. 자치공소의 의사회가 의결권을 갖고 있기는 했지만, 지현과 현 아문의 업무에 대해 이의를 제기하는 것은 상정되어 있지 않았다.

하지만 이런 제도상의 취지와는 반대로 지방자치는 지역사회에 새로운 동력을 불어넣게 된다. 그중 하나로 현 엘리트가 모이는 자치공소가 징세권 등 지현의 관할 영역에 이의를 제기하고, 점차 그 의견을 정책에 반영해 나간 것을 들 수 있다. 이는 성에서 총독·순무와 자의국이 예산이나 인사 문제를 둘러싸고 대립했던 것과 같은 것이다. 자치공소가 지현에 이의를 제기함으로써 회피제에 따라 다른 지역에서 부임한 지현을 대신하여 현 사람이 현을 다스린다고 하는 '현인치현'(縣人治縣) 상황이 나타났다. 두 번째로 자치공소의 존재가 청조의 통치를 관철시키거나 묘(廟)의 재산 같은 사회의 공유 재산을 흡수하는 기관으로 간주되어, 지역 사회로부터 반발이 일어나는 경우도 있었다. 특히 호구조사나 자치공소 운영을 위한 묘우(廟宇) 이용은 자치 반대운동을 불러일으켰다. 쉽게 상상할 수 있겠지만, 이러한 운동은 단순히 근대와 전통, 혁신과 보수의 문제라기보다 현 내의 복잡한 권력 관계가 반영된 것이라고 볼 수 있다.

'구겁'(救劫)의 세계관 구국이 커다란 과제였던 당시에 사대부나 향신으로 불리던 자들은 유학적인 '수신제가치국평천하'(修身齊家治國平天下)라고 하는, 자기 수양에서 천하국가에 이르는 사명감을 갖고 세상 속의 문제를 해결해서 안정으로 향하게 하는 경세제민(經世濟民)을 중시하고 있었다.

또 19세기 중엽 무렵부터 이어진 사회적 혼란 속에서 선서(善書) 등의 영향도 있어, 사회가 파멸적인 위기인 '겁'(劫)으로 치닫고 있으니(말겁末劫), 선행을 쌓아서 선기(善氣)를 늘리고, 정화를 통해 겁으로부터 구원받을 수 있다고 하는 '구겁'(救劫)의 사상이 민중들에게도 널리 퍼지고 있었다. 따라서 선행을 내세워 선을 체현하는 결사나 활동에 참가하는 것이 긍정적으로 평가되었다. 이런 생각은 정(正)과 사(邪)를 변별하는 사상과도 결합되어 있었다. 문제는 청이라는 왕조가 과연 구겁을 담당할 만한 존재인가, 아니면 쫓아내야 할 사(邪)에 속하는가 하는 것이었다.

그런데 증세 정책뿐 아니라 광서신정하의 지배 강화로 지역사회와 줄다리기를 하는 등, 사실상 청이라는 왕조 또는 청이 파견한 관리를 도저히 말겁의 담당자로 볼 수 없게 되었다. 그리고 사람들이 선을 쌓고 사를 물리치는 것만으로 과연 말겁으로부터 구원받을 수 있을지에 관해 구세주의 출현을 기대하는 경향도 나타났다. 어쩌면 이러한 사회 정세가 이른바 '혁명'을 지지하게 했는지도 모른다.

혁명파의 봉기   쑨원은 1895년 10월에 광저우에서 첫 무장봉기를 일으킨 이래 1900년 10월의 후이저우(惠州)부터 1911년의 황화강(黃花崗)에 이르기까지 연달아 열 차례나 봉기했지만 모두 실패했다. 장소는 모두 광둥 또는 프랑스령 인도차이나와 중국의 국경 지역이었다. 이른바 화남에서 변경혁명(邊境革命)을 목표로 삼았던 것으로 볼 수 있다.

원래 혁명파에는 광둥의 흥중회(興中會, 쑨원) 이외에 후난의 화흥회(華興會, 황싱黃興, 쑹자오런, 천톈화陳天華), 저장의 광복회(光復會, 차이위안페이, 타오청장陶成章, 장빙린, 추진秋瑾) 등 여러 집단이 있었는데, 일본의 미야자키 도텐(宮崎滔天) 등이 알선하여 합류가 이루어졌다. 1905년 8월 20일 도쿄 사카모토 긴야(坂本金弥)의 자택에서 중국동맹회 창립 대회가 열렸다. 쑨원이 대표에 취임했고 황싱이 부대표로 추천받았다. 쑨원은 나이가 가장 많고 해외 화상(華商)들로부터 자금원을 갖고 있었으며 천톈화에 의해 '실패의 영웅'으로 평가받고 있었다.

동맹회에서 쑨원의 지도력은 많은 한계가 있었다. 예를 들어 본디 흥중회의 청천백일기(靑天白日旗)를 새 국가의 국기로 삼자고 쑨원이 제안했을 때 황싱이 반대해 두 사람이 고성을 지르며 다툰 일도 있었다고 한다. 또 장빙린과는 금전을 둘러싼 갈등을 빚었다. 쑨원의 구심력은 차츰 약해졌고 이런 분위기는 중국동맹회의 활동 방침에도 영향을 끼쳤다. 쑨원은 화교로부터 받은 경비를 량광(광둥·광시)의 혁명에 쏟아부으려 했지만, 창장 강 유역에서 혁명을 일으켜 북벌을 해야 한다는 그룹(쑹자오런 등)과 베이징 중앙에서 혁명을 일으켜야 한다고 하는 주장(장지張繼)도 있어 쑨원의 노선으로 통일되지 않았다.

1911년의 우창봉기(武昌蜂起)는 결과적으로 창장 강 유역을 중시하는 쑹자오런의 노선이 실현된 것으로 볼 수 있다. 이 일은 훗날 쑹자오런의 발언권 강화로 이어졌다고 생각된다.

혁명을 위해 목숨을 바치다

탄쓰퉁(譚嗣同)을 포함한 무술 6군자와 자립군의 탕차이창 등은 정치와 나라를 위해, 또는 자신의 사상을 위해 목숨을 바쳤다. 여러 신문과 잡지들은 이들의 순사(殉死)를 자신들의 주장에 끼워 맞추면서 사자(死者)를 추도했다. 그 결과 탕차이창이 과연 청조 황제를 지지한 보황파(保皇派)였는지를 둘러싸고 논쟁이 일어났을 정도였다.

1905년 11월, 청의 요청을 받은 일본 문부성은 청국유학생취체규칙(淸國留學生取締規則)을 각 대학에 내려보내 유학생 관리를 강화하려고 했다. 이에 동맹휴교 등 학생들의 움직임이 일어났다. 12월 7일《도쿄마이니치신문》은 '청국인 동맹휴교'라는 제목의 기사를 실었다.

도쿄 시내 각 학교에 재학하고 있는 청국 유학생 8천6백여 명의 동

맹휴교는 대학교수 연맹사직(連盟辭職)에 버금가는 현재 교육계의 큰
문제가 되고 있다. 이 일은 지난달 2일 발포된 문부성령 청국 유학생
에 대한 규정에 불만의 뜻을 품고 일어난 것이다. 이번의 문부성령은
광의로도 협의로도 해석할 수 있는데, 청국 학생들은 그것을 너무 협
의로만 해석한 결과 불만을 느낀 것이다. 이에 더해 "청국 사람 특유
의 방종비열(放縱卑劣)의 의지에서 나온 단결 부족"도 하나의 이유이
다. 여하튼 청국 공사는 이 사태가 결코 쉽게 해결될 문제는 아니라고
생각해 유학생 일동의 청을 받아들여 우리 문부성과 교섭하기에 이르
렀다. (따옴표 부분은 지은이 강조)

유학생들은 이 기사 가운데 따옴표 부분에서 민족 차별 의식을 발견
하고 크게 반발했다. 후난 출신의 천톈화는 〈절명서〉(絶命書)를 쓰고 오
모리(大森) 해안에서 투신자살했다. 일반적으로 천톈화는 혁명파로 분
류되지만 이 시기에는 아직 '파'(派)에 대한 귀속감이 그다지 강하지 않
았다. 여러 신문과 잡지에서 천톈화를 열사로 받들고, 절명서와 그 죽음
을 자신의 입장에 유리하게 보도했다. 이렇듯 죽음을 높이 받드는 분위
기는 반미 보이콧운동에 앞장선 펑샤웨이(馮夏威)와 고찰헌정 5대신을
겨냥한 우웨의 죽음에 즈음해서도 나타났다.

이 무렵부터는 왕조나 주군에 대한 '충군'(忠君)보다 '충국'(忠國)이 중
시되고 있었다. 그러나 여기서 말하는 '국'은 청이 아니라 '중국'이라는
새로운 나라였다. 따라서 당시에는 중국을 위해서 목숨을 바친다는 애국
분사(憤死)가 영웅시되기도 했다.

자정원의 개원과 친귀내각

1910년 10월 3일 베이징에서 자정원이 개원했다. 의원수는 200명(임기 3년)이었고, 칙선(勅選)과 민선(民選)이 반반이었다. 칙선의원에는 황족 14명(종실왕후세작宗室王侯世爵), 번부의 왕후 14명(외번왕후세작外蕃王侯世爵)을 비롯하여 관료 3명, 석학 통유(通儒) 39명, 고액 세납자 10명이 포함되어 있었다. 민선의원은 각 성 자의국 의원에서 선출되었는데, 자의국이 추천한 정원의 2배에 해당하는 후보자 가운데 총독·순무가 선발했다. 칙선의원과 민선의원은 동수였지만, 의장·부의장에 해당하는 총재·부총재는 조정 측이 파견했다. 이 기관은 어디까지나 자문기관이지 의회는 아니었다.

1909년 10월에 개설된 각 성 자의국은 총독·순무들까지 끌어들여 국회개설 운동을 전개했다.

반수가 민선이던 자정원도 운동의 추진 모체가 되었다. 이러한 운동을 받아들여 청은 9년으로 되어 있던 준비 기간을 5년으로 단축해 1913년에 국회를 개설할 것과 함께 내각 관제를 제정하고, 국세와 지방세에 관한 장정과 예산결제 제도를 확정 실시하기로 약속했다.

1911년 5월 8일에 내각 관제가 제정되고, 과거의 내각, 군기처, 정무처 등이 폐지되었다. 총리대신은 경친왕 혁광(奕劻)이, 협리대신(協理大臣)은 나동(那桐)과 쉬스창(徐世昌)이 맡게 되었다. 각료 13명 가운데 황족 5명을 포함하여 8명이 만주인이고, 4명이 한인, 1명이 몽골인이었기 때문에 친귀내각(親貴內閣, 황족·왕족 내각)이라고 비판받았다. 특히 육군부와 탁지부에서는 만주인이 상층부의 대부분을 독점했다. 이는 그 이전의 만한우수(滿漢偶數, 주요 관직을 만주인과 한인 동수로 함) 관제와 비교해 보아도 만주인에게 편중된 것이다.

이 내각 관제는 헌정편사관에서 심의했다. 제도의 주된 취지 가운데 하나는 지금까지 황제 직속으로 수평적으로 배열되어 있던 중앙의 대신들과 지방의 총독·순무들을 똑같이 내각총리대신의 지휘 아래 두는 데 있었다. 내각 관제가 제정될 때까지는 유보되고 있었지만, 총독·순무를 포함한 관료들이 직접 황제에게 상주하는 것을 정지시키고 내각으로 모아 가는 방식, 말하자면 정무에 대해 황제에게 책임이 미칠 가능성을 차단하는 것이 이 제도의 목적이었다.

헌정편사관에서는 지방 관제의 제도 설계가 이루어졌다. 태평천국의 난 이래 총독·순무는 중앙에 대한 자립성을 강화했고 중앙에서도 그들의 힘에 의존하면서 통치를 재건하는 등 중앙과 지방에는 일정한 협력 관계가 존재했다. 하지만 광서신정이 추진한 입헌군주정체로의 이행은 중앙의 내각으로 권력을 집중시키는 중앙집권적인 여러 제도를, 총독·순무를 포함한 지방 관제에까지 끼워 맞추려는 것이었다. '지방'은 중앙의 출장 기관이라고 하는 기존의 제도를 재구축한 것으로도 볼 수 있다. 하지만 중앙정부가 만주인 중심의 친귀내각이 될 경우에는, 지방에 대한 실질적 통치 능력에도 확신이 서지 않아 결국 중앙과 지방의 대립이 격화되었다.

철도 국유화 문제 　입헌군주정체로 이행함에 따라 지방에서 베이징으로 의원을 소집하여 중앙에서 지방으로 통치를 확대해 갈 필요가 있었다. 여기에 국방의 관점이나 현지의 요청도 있어서 서북과 북부 등으로 철도망을 확대할 필요가 생겨났다. 그 무렵 베이징에서 '국내의 변경(邊境)'으로 가려면 신장 쪽으로는 시베리아철도를, 티베트

쪽으로는 외양항로(外洋航路)로 인도와 중앙아시아를 경유했고, 윈난 쪽으로는 베트남에서 디안웨철도(滇越鐵道)를 이용하는 편이 더 빨랐기 때문에 청 내부에서도 위기감이 나타나고 있었다. 더욱이 변경 지대가 갖고 있던 위화감, 즉 빠른 속도로 발전하고 있는 연안 지대에 비해 뒤처져 있다는 생각도 무시할 수 없을 것이다. 이러한 상황을 배경으로 우전부는 1907년 안을 근거로 1909년에 신안(新案)을 책정했다.

변경으로 향하는 철도 건설은 지방의 총독·순무들한테서도 지지를 받았다. 제1회 자정원에서도 몽골 제후가 몽골 쪽 철도 부설을 제안하여 1911년 1월에 결의되었을 정도였다. 그러나 몽골이나 서북쪽으로 나가는 철도는 확실히 채산이 맞지 않았다. 따라서 청은 우전부가 책정한 철도 계획에 기초하여, 대외적으로는 국토를 유지하고 대내적으로는 의회 제도에 부합하는 근대 통일국가를 건설하기 위해 전국 각지로 철도망을 일제히 정비하기로 했다. 그리고 이를 위해 철도 전체를 국유화함으로써 동남 등 채산이 맞는 노선의 이익을 서북 등으로 돌려 경영할 것을 상정하였다. 나아가 부설 경비는 이미 철도 자체나 경영권을 담보로 하지 않아도 되는 외자 도입 방법을 또다시 채용했다. 이는 민간 자본을 통해 건설을 계획하고 있던 각 성의 철도회사로부터 반대를 받을 것으로 예상되었다. 실제로 1910년의 고무 공황 등으로 부채를 안고 경영 곤란에 빠진 민간 철도회사도 있었다.

1911년 5월 9일 청은 철도 국유화를 정식으로 결정하고 우전대신 성쉬안화이가 그 결정을 발표했다. 책임내각제가 발족한 다음 날의 일이었다. 따라서 이 내각에 대한 불신을 배경으로 민간 자본을 통해 철도 건설을 시도하고 있던 각 지역에서 격렬한 반대가 일어났다. 그러나 청은 5월 18일 돤팡을 웨한(粵漢)·촨한(川漢) 두 철도의 감독대신으로 임명해

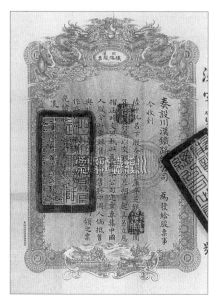

촨한철도의 고표(股票) 일종의 주식 증권
이다(《袁世凱与北洋軍閥》).

민간 철도회사를 접수하는 일을 맡고, 동시에 이금과 염세를 담보로
열강의 은행단으로부터 차관을 실시했다.

이에 대해 후난, 후베이, 쓰촨, 광둥에서는 자의국을 중심으로 철도 국
유화 반대운동(보로운동保路運動)이 일어났다. 특히 쓰촨에서는 자의국
의 정·부의장을 수반으로 하는 쓰촨 보로동지회(保路同志會)가 반대운
동을 활발하게 펼쳤다. 9월 7일 쓰촨 총독 자오얼펑(趙爾豊)은 자의국의
정·부의장인 푸뎬쥔(浦殿俊)과 루오룬(羅綸) 등을 총독아문으로 불러
체포·구금하고 보로동지회와 철도회사를 폐쇄했다. 그러자 수많은 사
람들이 항의하여 총독아문에 몰려들었고 이에 대해 총독아문은 발포하
며 탄압했다. 그 뒤 혁명파의 개입도 있어, 쓰촨 각지에서 무장봉기가 일
어나 총독군과 일진일퇴의 공방을 벌이게 되었다.

뒤에서 살펴보겠지만 10월 10일에는 우창에서 이른바 신해혁명이 발

발한다. 그 후에는 찬한철도회사가 갑자기 태도를 바꿔 청조에 철도의 국유화를 요구하고, 외국 차관에 대해서도 문제 삼지 않았다. 국유화 반대운동을 한 사람들로서는 고무 공황이 발생함에 따라 찬한철도회사가 부담한 다액의 불량 채권을 처리하는 것이 문제였다.

보로운동은 확대되었고, 그에 대한 탄압이 무장봉기를 촉진시킨 것은 분명했다. 하지만 그 원인이 된 철도 국유화와 민간 철도회사 사이에 발생한 문제는 쓰촨에서는 국유화인가 민영화인가라기보다 국유화 즈음에 매수 조건을 둘러싼 싸움이었다고 볼 수 있다.

3. 신해혁명과 중화민국의 성립

우창봉기 앞서 보았듯이 중국동맹회를 중심으로 한 혁명파에는 방침을 둘러싸고 갈등이 있었다. 화남지역으로부터 무장봉기를 시도한 쑨원 일파는 1910년 2월의 광둥 신군봉기(新軍蜂起), 4월의 황화강봉기(黃花崗蜂起)에서 잇따라 실패하고 있었다. 쑹자오런, 탄런펑(譚人鳳), 천치메이(陳其美) 등은 7월에 상하이에서 중국동맹회 중부총회를 결성하고, 우한(武漢)에도 후베이 분회를 설치해 무장봉기 준비에 들어갔다. 후베이에는 공진회(共進會), 문학사(文學社) 같은 혁명 단체가 있었는데, 동맹회 분회는 그러한 지역 단체와 함께 신군(新軍)에도 접근하며 동지를 늘려 가고 있었다. 쓰촨에서 보로운동이 강화되는 가운데 후베이에서도 보로운동이 일어나고 있었기에 이런 운동을 배경으로 그들은 중추절(음력 8월 15일) 봉기를 결정했다. 이날은 양력으로 1911년 10월 6일이다.

중추절은 보름달 신앙에서 유래한 명절로 청말에는 중국 사회에 널리 보급되어 있었다. 달에 얽힌 여러 가지 전설이 있었는데, 특히 천상 세계와 지상 세계의 교류를 나타내는 날개옷 전설과 중추절은 서로 연결되

우창봉기(《晚淸民初: 武漢映像》).

어 있었다. 또 일부 민간 종교결사는 중추절과 말겁론(末劫論)을 결합시
켰다. 8월 15일에 말겁이 도래하는데, 그때는 하늘에서 구세주가 강림하
여 인간을 구원한다고 하는 식으로 이야기를 만들어 냈다. 이렇게 중추
절과 관련된 신앙이 혁명과 결부되었다. 청말 사회의 계몽운동에서는 민
중에게 친숙한 이야기를 모방한 언설이나 희곡, 소설 등이 많이 이용되
었는데, 그중에는 배만(排滿) 사상을 고무하는 듯한 것도 포함되어 있었
다. 1910년의 핼리혜성의 접근 또한 청의 멸망을 예시하는 것으로 받아
들여지곤 했다.

　중추절 봉기가 계획된 후베이의 경우 실제로는 봉기가 실현되지 못했
다. 10월 6일까지 무장봉기 준비가 갖추어지지 않은 데다 중추절 봉기에
관한 소문이 돌자 관 측에서도 경계를 강화했기 때문이다. 혁명 세력 측

에서도 주모자가 사고를 당하거나 관에 체포되기도 했고, 그 일부는 후광 총독 루이청(瑞澂)의 명령으로 10월 10일에 총살되었다.

10일 밤, 우창 성내(城內)의 신군 병사들이 슝빙쿤(熊秉坤)의 지휘 아래 무장봉기를 일으켰다. 그들은 찬동하지 않는 병사들을 살해하면서 무기 탄약고를 점령했다. 11일에는 반란군이 후광 총독아문을 점령했고, 이어 한양과 한커우의 신군들까지 반란군에 가담함으로써 우한 3진(三鎭)은 반란군인 혁명군에게 점령되었다. 그들은 주도자가 없는 상태에서 자의국 의장인 탕화룽(湯化龍) 등과 의논해 청이 파견한 신군의 협통(協統, 부대장) 리위안홍(黎元洪)을 성의 새로운 우두머리인 도독(都督)으로, 탕화룽을 정무부장(政務部長)으로 하는 군정부(軍政府)를 수립했다. 애초에 도독 취임을 거부한 리위안홍도 16일에는 결국 스스로 변발을 잘라 버렸다.

각 성의 '독립' 후베이 군정부는 청으로부터 독립을 선언했다. 여기에서 독립이라고 하는 것은 국가로서의 독립은 아니다. 청에 대한 자립이라고 보면 될 것이다.

우창봉기가 일어났을 때 쑨원은 미국에 있었다. 사전에 봉기 계획을 어느 정도 알고 있기는 했지만 구체적인 것은 10월 12일에 현지의 조간신문을 통해 알게 되었다고 한다. 신해혁명과 쑨원 사이에 아무 관련이 없다고는 할 수 없겠지만, 혁명운동 노선으로 본다면 쑨원의 노선과 우창봉기는 방향성을 달리하고 있었다.

후베이의 독립선언에 대해서 청은 육군대신 인창(蔭昌)에게 2개 사단을 이끌고 진압에 나서게 했지만 결국 혁명군에게 패배했다. 10월 22일

후베이 군정부의 외교사(外交司) 직원들　후베이 성은 청으로부터 독립을 선언했다(《中華百年祭 外交》).

에는 후베이 성에 이어 후난 성과 산시 성(陝西省)이, 그리고 11월 초순 까지 화중·화남을 중심으로 13성이 독립을 선언했다(같은 달 하순에는 14성이 독립선언). 쓰촨에서는 보로운동을 진압하기 위해 파견된 돤팡과 순무 자오얼펑이 살해되었다. 하지만 청조도 한커우와 한양을 탈환했다. 독립을 선언한 각 성은 상하이로 대표를 파견하고 새 정부 구상을 설계 했는데, 거기에서 후베이 군정부가 중앙 군정부로 되자 우창에서도 대표 대회가 열렸다. 상하이와 우창 두 곳에서 새 정부에 대한 구상이 정리되 었다. 우창에서는 임시정부조직대강(臨時政府組織大綱)이 제정·공포되 었고, 상하이에서는 황싱(黃興)이 대원수(大元帥)로 선출되었다(황은 사 퇴함). 12월 2일에 혁명군 쪽에서 난징을 제압하자 우창의 대표들은 난 징으로 이동해야 했다.

중화민국 임시대총통 선거 기념사진(《袁世凱与北洋軍閥》).

　각 성 대표에 의한 새 정부의 구상 책정은 난항을 거듭했다. 12월 25일 미국에서 영국을 거쳐 쑨원이 귀국하자, 난징에 모여 있던 독립 성 등 17성의 대표는 29일 쑨원을 임시대총통으로 선출했다. 이때 쑨원이 16표, 황싱이 1표를 얻었다고 한다.

　이처럼 신해혁명은 앞에서 보았듯이 만주인이 실시하는 입헌에 대한 깊은 실망, 그리고 배만 사상으로 뒷받침된 혁명운동에 의해 지탱되고 있었지만, 한편 정치 과정으로 본다면 중앙정부에 대한 성정부(省政府)의 자립이라는 형태로 진행되었다. 중앙에 대한 성의 자립이라는 방향성은 분명히 있었지만, 자립한 성이 집합해서 어떻게 국가를 만들 것인가 하는 점에 대해서는 구체적인 상이 있었다고 보기 어렵다.

　한편 1911년 말이 되면 화북에서 동북에 걸쳐 여러 성들이 청을 지지하고, 열강도 청을 승인하고 있었다.

영국의 화의 알선 청은 우창봉기 이후 11월, 내각 총리대신을 경친왕에서 위안스카이로 교체했다. 혁명군을 진압하기 위해서는 북양군에 강한 영향력을 가진 위안스카이의 협력이 불가결했기 때문이다. 실제로 위안스카이는 베이징에 남아 있으면서 반란군 진압을 위해 군대 일부를 남하시켰다. 청은 11월 3일에 헌법의 기본 구조를 명시한 헌법신조(憲法信條) 19조를 발포했다. 이것은 대일본제국헌법보다는 민주입헌적이었지만 각 성이 독립하고 있는 상황에서는 큰 영향력을 행사하기 힘들었다.

1911년 12월에 청과 독립 성들 사이에 정전(停戰)이 성립되었다. 위안스카이의 의뢰를 받은 영국 공사 조던(John N. Jordan)이 한커우 영사에게 조정(調停)을 부탁해 이루어진 것이라고 한다. 청군이 한양을 함락하여 반란군이 불리해진 시점에서 조정을 알선한 것이므로 반란군도 응할 수밖에 없었을 것이다. 이후 남북 간에도 조정이 이어졌다. 영국은 중국을 통치할 수 있는 군사력을 가진 정치가, '실력자'(strong man)로서 위안스카이를 평가하고 기대했다.

신해혁명과 일본 신해혁명과 관련하여 열강, 특히 독립한 각 성의 거점인 화중·화남에 이권을 갖고 있던 영국은 불간섭주의를 취했다. 그러나 점차 위안스카이에게 기대를 걸게 되면서 난징 쪽에는 관세 수입을 주지 않고 재정적인 압박을 가하며 위안스카이와 화의

할 것을 권했다. 일본 정부는 열강과 공동 보조를 취하려 했지만 중국에서 공화제의 출현이 일본의 국체에 영향을 끼칠 수 있다는 관점에서 입헌군주제에 기초한 청조 지지로 기울었고 영국에 공동 간섭을 제안했다. 하지만 영국은 이미 위안스카이를 중심으로 한 화의 알선을 진행하고 있었기 때문에 일본의 요청을 거절했다. 일본 정부도 난징정부에 소액의 차관을 제공하기는 했지만, 일본의 간섭을 꺼리는 열강의 압력도 있었기에 혁명에 관여하는 정도는 상당히 한정적일 수밖에 없었다.

신해혁명이 발발했을 때 주중국 공사 이주인 히코기치(李集院彦吉)는 앞으로 청을 '지나'(支那)라고 부르자고 일본 정부에 제안했다. 청과 같은 왕조명으로 부를 경우 왕조 교체 때마다 호칭을 변경해야 하는 번거로움이 있으므로 서양에서 쓰는 말인 '차이나'(China)나 '시나'(Cina)처럼 왕조 교체와 무관한 호칭을 갖고 있어야 한다는 것이다. 이 제안이 채용되어 일본에서는 '지나'가 정식 문서에서도 사용되었고 중화민국과 국교를 체결한 이후에도 중화민국을 '지나공화국'이라고 불렀다. 이 호칭은 머지않아 외교 문제로 비화하게 된다. 물론 '지나'라는 말 자체에 멸시관이 포함되어 있는 것은 아니지만, 같은 한자 문화권 나라이니만큼 일본의 입장에서는 '중국'이라는 존칭에 가까운 국호를 사용하기를 꺼렸을 가능성은 있다.

한편 일본의 민간에서는 창장 강 유역에 원료 공급지와 시장을 갖고 있던 방적업자를 중심으로 사태의 진정을 요구하는 경향이 강했다. 하지만 그중에는 여러 혁명파와 남방의 세력들을 지원하는 움직임도 있었다. 이누카이 쓰요시(犬養毅)와 도야마 미쓰루(頭山満)는 상하이로 건너가 혁명에 참가하려고 했으며, 가와시마 나니와(川島浪速)는 장성(長城) 이북에서 청의 존속을 시도하기도 했다. 쑨원과도 두터운 친교가 있던 우

신해혁명의 한 장면을 보여 주는 사진 우메야 쇼키치가 남긴 필름은 중국에서도 매우 귀중한 기록물이다(고사카 아야노小坂文乃 소장).

메야 쇼키치(梅屋庄吉)는 신해혁명의 영상 기록을 남긴 것으로 잘 알려져 있다. 일본에서 중국으로 건너간 것은 일본인뿐이 아니었다. 유학 중이던 중국인 유학생들도 대거 귀국했다. 그중에는 장제스처럼 일본 육군 부대(제13사단 야포병 제19연대)를 몰래 이탈해 혁명에 참가한 이도 있었고, 치바의전(千葉醫専, 치바대학 의학부의 전신)의 유학생처럼 적십자 같은 중립적인 의료 집단을 조직해 귀국한 이들도 있었다.

중화민국이 성립한 1912년, 일본에서는 메이지 천황이 사망함으로써 한 시대의 종언과도 같은 강렬한 인상을 사회에 남겼다. 이 무렵에 대역 사건이 발생한 일도 있고 해서, 일본 정부는 공화제를 지향하는 신해혁명의 움직임이 일본에 파급되지나 않을까 한층 더 경계했다.

중화민국의 성립 1912년 1월 1일 밤 10시, 쑨원은 난징의 량장(兩江) 총독아문에서 이렇게 선서했다. "만주 전제 정부를 전복하여 중화민국을 강고히 하고 민생의 행복을 도모하며 국민의 공의(公意)를 따른다. 그렇게 함으로써 나라에 충성하고 대중을 위해 복무한다." 이렇게 하여 중화민국 임시정부가 수립되었다. 이때 중화민국 원년 새해(元旦)라고 하듯, 양력으로 중화민국 몇 년이라고 하는 연호가 사용되었다(타이완은 오늘날도 이 연호를 사용하고 있다).

또 쑨원은 임시대총통으로서 선언서도 공표하여 공화와 혁명의 중요성, 국가의 근본이 인민에게 있다는 점을 강조했다. 그리고 '한(漢)·만(滿)·몽(蒙)·회(回)·장(藏)' 등 여러 지역이 하나의 국가를 이루고, 이들 지역의 여러 민족이 하나가 되어 민족의 통일을 이루어야 한다고 했다. 나아가 영토의 통일, 군정의 통일, 내치의 통일, 재정의 통일을 정무의 조건으로 내걸었다. 그리고 대외 관계에 대해 다음과 같은 방침을 제시했다. "(중화민국) 임시정부 성립 이후에는 문명국으로서 해야 할 의무를 다하고, 문명국으로서 누려야 할 권리를 누릴 것을 기약한다. 만청(滿淸) 시대에 나라를 욕되게 한 행위와 배외 정서 등은 힘껏 일소한다. 우리의 우방과는 두터운 우의를 다하고 평화주의를 취하여 국제사회에서 존중받고 또 세계를 점차 대동으로 나아가게 한다." 즉 중국이 하나의 문명국가로서 조약 개정을 추진하여, 국제사회의 일원으로 대동세계(조화가 이루어진 이상 세계)를 목표로 삼고 존중받는 나라가 되겠다는 기본 방침을 제시한 것이다. 쑨원은 이 혁명을 통해 불평등조약을 모두 철폐한다는 구상을 그린 것 같다. 하지만 열강으로부터 승인을 받아 내기 위해 청이 체결한 불평등조약을 이어받았다.

마지막에서는 혁명의 성과를 이렇게 강조했다. "오늘날에 이르기까지

십여 년 동안 혁명에 종사한 이들은 모두 직면한 곤란을 진지하고 순결한 정신으로 극복해 왔다. 비록 앞으로 다가올 곤란이 과거의 곤란을 훨씬 더 능가할지라도 우리들이 혁명 정신을 유지하는 한 장차 막힘없이 이 대지에 반드시 중화민국의 기초를 확립할 수 있을 것이다."

중화민국이 성립함으로써 수천 년에 걸친 제제(帝制)는 종말을 고하고 아시아 최초의 공화제 국가가 수립되었다. 하지만 국가 체제를 둘러싼 모색은 그 뒤로도 제제 부활까지 포함하여 계속되었다.

남북화의와 청조의 종언 난징의 중화민국 정부에서는 1월 3일 임시부총통 리위안홍을 비롯한 각료가 선발되었다. 인선은 관료층이나 각 성의 실력자, 혁명파가 혼합된 모양새였다. 예컨대 육군총장(대신)에는 황싱이 취임했지만, 교육총장에는 차이위안페이, 실업총장에는 장젠(張謇), 외교총장에는 왕충후이(王寵惠) 같은 실무 능력이 뛰어난 관료와 사신(士紳)이 취임했다. 1월 말에는 각 성 대표들로 임시 참의원이 조직되었다. 새로 성립된 임시정부는 아편 재배와 흡입, 전족, 인신매매와 도박에 대한 금지를 선포했다. 또 광둥·푸젠의 단민(蜑民), 저장 성의 타민(惰民), 허난 성의 개호(丐戶) 등 천민으로 취급되던 사람들의 해방 같은 사회문제와 관련한 여러 가지 정책을 제시했다(실효성에는 문제가 남는다).

그런데 1912년 1월 무렵 화북에서 동북부는 여전히 청조가 통치하고 있었고 열강도 청을 승인한 상태였다. 그리고 1911년 12월 이후로는 영국의 알선도 있어 남북 양 정부 사이에서는 위안스카이가 파견한 탕샤오이(唐紹儀)와 남방 대표인 우팅팡(伍廷芳) 등에 의해 화의 교섭이 진

중화민국 성립을 알리는 전단지 쑨원(중앙)을 임시대총
통으로, 리위안훙(왼쪽)을 부통령으로, 황싱(오른쪽)을
대원수로 선출했다(《總統府舊影》).

행되고 있었다. 열강은 위안스카이 지지를 분명히 하면서, 난징의 중화
민국 정부를 승인하지 않는 자세를 보였다. 당시 중앙정부의 재원인 관
세를 징수하는 세관은 기본적으로 열강이 관리하고 있었던 탓에 남방의
세관 수입 또한 난징정부로 유입되지 않았다. 재정적으로 허덕이는 난징
정부에서는 장젠뿐 아니라 황싱까지 청조 타도를 우선시하여 임시대총
통직을 쑨원에서 위안스카이에게로 양도할 것을 적극 고려하는 경향이
우세해졌다. 위안스카이 역시 청조 황제의 퇴위를 모색하게 되었다.

　청조 측에서는 량비(良弼, 펑자전彭家珍에 의해 폭살됨)처럼 황제 수호
를 내건 이도 있었지만, 위안스카이의 의향을 건네받은 군인과 재외 공
사들이 황제 퇴위를 요구하는 상주를 올렸다. 2월 12일, 위안스카이와
난징의 임시 참의원이 승인한 청실(청의 황실) 우대 등을 조건으로 청의
마지막 황제인 선통제 푸이는 퇴위했다. 청실 우대 조건의 내용은 다음

개조 후의 금수교(金水橋) 민국 초기 톈안먼 앞에는 첸먼(前門)으로 이어지는 길은 있었지만 광장은 아직 없었다(《袁世凱与北洋軍閥》).

과 같다. 황제는 직위를 사직하고 실권은 상실하지만 칭호는 남겨 두었다. 즉 황제로 불러도 괜찮으며 게다가 중화민국에서 매년 400만 위안을 지출해 생활을 보호한다고 약속했다. 또한 자금성에 계속 거주해도 좋고 중화민국 군이 호위를 담당하되 환관을 새로 채용하는 것은 금지했다. 이런 우대 조건은 1924년에 펑위샹(馮玉祥)이 폐지할 때까지 계속되었다.

선통제 푸이의 회상에 따르면, 어린 황제 시절의 선명한 기억으로 광서제의 황후와 그 앞에서 무릎 꿇은 뚱뚱한 노인이 울고 있는 것을 본 적이 있다고 한다. 당시 어린아이였던 푸이는 무엇이 그리 슬픈지 알 수 없었는데, 바로 그때 위안스카이가 선통제 퇴위를 전하고 있었던 것이다.

4장

중화민국의 구조와 위안스카이 정권

중화민국 정부를 승인받을 당시의 위안스카이(앞줄 가운데)와 외교사절(1913년 10월,《袁世凱与 北洋軍閥》).

1. 위안스카이 정권의 성립

청조 황제의 퇴위로 2천 년 이상 지속된 황제지배
체제는 종언을 고하고 공화제가 채용되었다. 입헌
군주정체의 모색도 여기에서 일단락되지만, 황제
지배체제로부터 군주를 추대하지 않는 공화제로 이행하는 것은 결코 쉬
운 일이 아니었다.

위안스카이는 쑨원한테서 임시대총통의 직위를 계승하면서 공화제를
지지했다. 더불어 쑨원은 임시정부를 난징에 둘 것, 위안스카이가 난징에
서 대총통 직위에 취임할 것, 임시 참의원이 정하는 임시약법(臨時約法)을
준수할 것 등을 요구했다. 임시 참의원도 쑨원의 뜻을 지지하여, 1912년
2월 15일에 위안스카이를 임시대총통으로 선출했다. 하지만 그가 난징
에서 임시대총통에 취임하는 것을 거부함에 따라 난징 측도 베이징에서
취임하는 것을 인정했다. 이렇게 해서 중화민국 베이징정부가 탄생했다.

3월 10일 위안스카이가 임시대총통에 취임하고 이튿날 11일에 임시
참의원은 헌법을 대신하는 임시약법을 정했다. 이는 전년 12월의 임시
정부조직대강을 가필·수정한 것이다. 조직대강에서는 미국 대통령과

179

임시약법 제정을 주도한 쑹자오런 그 뒤 국민당을 통한 정당 내각을 조직하려고 했으나 위안스카이에 의해 암살당했다(《袁世凱与北洋軍閥》).

마찬가지로 대총통에게 의회 의결에 대한 거부권을 부여하고 있었는데, 약법에서는 오히려 의회에게 대총통 탄핵권을 주었다. 임시약법은 의회가 주도하는 공화제를 희망하는 쑹자오런(宋敎仁)을 중심으로 정해졌다고 한다. 실제로 이 약법의 효력에는 한계가 있었지만, 그 후로도 정치 항쟁과 운동에 직면하여 '당연히 그러해야 하는 것'으로 자주 참조되었다.

임시약법은 주권재민과 기본적 인권에 관해 규정하고 있다. 민족이나 종교의 구별을 없앤 점, 각 성 대표들로 구성된 의회에 강한 권한을 주어 대총통의 권한을 억제한 점, 그리고 사법의 독립과 삼권분립 등을 특징으로 한다. 대총통은 군대를 통솔하지만 대사(大事)와 조약 체결 등에는 의회의 동의가 필요했고, 또 의회가 정하는 법률의 범위 안에서만 명령을 내릴 수가 있었다. 그리고 의회의 결정에 대한 거부권도 사실상 보유할 수 없었다. 이 밖에도 행정기관으로서 국무원(國務院, 후의 행정원)과 국무총리가 설치되었지만, 그것이 무엇을 대표하고 무엇에 대해 책임을 질 것인지에 대해서는 불분명한 점이 있었다. 의회가 대총통에 대해 막강한 힘을 갖고 있다는 점, 그리고 국무원·국무총리와 대총통의 관계가 명확하지 않은 점은 이후 중화민국 정치에 혼란을 초래하게 된다.

판도의 유지와 5족공화 중화민국은 5족공화(五族共和)를 채용했다. 청조 타도 후 성립될 국가를 둘러싸고 그것이 한인(족)의 국가인가, 5족(한漢·만滿·몽蒙·회回·장藏 또는 묘苗를 더한 6족)의 국가인가 하는 논쟁이 있었다. '중국'의 일체성을 중시해 온 지식인들은 차츰 '5족'으로 기울었다.

그중 베이징에서 입헌 준비 작업을 담당하고 있던 양두(楊度)는 5족이 하나가 된 중화민족을 기초로 한 중국 국민상(國民像)을 명확히 제시하였다. 이는 비록 만주족과 한족을 엄격하게 구분하는 장빙린의 비판을 받긴 했지만 주목할 만한 가치가 있다. 한편 남방 사람들에게는 배만, 한족중심주의가 여전히 강고하게 남아 있었고 쑨원 자신도 5족공화와 5색기에 찬동하지 않았다. 쑨원은 신해혁명 후 한때 5족공화에 찬동하기도 했지만, 1920년 이후에는 다시 5족공화를 비판하고 모든 민족을 중화민족으로 통합해야 한다고 주장했다.

중화민국이 5족공화라는 이념을 채용한 과정을 보면 그것이 꼭 청조 타도 쪽의 논리에서만 나왔다고 볼 수 없다. 남북화의 과정에서 만·몽·회·장에 대한 우대를 요구하는 청조 측의 요구 속에서 나온 측면도 있고, 그런 이념은 어쩌면 위안스카이와 긴밀히 연결되어 있던 장젠(張謇)

중화민국의 국기 '5색기' 위로부터 한
(紅)·만(黃)·몽(籃)·회(白)·장(黑) 5
족을 상징한다.

의 발상에 바탕을 둔 것인지도 모른다. 장젠은 민족적인 다원성과 공화
제를 친화성이 있는 것으로 묘사하고 있었기 때문이다.

중화민국은 5족공화를 내걸고 한(홍색)·만(황색)·몽(남색)·회(백색)
·장(흑색)을 나타내는 5색기를 국기로 삼았다고 보는 경우가 많다. 그리
고 중화민국은 청 황실에 대한 우대 조건뿐 아니라 만·몽·회·장 각 민
족의 대우조례를 정하고, 각 종족의 왕이나 제후들의 생활을 보조했으
며 종교나 문화의 유지도 약속했다. 이렇게 해서 만주·몽골·신장·티베
트를 포함하는 청의 판도가 중화민국으로 계승되었다고 볼 수도 있겠다.
하지만 상황이 그렇게 단순한 것만은 아니었다.

몽골, 티베트, 신장 　　청조의 중앙집권 정책에 반발하고 있던 외몽골
의 하르하에서는, 신해혁명 후 젭춘담바 보그드
(Jebtsundamba Bogd) 8세를 보그드 칸(Bogd Khan, 황제)으로 추대하
고 몽골국의 독립을 선언했다. 외몽골의 독립을 지지하고 있던 러시아
는 이 보그드 칸 정권과 협정을 맺어 자치를 인정했지만, 중화민국은 독

립을 인정하지 않았다. 그 후 1913년의 중러선언에서 러시아는 외몽골에 대한 중국의 종주권을 승인하고, 두 나라는 중국의 종주권 아래 외몽골의 자치를 승인했다. 교환 공문에서도 러시아는 외몽골이 중국 영토의 일부임을 인정했다. 1914년에는 중화민국, 러시아, 몽골 정권 사이에 캬흐타회의가 열려 몽골의 독립 문제를 토의했다. 이듬해 6월에 체결된 캬흐타협정에서 외몽골의 자치가 확인되었지만, 내몽골은 자치의 대상에 포함되지 못했다.

내몽골이 자치의 대상 밖으로 밀려난 배경으로는 제1차 러일협상에서 내몽골이 러시아의 세력범위로 인정받지 못하고, 내몽골에 한인들이 이주하면서 주와 현이 설치되는 등 이른바 '내지화'가 진행되고 있었다는 점을 들 수 있다. 그런데 대우조례에 따르면, 과거의 번부와 내지를 내지로 일체화하여 동등하게 간주하고, 언뜻 보아 '평등'을 지향하고 성의 설치로 이어지는 측면이 있었다. 하지만 이런 일체화는 한인의 확대를 전제로 한 것이어서 내몽골에서도 반발이 있었다.

티베트에서는 1904년 영국군의 침공을 받은 달라이 라마 13세가 외몽골로 도망갔다. 영국과 청은 1906년 4월 27일에 협정을 체결했다. 영국이 티베트에 대한 청의 종주권을 승인하는 대신, 청은 티베트에 대한 영국의 특수 권익을 승인했다. 이 협정 체결로 청은 티베트에 대한 주권을 인정받은 것으로 생각했다. 1910년에 청은 티베트 지배를 강화하기 위해 동티베트 일부를 시캉 성(西康省)으로 만들고, 라싸에 군대를 진주시켰다. 외몽골에서 돌아와 있던 달라이 라마 13세는 그 일로 인도로 망명했다. 중화민국 성립 후 영국군의 호송을 받아 라싸로 되돌아온 달라이 라마 13세는 독립을 선언했다. 중화민국은 승인하지 않았지만, 티베트는 1913년에 외몽골과 상호 독립을 승인하고 공수동맹(攻守同盟)을 체결했다. 그해 영국, 티베트, 중화민국 사이에 시무라회의가 개최되었지만, 영국이 외몽골을 중국 영토의 일부임을 인정하면서도 중국의 티베트에 대한 주권을 명문화하려고 하지 않았기 때문에 문제는 해결되지 않았다.

신장(新疆)의 경우는 이미 1880년대에 성(省)이 설치되어 있었다. 그리고 한인인 양쩡신(楊增新)이 실권을 장악해 베이징정부와도 좋은 관계를 구축하고 있었다.

한편 만주와 한인을 둘러싼 환경도 변화했다. 1920년대까지 팔기제(八旗制)가 유지되고 베이징정부로부터 생활을 보장받았지만, 이런 상황은 상급 귀족에 한정된 것이었다. 만주인과 한인 사이에 존재해 온 여러 가지 규제가 철폐되고 '자유화'되었지만, 그것은 어디까지나 우세한 여건에 있던 한인에게 유리한 자유화였다. 곳곳에서 하급 만주인의 생활은 한층 더 곤궁해졌다.

위안스카이 정권과 '공화' 문제

임시대총통이 된 위안스카이는 탕샤오이(唐紹儀)를 국무총리로 선임했지만 견해 차이로 6월에 사임했다. 그 뒤로도 국무총리나 대신이 빈번하게 교체되었다. 하지만 정부를 지탱하는 관료층에는 별다른 변화가 없었다. 중화민국 베이징정부의 관료는 청의 관료층을 모체로 하고 있었다. 상층부의 만주인은 확실히 자취를 감추었고, 난징에서 일부 관료가 합류했지만 소수에 불과했다. 베이징에서 변한 것은 황제의 권위 실추와 만주인의 몰락 그리고 한인 공무원들이 변발을 자르고 양복을 입은 것, 자금성 주변의 고급 지역에서 만주인이 줄어들고 시가지 남쪽에 모여 살던 한인이

신화궁에 마련된 대총통부 위안스카이는 자금성에서 분리한 중난하이에서 정무를 수행했다
《袁世凱与北洋軍閥》).

도시 전체로 확산된 것 등이었다. 선통제(宣統帝)가 자금성에 계속 거주
하고 있었기 때문에 위안스카이는 자금성 서쪽의 중난하이(中南海)를 분
리시켜, 신화궁(新華宮)에 대총통부를 두고 정무를 수행하게 되었다.

이러한 관료층이나 당시 최강이던 북양육군에 의해 지탱되고 있던 위
안스카이는 열강에게 '실력자'로 여겨지게 되어 정치적·재정적 지원을
받았다.

열강의 입장에서는 중국에서 자신들의 권익을 지키고, 안정된 통상
활동을 보장해 줄 인재가 필요했는데 위안스카이가 거기에 부응했던 것
이다. 한편 '강한 중국'을 바라는 지식인들 사이에서도 위안스카이를 지
지하는 경향이 있었고, 입헌제 지지자들 가운데에도 그에게 기대를 건
이들이 있었다. 이 같은 위안스카이에 대한 기대감은 대총통 권한의 제

한을 전제로 하는 의회 중심의 공화제 지지자의 지향성과는 달랐다. 중앙집권인가 지방분권인가 하는 문제와 함께, 이 무렵 중국에서는 입헌군주인가 공화인가 하는 정치 구상에 대한 충분한 합의가 이루어져 있지 않았던 것이다.

임시약법 53조에는 시행 후 10개월 안에 국회를 소집하기로 되어 있었다. 국회는 임시 참의원을 개조하여 이원제(二院制)로 하기로 되어 있었고, 선거권은 일부의 남성에게만 한정되어 있었다(유권자 4천만 명). 선거에 즈음하여 그때까지 비밀결사였던 중국동맹회는 공개 정당이 되었고, 강령 등의 면에서 타협을 꾀하며 소수 정당을 흡수하여 국민당을 결성했다(1912년 8월). 쑨원은 이사장이었고 실제로는 공화제 추진자인 쑹자오런이 수반이었다. 입헌제를 모색하는 집단은 리위안훙을 수반으로 공화당(共和黨)을 조직했으며, 그 밖에도 량치차오의 민주당, 통일당 등이 있었다.

1912년 12월부터 1913년 2월까지 실시된 국회의원 선거에서는 참의원·중의원 모두 국민당이 압승했다. 쑹자오런은 국민당을 통한 정당 내각을 조직하고, 의회의 힘을 이용해 위안스카이에 맞서려고 했다. 의회의 압력을 경계한 위안스카이는 3월 20일에 쑹자오런을 상하이역에서 암살하게 했다. 이때 쑹자오런의 나이는 31세였다.

위안스카이는 국회의 비국민당계 정당을 진보당(進步黨)으로 단결시켜 국민당에 대항하기도 했다. 나아가 자신의 정권 기반 강화에 사용하기 위해, 1913년 4월 26일에는 국회를 통하지 않고 일본·영국·프랑스·러시아·독일 다섯 나라로부터 염세를 담보로 250만 파운드나 되는 차관(선후차관善後借款)을 받아 냈다.

'중앙과 지방' 문제와
제2혁명

위안스카이는 쑹자오런 암살 및 진보당 조직 등을 통해 4월 8일부터 열린 의회를 자신에게 유리하게 진행시켰다. 이어 6월 9일에는 자신에게 비판적인 장시(江西) 도독 리리에쥔(李烈鈞) 등 지방장관을 파면했다. 이에 반발한 리리에쥔은 중앙정부에 대해 장시의 독립을 선언했고 장쑤, 안후이, 광둥, 쓰촨, 푸젠, 후난 성도 그를 뒤따랐다(제2혁명). 위안스카이가 이들을 진압하자 쑨원이나 황싱 등은 타이완을 경유해 일본으로 망명했다. 10월 6일, 삼엄한 경비 속에 위안스카이는 의회에서 정식으로 중화민국 대총통에 선출되었다. 의회 개최를 중시하는 미국과 라틴아메리카 여러 나라는 이미 중화민국 정부를 승인하고 있었지만 일본, 영국, 프랑스, 러시아 등 열강은 위안스카이가 대총통에 취임한 것을 명분으로 승인했다. 공화제에 대한 찬성과 거부는 바로 외교 문제이기도 했던 것이다.

신해혁명이 각 성이 독립하면서 전개된 것처럼, 중화민국 정부는 원래 각 성의 연합체라는 성격을 갖고 있었다. 임시 참의원을 비롯한 의회도 각 성 대표의 합의제라는 성격이 짙었다. 이러한 성의 자립성은 청조가 안고 있던 문제들을 이어받으며 더욱 강화된 것이라고 생각된다. 청조가 통치하는 동안 황제에 대해 부(部)나 국(局) 같은 중앙 부처와 지방의 각 성이 대등했고, 세제 등의 면에서 중앙·지방 사이의 경계가 명확하지 않았다.

위안스카이는 공화정체를 중시하는 세력과 지방분권을 요구하는 각 성 세력 양쪽 모두와 대치하고 있었다. 제2혁명을 거친 위안스카이에게 각 성과의 합의 형성은 형식적인 것이 되어 가고 있었다. 그래도 합의를 이루는 절차는 필요했고 이후에도 정치외교 면에서 중대한 안건에 대해서는 각 성의 의견을 모으는 형식을 취했다. 지방정부 쪽에서도 중앙으로부터의 자립뿐 아니라 외교 문제까지 포함해 국가의 중요한 안건에 대해서는 자신들의 의견을 중앙정부의 정책에 반영시키려고 한 측면도 있었다. 이 시대의 중앙-지방 관계는 단순한 통일이나 분열의 문제로 보기보다는 지역 통합, 국민 형성 등 국가 통합 구상을 둘러싼 견해의 차이라든가 중앙과 지방의 재정수행이나 군사 등의 권한을 둘러싼 분쟁으로서 보는 것이 타당할 것이다.

위안스카이 정권의 정책 위안스카이는 제2혁명 후 의회가 작성한 헌법 초안에 대해 의회 권한이 여전히 너무 강한 '국회의 전제(專制)'라고 비판하면서 국민당을 해산시키고, 이윽고 1914년 초에는 국회와 성의회까지 해산시켰다. 그리고 그해 5월에는 임시약법도 폐지하고 새로운 중화민국 약법을 정했다. 여기에서는 대총통의 권한이 강화되고 내각을 대신하여 국무경(國務卿)이 설치되었다(쉬스창徐世昌이 국무경에 취임). 또 의회인 입법원은 소집하지 않은 채 대총통의 자문기관으로서 참정원(參政院)이라고 하는 사실상의 의회를 두었다. 나아가 12월에는 참정원의 의결을 거쳐 대총통 선거법을 개정하고 대총통의 임기를 사실상 철폐했다. 지방 제도에서도 지방의회를 해산시키고 각 성 도독의 권한을 줄이기 위해 성(省) 제도를 폐지하려고 했지만 이루지는 못했다.

또 선후차관을 배경으로 강력한 군사력(육군력)을 유지하고, 외교 면에서는 열강들과 조화를 중시하면서 그들이 중국에서 이권을 유지하고 안정된 통상 활동을 할 수 있도록 노력했다. 다른 한편에서는 국제적 지위 향상과 불평등조약 개정에도 의욕을 보였다. 1914년에 예정되어 있던 제3회 헤이그평화회의에 참가하기 위해 준비했고(실제로는 열리지 않고 국제연맹으로 계승된다), 또 1915년에 칠레와 체결한 조약에서는 영사재판권을 명시하지 않은 평등조약을 체결하는 데 성공했다. 이 조약은 서로 최혜국 조항을 담고 있어서 중국이 여러 외국에 부여한 특권이 칠레에도 부여되었다. 따라서 조약 개정에 즈음해서는 칠레와 다시 교섭할 필요가 없게 되었다.

내정 면에서는 법률을 정비하고 교육을 비롯한 갖가지 제도를 제정했으며, 아울러 재정부의 권한을 강화하여 중앙집권화를 촉진했다. 나아가 장젠(張謇)이나 저우쉐시(周學熙)의 힘을 빌리면서 실업진흥 같은 적극적인 경제정책을 실시했다.

2. 제1차 세계대전과 21개조 요구

제1차 세계대전의 발발　1914년 여름, 유럽에서 제1차 세계대전이 발발했다. 주된 전쟁터는 유럽이었지만 이 세계대전은 동아시아에도 커다란 영향을 주었다.

이 전쟁에 대해 위안스카이 정권은 8월 6일 중립을 결정했다. 신축화약의 규정을 통해 유럽 여러 나라를 포함한 열강 군대의 국내 주둔을 인정한 중국은 자신의 영토에서 독일·오스트리아와 영국·프랑스 사이에 전쟁이 일어나는 걸 막아야 했다. 그 때문에 중립을 결정하고 영토 안에서 전투를 금지시켰다. 여기에는 자국 영토 안에서 전투를 승인하고 중립을 선언한 러일전쟁 당시의 정책에 대한 반성도 배경으로 작용했을 것이다. 물론 참전할 경우 중국 국내에 있는 열강의 군대와 싸워야 한다는 점도 문제였다.

한편 호헌운동(護憲運動) 상황에서 내정 문제와 경제 문제를 안고 있던 일본에게 이 전쟁은, 이노우에 가오루(井上馨)의 말처럼 그야말로 "다이쇼(大正) 신시대의 천우(天佑)"였다. 일본의 참전 근거는 영일동맹이었지만, 영국은 일본이 중국에서 권익을 확장하는 것을 경계하여 참전에 찬성하지 않았다. 일본 국내에서도 원로인 야마가타 아리토모(山縣有朋)가 "독일 또한 우리의 친교국임을 잊어서는 안 된다"라며 신중론을 주창했고, 다카하시 고레키요(高橋是淸)가 독일의 전쟁 승리를 확신한 것처럼 참전 반대론이 있었다. 하지만 일본 정부는 가토 다카아키(加藤高明) 외상을 통해 참전을 결정하고, 독일의 산둥 이권(자오저우 만 조차지)을 중국으로 반환하는 것이 목적이라고 하여 영국을 설득하는 데 성공했다.

8월 15일 일본은 독일에게 최후통첩을 보내고 23일에 선전포고했다. 일본은 교전국의 조차지 공격에 대한 합법성을 호소하고, 중국에 대해서 러일전쟁에 준하여 산둥 동부 전체를 교전 지역으로 하도록 압박하여 결국 승인을 얻어 냈다. 일본군(제18사단)은 얼마 안 되는 영국군과 함께 산둥반도에 상륙, 2개월간의 전투를 거쳐 11월 7일에 칭다오를 점령했다. 또 일본은 산둥 동부 전역을 점령하고, 이어서 자오저우 만과 성도(省都)인 지난(濟南)을 연결하는 철도(자오지철도) 연변의 산둥 전역을 사실상 점령했다. 이후 1922년의 워싱턴회의에서 문제가 해결될 때까지 일본은 7년이 넘도록 산둥 성을 통치했다. 그동안 일본인 인구도 2만 명 이상 늘어났다.

21개조 요구 문제　　일본은 가토 다카아키 외상의 주도 아래 1915년 1월 히오키 에키(日置益) 주중국 공사가 위안스카이 대총통에게 직접 5항목 21개조의 요구를 들이댔다. 외무부와 교섭하는 것이 통례인 공사가 대총통에게 직접 요구하는 것은 이례적인 일이었다. 영국 등으로부터 지원이 막혀 일본의 지원을 기대하고 있던 위안스카이 였지만 그 담보라고도 할 수 있는 요구가 이 정도까지 될 것이라고는 예

한예핑매철공사가 경영한 한양제철소(《袁世凱与北洋軍閥》).

상치 못했을 것이다.

　일본 측이 요구한 것은 산둥 이권의 획득(제1호)과, 원래 25년(1923년 중국에 반환)인 뤼순·다롄의 조차 기간을 99년으로 연장, 만철·안평(安奉)철도 이권의 연장 등 남만주 이권 및 동부 내몽골의 이권을 조약을 통해 확실히 할 것(제2호), 그리고 한예핑매철공사(漢冶萍煤鐵公司)를 중일 합병으로 하고, 다예철산(大冶鐵山)의 채굴권을 보전하고, 철광석을 일본의 야하타제철소에 공급할 것(제3호), 중국의 영토 보전과 연안의 항만·도서를 대여나 할양하지 않겠다고 약속할 것(제4호), 마지막으로 희망 조항으로서 일본인 고문을 중앙정부에 들일 것(제5호) 등이었다. 오쿠마 시게노부(大隈重信) 내각으로서는 일본의 기득권을 확실히 하기 위해 또는 연장하기 위해 먼저 조약화한 뒤 국내의 여러 요구 사항을 모으는 방식으로 국내의 정부 비판을 피하려 한 것이다. 또 제5호(항목)는 비공개의 비밀 조항으로, 조약 교섭에서 더 이상 방법이 없을 경우를 대비한 교환 조건이었다.

교섭 기록을 통해서만 보면 2월부터 진행된 조약 교섭은 중국 쪽에 유리하게 진행된 것처럼 보인다. 외교총장 루정샹(陸徵祥), 외교차장 차오루린(曹汝霖) 등은 교섭 경과를 언론과 열강에 전하면서 히오키 공사에게 반박하고 나섰다. 미국과 영국도 특히 제5호(항목)에 대해 강력하게 반발했다.

하지만 정세를 살피던 일본은 5월 4일 교섭 결렬을 전해 듣자, 사흘 뒤 베이징정부에 최후통첩을 들이댔다. 5월 9일 오후 6시를 기한으로 제5호를 제외한 모든 조항의 수락을 요구하고, 만약 수락하지 않는다면 군사행동으로 나아갈 것이라고 통고했다. 그 무렵 일본은 산둥반도에 제18사단이, 관동주에 관동군이, 화북에 지나주둔군이 있었고, 또 산둥과 만주에는 3월에 각각 증파된 2개 사단이 있었다. 그 수는 모두 6만을 헤아렸다. 중화민국은 이들에 맞설 만한 무력이 없었고 또 열강으로부터 지원도 얻을 수 없었다. 펑궈장(馮國璋)이나 돤치루이(段祺瑞) 같은 위안스카이 휘하의 독군(督軍, 각 성의 군사장관)들 가운데에는 일본에 대해 단호한 태도를 보이는 이도 있었고 최후통첩 거부를 요구하는 이도 있었다. 그런데도 위안스카이는 제5호가 포함되어 있지 않은 요구라면 수락할 수 있다고 했다. 결국 5월 9일에 중화민국은 제1호부터 제4호까지 수락하기에 이른다(조약 조인은 5월 25일).

이 조약의 체결은 그때까지 양호한 측면도 있던 중일 관계에 하나의 전환점이 되었다. 동시에 그때까지 중국에서 펼쳐진 국제정치에서 열강과 협조를 중시해 온 일본이 단독 행동을 취하는 계기도 되었다. 물론 그 대가는 결코 작은 게 아니었다. 그럼에도 일본은 열강에 양해를 구하면서 1915년에는 단독 불강화 및 강화 조건에 대한 상호 조건을 약속한 영국, 프랑스, 러시아 간의 런던선언에 가맹했다. 그리고 1916년에는 제4차 러일협상, 이어 1917년에는 미국과 이시이(石井)-랜싱(Robert Lansing) 협정을 체결해 열강이 중국에서 일본의 특수 권익을 인정하게 만들었다.

반일운동과 교과서 문제　일본의 산둥 점령과 21개조 요구는 중국의 도시 지식인과 화교, 유학생들을 강하게 자극했다. 본디 산둥 성은 중국인에게 역사적으로도 매우 중요한 곳이었기 때문에 만주 이권획득 이상으로 격렬한 비판이 일어났다. 이는 국내 사회와 열강에게 정보를 흘리면서 일본과 끈질긴 교섭을 이어 가고 있던 베이징정부의 입장에서 볼 때 유리한 상황이었다. 하지만 이런 운동을 교섭의 방패막이로 삼을 수는 없었다. 결국 최후통첩을 받고 조약에 조인했고, 이를 두고 연약 외교, 매국 외교라는 비판이 쏟아졌다. 정치계에서도 량치차오와 차이어(蔡鍔)가 참정원에서 위안스카이를 강력하게 비판했고, 미국에 망명 중이던 황싱(黃興)도 구국을 위한 구체적인 행동을 제창했다.

　1914년 8월 일본은 독일에 선전포고하고 이튿날 산둥에 상륙했다. 산둥 성과 전국 각지에서 반대운동이 일어났다. 스라바야나 마닐라의 동남아시아 화교는 반일 단체를 조직해 일본 상품에 대한 불매운동을 전개했고, 세계 각지의 중국인(華人) 사회로 확대되어 갔다. 1915년 1월에 21개조 요구의 내용이 언론을 통해 보도되자, 일본에 있는 중국인 유학생도 반대운동을 벌였다. 이때 유일학생총회(留日學生總會) 선전부장이던 리다자오(李大釗)는 〈전국의 부로(父老)들에게 경고하는 글〉을 써 중국에도 발표하며 구국을 호소했다. 또 수많은 유학생들이 집단으로 귀국

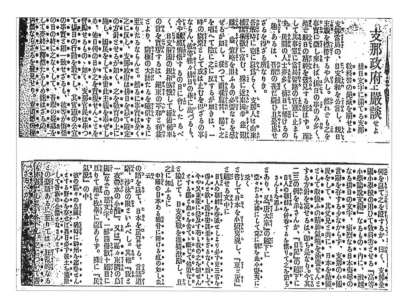

'교과서' 문제를 다룬 기사 '지나 정부에 담판하라'라는 제목이 붙어 있다(《東京日日新聞》 1914년 9월 13일).

하여 반일운동에 참가했다. 1910~1920년대의 유학생들은 학생으로서 운동을 전개하고 있었다기보다 그야말로 운동을 하는 학생이었다. 중국 국내에서는 일본 상품 불매운동과 함께 무기 구입을 위한 구국저축 운동이 전개되었다. 이러한 운동은 신문이나 잡지를 통해서 확산되었는데, 주로 도시의 상회나 교육회 같은 법단(法團)이 추진 주체가 되었다. 베이징정부가 일본의 최후통첩에 굴복하자, 5월 7일과 9일을 국치기념일로 삼았으며 교과서에도 그것을 반영시키려는 움직임이 강화되었다.

　일본을 단일한 표적으로 삼는 이 같은 이른바 '중국 내셔널리즘'에 일본은 민감하게 반응했다. 흥미로운 사실은 일본이 산둥에 상륙한 1914년 8월부터 9월에 걸쳐 중국의 일본계 신문과 일본 국내의 《도쿄니치니치신문》(東京日日新聞), 《오사카마이니치신문》(大阪每日新聞, 9월 13일)

에 중국의 배일(排日) 교과서를 '절멸'시켜야 한다고 주장하는 기사가 실린 일이다. 일본 정부도 베이징정부에 항의했지만 심정(審定, 검정)을 거친 교과서가 아니라 참고용 교재(副讀本)였기 때문에 베이징정부는 책임을 회피하면서 다만 배일 서적은 단속하겠다고 했다. 이 사건은 일본이 중국의 교과서를 문제 삼은 효시라고 할 수 있다. 이후 국제연맹에서도 중국과 일본 사이에 교과서 문제가 도마에 올랐고 전쟁 시기에 이르러서도 문제가 되었다.

하야 후의 쑨원 위안스카이는 중앙집권을 지향하며 공화제에 반대하는 입장을 취했다. 쑨원 역시 중앙집권적이었고 공화제 실시를 장래의 일로 생각한 점에서 위안스카이와 별 차이가 없었다. 따라서 공화제의 실현을 중시한 쑹자오런과 쑨원은 청도 타도라는 점에서는 일치했지만, 타도의 방법과 국가 건설 구상의 측면에서는 현저한 차이가 있었다.

제2혁명 후 이누카이 쓰요시(犬養毅) 등의 주선으로 일본에 피해 있던 쑨원은 1914년 7월 도쿄에서 중화혁명당을 조직하고, 당원들에게 자신에 대한 충성을 맹세하게 했다. 쑹자오런이 주도하던 시기 국민당에서 나타난 노선 대립을 교훈으로 삼은 것 같다. 하지만 쑨원의 독재적 경향에는 반발도 커서 황싱(黃興)은 아예 쑨원을 떠나 미국으로 건너가 버렸다. 그 무렵 쑨원 주변에는 장제스 말고도 광둥 출신의 실업가 쑹자수(宋嘉樹)가 있었다. 쑹자수는 장녀인 쑹아이링(뒷날 쿵샹시孔祥熙의 부인)에게 쑨원의 비서로 일하게 했다. 그런데 쑨원은 미국에서 귀국한 아이링의 동생 칭링(慶齡)을 도쿄에서 만나고는 결혼을 결심하게 되었다.

쑨원과 쑹칭링 왼쪽은 두 사람을 소개
해 준 우메야 쇼키치의 아내(고사카
아야노 소장).

둘은 1915년 10월 우메야 쇼키치의 집에서 결혼식을 올렸다. 일본 측에
서는 미야자키 토텐, 도야마 미쓰루 등이, 중국 쪽에서는 천치메이가 참
석했다.

　그 무렵 위안스카이는 일본 정부에 자신의 정적인 쑨원의 활동을 탄
압해 달라고 요구하고 있었다. 위안스카이로서는 산둥에 군을 상륙시킨
일본 정부에 대해 강경 외교를 주저한 면도 있었을 것이다. 한편 쑨원은
일본의 21개조 요구를 중국의 중대한 위기로 인식하면서도, 그것을 이
유로 일본 정부를 공격하기보다는 오히려 그러한 사태를 초래한 위안스
카이를 비난했다. 또한 쑨원은 일본의 민간에 지원을 요청하여 1915년
3월에는 민간인과 체결한 중일맹약을 외무성에 제시했다. 이 문서의 진
위나 효력에 대해서는 논의 분분하지만, 거기에는 당시 교섭 중이던 21
개조 요구와 비슷한 내용이 포함되어 있었다. 이 일은 외부에 알려지게
되어 쑨원에 대한 비판도 적잖이 일어났다.

황제에 등극한 위안스카이

위안스카이는 의회 권한을 억제하고 임시약법을 무력화하는 데 성공하고 있었다. 그러나 지방분권이나 공화제를 철저하게 실시하라고 요구하는 움직임도 있었고, 한편에서는 북양군 내부에서도 돤치루이와 불화가 점점 가시화되고 있었다. 더욱이 일본의 산둥 점령을 허락하고 21개조 요구를 수락한 일은 군사적으로 어쩔 수 없는 결단이었다고는 해도, 국내의 격렬한 비판을 피할 수는 없었다.

제1차 세계대전이 발발한 뒤에도 위안스카이는 권력 기반의 강화와 중앙집권을 통해 더욱 강한 중국의 건설을 지향했다. 그것은 제제(帝制)의 채용으로 나타났다. 1914년 12월 동짓날, 위안스카이는 베이징의 천단(天壇)에서 공자를 기리는 제사를 올렸다. 이 또한 제제 채용을 향한 하나의 포석이었다고 한다. 그의 중앙집권화에 이론적 근거를 부여하고 있던 인물은 총통부의 법률고문 프랭크 굿나우(Frank Goodnow)였다. 굿나우는 컬럼비아대학 교수를 거쳐 존스홉킨스대학 학장까지 지낸 정치학자였다. 1913년에 카네기국제평화기금으로 중국에 파견되었고 중간에 단절이 있기는 했지만 1915년까지 총통부 고문으로 일했다. 굿나우는 행정 권력 강화의 필요성을 설명하는 제언서를 제출했다.

1915년 6월까지만 해도 위안스카이는 펑궈장이나 량치차오 앞에서 자신이 황제가 되는 것을 부정하고 있었다. 그런데 8월에 굿나우가《아세아일보》(亞細亞日報)에 〈군주와 공화론〉을 발표해 중국의 정치문화와 국민의 자질, 공화제로 급격한 전환이 불러올 위험성 등을 근거로 제제 채용을 지지하고 나섰다. 이에 앞서 4월에는 양두(楊度)가《군헌구국론》(君憲救國論)을 저술하여 제제를 지지했다. 양두는 8월에 위안스카이의 요청을 수락하여 주안회(籌安會)를 조직하고 제제 채용에 대한 지지를

황제에 등극한 위안스카이(《袁世凱与北洋軍閥》).

호소했다. 이 단체에는 옌푸(嚴復)나 류스페이(劉師培)도 포함되어 있었다. 9월이 되자 위안스카이 휘하의 량스이(梁士詒)가 제제 채용을 위한 청원 운동을 일으키고, 거기에 응하는 형태로 참정원이 국민회의를 개최하여 위안스카이가 만장일치로 황제에 추대되었다. 위안은 한 차례 사양했지만 결국은 수락했다. 위안스카이는 국호를 중화민국에서 중화제국(中華帝國)으로 바꾸고, 첫 번째 연호를 홍헌(洪憲)으로 정했다(홍헌 원년, 1916년). 이 연호는 '위대한 헌정'이라는 의미를 드러내는 것이다. 위안스카이는 1915년 12월 동짓날 베이징의 천단에서 '천명'을 받고 황제가 되었다.

제제 채용은 국내에서 격렬한 반발을 불러일으켰고 국제사회의 반응 또한 긍정적이지 않았다. 일본의 오쿠마 수상은 위안스카이의 제제에 불간섭주의를 취했지만 이는 사실상의 승인으로 간주되었다. 하지만 새 외무대신에 이시이 기쿠지로(石井菊次郎)가 취임하면서(가토 다카아키加藤高明는 8월에 사임하고 그 뒤 오쿠마 수상이 겸임) 입장이 완전히 바뀌게 된다. 이시이는 위안스카이의 제제 채택을 반대하고 영국, 프랑스, 러시아와 함께 제제 실시를 연기하라고 주문했다. 위안스카이는 이를 수락하는 한편 제1차 세계대전에 참전함으로써 영국, 프랑스, 러시아가 제제를 인정하도록 하려고 했다. 그런데 일본은 이런 뜻에도 반대했다. 중국이 승전국이 될 경우 산둥의 이권이 위험해질 수 있다고 판단했기 때문일 것이다.

제제 반대운동과
위안스카이의 사망

위안스카이의 제제(帝制) 채용을 둘러싸고 지방분권과 공화제를 주장하는 쪽의 반발은 강력했다. 더구나 중앙집권적인 입헌군주정체 추진을 위해 굳이 '황제'까지 될 필요가 있는가 하는 문제도 있었다. 따라서 위안스카이 주변에서도 제제 채용에는 의구심을 드러냈다. 장젠과 펑궈장은 반대했고, 돤치루이도 회의적이었다. 량치차오 또한 반대 입장을 취하고 있었다.

위안스카이 휘하에 있는 사람 가운데 제제 채용에 대해 가장 크게 반대한 이는 차이어였다. 차이어는 베이징을 떠나 윈난(雲南)을 거점으로 위안스카이에게 반기를 들었다. 이에 대해 리리에쥔(李烈鈞)과 탕지야오(唐繼堯)도 찬동하여 반대 세력은 서남 여러 성으로 확대되었고, 1915년 12월 각 성은 중앙정부에 독립을 선언했다. 신해혁명, 제2혁명에 이어 이번에는 남방의 여러 성이 중앙정부로부터 독립을 선언한 것이다. 이 운동을 가리켜 제3혁명이라고도 한다. 1916년 5월까지 10성이 독립을 선언했다. 더욱이 위안스카이 쪽 지방장관들마저 제제를 정지할 것을 권고했기 때문에 위안스카이는 결국 3월에 중화제국을 폐지했다. 독립을 선언한 여러 성은 위안스카이에게 대총통 사임을 요구했다. 항쟁이 계속되는 가운데 위안스카이는 6월 6일 요독증과 신경성 피로로 인해 사망하기에 이른다.

제2대 대총통에는 부총통이던 리위안훙이 취임했다. 리위안훙은 남방의 여러 성이 임시약법에 근거를 두고 대총통으로 추대한 인재이기도 했다. 리위안훙은 위안스카이 정권하에서 정한 중화민국 약법을 폐지하고 임시약법을 부활시켰다. 그리고 돤치루이를 국무총리로 삼고 위안스카이가 정지시켜 놓은 국회의 기능을 부활시켰다.

위안스카이의 사망과 새 정권의 성립이 제도적으로는 지방분권과 공화제적인 중화민국을 모색하는 전환점처럼 보이지만, 이후 정국은 극도로 혼미한 상황으로 빠져들게 된다.

**지방 독군의
지방 건설**

위안스카이 정권은 북양군과 관료층 그리고 선후차관으로 유지되고 있었다. 그런데 위안스카이가 사망한 뒤 북양군의 통솔력이 느슨해지는 등 베이징정부의 기반이 차츰 흔들리게 된다. 부총통인 리위안훙은 군인 출신이긴 했지만 독자적인 군사력을 갖고 있지는 않았다. 그래서 위안스카이 휘하 북양군의 2대 세력의 우두머리인 펑궈장(즈리파直隷派)과 돤치루이(안후이파安徽派)를 각각 부총통과 국무총리에 임명했다.

북양군을 비롯한 여러 군대의 지휘자들은 각 성의 군사 통솔자인 독군(督軍, 명칭은 시기에 따라 도독 등으로 다양하다) 등과 입장을 같이했다. 그들은 신해혁명, 제2·제3혁명 과정에서 성의 독립을 선언했지만, 결코 중화민국이나 중국을 부정한 것은 아니고 단지 중앙정부로부터 '독립'을 선언했을 뿐이다. 또 평상시에는 중앙정부와 연락을 취하면서 '보경안민'(保境安民), 즉 지역 방위와 민생 안정이라는 차원에서 성의 자주성을 중시하고, 교육과 위생, 실업진흥을 비롯한 여러 근대화 정책을 추진했다. 산시 성의 옌시산(閻錫山), 산시 성(陝西省)의 펑위샹(馮玉祥) 그리고 서남의 탕지야오(唐繼堯) 같은 이들이 대표적인 인물이다. 하지만 그들 대부분은 중국 내셔널리즘의 주도자이기도 해서 일본의 산둥 점령 같은 문제에 대해서는 민감하게 반응했다.

통치자에게 군사력이 요구된 것은 청말 이래 사회의 군사화와 중앙정부가 군사력을 통일·관리할 수 없었던 실정에서 비롯된다. 물론 그때부터 이미 군인이 주도하는 정치에 대해 비판이 있기는 했지만, 20세기 전반 중국에서 군사력의 중요성은 의심할 여지가 없다. 다만 그 군사력이 중앙집권을 지향하는 경우도 있었고, 지방분권의 동력이 되는 경우도 있었다. '군벌'이라는 표현에는 군인이 주도하는 정치에 대해서뿐 아니라 지방분권에 대한 비판의 뜻도 포함되어 있다. 바로 그 때문에 중앙집권을 지향하는 군인 장제스 등이 지방의 군사 지휘자들을 '군벌'이라고 비판했다.

중앙정부의 입장에서 본다면 지방의 군사 지휘자들 대부분은 분명 비판받아야 할 대상이었다. 예컨대 지방정부는 원래 중앙정부로 보내야 할 전부(田賦)와 염세(鹽稅)를 쌓아 둔 채 이금, 아편 등과 함께 재원으로 삼았다. 또 중앙정부에서 무단으로 외국 차관을 얻어 가는 지방 독군도 적지 않았다. 지방 사회에서 발행한 지방채(地方債)나 통화, 갖가지 부가세 징수는 지방 경제의 혼란 요인이 되었고 또 무거운 부담이 되었다. 독군들은 이러한 재원을 기초로 군비를 증강하고 자신의 세력 아래 근대화

정책을 수행했던 것이다.

돤치루이 정권과 니시하라 차관

돤치루이(段祺瑞, 1865~1936)는 독일 유학 경험이 있는 군인으로, 육군총장 등을 역임하며 북양군 후계자의 한 사람으로 주목받게 된다. 돤치루이는 기본적으로 중앙집권 국가를 구상하고 있었는데, 이는 회복된 국회와 대립을 심화시켰다. 의회에 호의적인 리위안훙 대총통은 펑궈장의 지지도 있었기 때문에 점차 돤치루이와 대립했다. 이런 대립을 총통부(리위안훙)와 국무원(돤치루이) 사이의 다툼이라는 의미에서 '부원(府院)의 쟁'이라고도 부른다.

열강 가운데 일본은 일찌감치 돤치루이 정권을 지지했다. 데라우치 마사다케(寺內正毅) 내각에서는, 이른바 조선조(朝鮮組)라 불린 조선은행 총재 쇼다 가즈에(勝田主計)와 그의 개인 비서 니시하라 가메조(西原龜三) 등을 중심으로 중국 정책이 다듬어졌다. 1917년 1월에 결정된 500만 엔의 자오퉁은행(交通銀行) 차관을 비롯하여 그 뒤로도 돤치루이에게 18년에 걸쳐 1억4,500만 엔의 외화 차관과 3,208만 엔어치나 되는 무기를 공여해 주었다. 중국에서 열강과의 협조를 표명하기 위해, 일본은 외교 루트를 통해 차관 교섭을 하지 않고 니시하라가 '개인적으로' 대응했다. 일본 측 은행도 그때까지 중국에 대한 차관을 취급해 온 요코하마쇼긴은행(橫濱正金銀行) 대신에 쇼다 가즈에의 알선으로 일본고교은행(日本興業銀行)·타이완은행·조선은행이 그 역할을 담당했다. 하지만 니시하라 차관은 교섭 수속뿐 아니라 담보도 불충분했기 때문에 결국 변제하지 못하고 그 부담은 일본 정부, 나아가서는 국민에게 전가되었다.

돤치루이 펑궈장과 함께 위안스카이의
기반을 이어받아 베이징정부의 국무총리
를 맡았다(《袁世凱与北洋軍閥》).

중국의 참전 문제　　1917년 1월 독일이 무차별 잠수함 공격을 선언하자
이에 불만이 높아진 미국은 독일과 단교를 결정하고
중국에게도 국교를 단절하도록 압박했다. 3월 14일 돤치루이 정권은 독
일과 국교를 단절했다.

　4월에 참전한 미국은 중국에도 참전을 요구했지만 거기에는 응하지
않았다. 사실 중국은 동맹국인 독일과도 좋은 관계를 유지해 왔다. 문제
는 오히려 협상국과의 관계에 있었다. 1916년에는 프랑스의 톈진 조계
확장 문제가 있었고, 신장에서는 러시아의 카자흐족이 저지른 학살 사
건이 있었다. 또 러시아혁명도 대전의 행방을 불분명하게 만드는 등 전
쟁 국면은 유동적이었다고 볼 수 있다. 그리고 일본도 당초에는 중국이
승전국이 되어 산둥 문제 등에서 발언권을 강화하지나 않을까 경계하고
있었다.

하지만 내정 면에서 보면 참전은 협상국의 돤치루이 정권 지지와 차관의 증가, 독일과 오스트리아에 대한 의화단 배상금의 지불 정지 등 중앙정부에 유리한 측면도 있었다. 또 외교 당국의 입장에서 본다면 전쟁에서 승리할 경우 독일과 오스트리아에 대한 불평등조약 개정, 국권 회수, 두 나라에 대한 의화단 배상금의 삭감, 그리고 설립이 예정되어 있는 국제연맹에 원(原)가맹국의 지위 획득 등 여러 가지 효과가 기대되고 있었다.

하지만 베이징에서는 1917년 5월에 리위안훙 대총통이 돤치루이 총리를 파면했다. 부원(府院)의 쟁에 따른 것이다. 파면된 돤치루이는 독군들을 모아 회의를 열어 각 성이 중앙정부로부터 독립을 선언하게 했다. 리위안훙 대총통은 이런 움직임에 대항하기 위해 당시 아직 변발을 자르지 않고 있던 장쉰(張勳)이라는 인물을 베이징에 들여놓았다. 그런데 장쉰은 리위안훙에게 사직을 압박하고 의회를 해산해 버렸다. 그리고 7월 1일에는 자금성에 있던 선통제 푸이를 황제에 복위시켰다(복벽復辟). 이 복벽 운동에는 캉유웨이도 관여하고 있었다. 장쉰의 복벽 운동 배후에는 중국의 세계대전 참전을 원하지 않은 독일이 있었다고도 한다.

상황이 이렇게 되자 돤치루이 등은 군대를 베이징으로 보내 장쉰과 싸우게 했고, 결국 장쉰은 패배하고 네덜란드 공사관으로 피신했다. 겨우 12일 만에 복벽은 종결되었다. 그 후 펑궈장이 대총통 대리가 되었고 돤치루이는 국무총리가 되었지만 의회는 재개되지 않았다. 그 결과 8월 14일에 베이징정부는 독일과 오스트리아에 선전포고했다.

돤치루이 정권은 비록 참전은 했지만 유럽 전선으로 군대를 파견하지는 않았다. 다만 시베리아 출병에는 가담했다. 또 대전 발발 후 노동력 부족으로 시달리던 프랑스가 노동 복무의 대가로 무상으로 유학생을 받아들이는 정책을 실시함에 따라 수많은 중국인 유학생이 프랑스로 건너 갔다(근공검학勤工儉學). 저우언라이(周恩來)와 덩샤오핑(鄧小平)도 이때 프랑스에서 유학했다.

러시아혁명과 시베리아 출병

1917년에 러시아에서 발발한 2월 혁명과 10월 혁명(러시아혁명)은 중국에도 큰 영향을 끼쳤다. 베이징정부는 열강과 보조를 맞추어 소비에트러시아를 승인하지 않았다. 그 때문에 중국과 러시아가 맺은 조약은 여전히 유효했고 베이징의 러시아 공사관도 계속 남아 있게 되었다. 베이징정부는 이 기회를 틈타 신장과 만주 등지에서 러시아 이권을 회수하려고 했다.

신장 성에는 영국과 러시아가 면책특권을 누리며 무역을 하고 있었다. 성민(省民) 가운데에는 러시아 국적을 취득한 사람도 많았는데 그들은 러시아인과 동일한 권리를 행사하고 있었다. 하지만 중앙아시아에서 적군(赤軍)과 백계(白系)의 항쟁이 격화하자 성장(省長) 양쩡신(楊增新)은 국경을 봉쇄해 버렸다. 그 후 1920년이 되어 타슈켄트 정부가 양쩡신에게 교섭을 요구하자 그는 베이징정부와 연락을 취하면서 일리임시통상조건(伊犁臨時通商條件)을 체결한다.

이에 따라 러시아인에게도 납세 의무가 부과되게 되었다. 또 베이징정부는 갱신 기한이 1921년이던 일리조약의 중지를 호소했으며, 워싱턴회의에서 체결한 여러 조약을 거쳐 러시아인에 대한 감세 조치를 사실상 철폐했다. 이 또한 국권 회수의 성과였다.

만주에서는 베이징정부가 중동철도(中東鐵道)를 따라 파병하여 철도 연선(沿線) 부속지에 대한 주권을 회복했다. 또한 중동철도를 일본이나 미국에 빼앗기는 것을 막았다. 그 후 진행된 중소 교섭에서 중동철도 연선 지구에서 중국 측의 행정권과 철도 보호권이 인정되었고 농지 관리도 회복되었으며 러시아가 만저우리(滿洲里) 등에 설치한 세관도 폐지되었다. 나아가 철도 연선의 러시아인에 대한 과세권도 중국이 획득했다. 하지만 철도 자체의 관리권은 사실상 소비에트러시아 쪽이 장악하고 있었다.

일본은 러일전쟁 후 영일동맹과 3국협상을 배경으로, 러시아와 네 차례에 걸친 러일협상을 통해 상호 이권을 조정해 왔다. 그러나 러시아혁명으로 노선 변경이 불가피해짐에 따라, 러시아 대신 미국과의 협조를 지향하여 1917년 11월에 이시이-랜싱 협정을 체결했다. 일본은 미국이 제창하고 있던 문호개방과 기회균등, 중국의 독립, 영토 보전의 원칙을 수용했고, 미국은 만주에서 일본의 특수 권익을 용인했다. 일본은 혼란에 빠진 시베리아까지 세력권에 끌어넣으려고 했다.

광저우에서 광둥정부가 수립되는 등 국내에 균열이 발생한 가운데 일본의 지원을 받고 있던 돤치루이 총리는 무력으로 중국을 통일하려고 했다. 하지만 펑궈장 대총통은 무력에 의존하지 않는 통일을 모색하고 있었기 때문에 1917년 11월 펑궈장은 돤치루이를 사실상 파면했다. 결국 돤치루이는 내각을 다시 조직하고, 1918년 3월의 국회 선거에서는 일본으로부터 들여온 차관을 자금으로 삼아 매수 공작에 나섰다. 그리하여 자신과 친한 안푸구락부(安福俱樂部)가 국회에서 다수를 차지하게 만들었다(안푸국회安福國會). 이 국회는 펑궈장이 아니라 쉬스창(徐世昌)을 새로운 대총통으로 선출했다. 돤치루이가 약법에 규정된 의회의 강력한 권한을 이용해서 펑궈장을 압박했던 것이다.

1918년 5월 일본과 중국은 몇 가지 협정으로 이루어진 중일군사협정을 체결했다. 이 협정은 독일·오스트리아군은 물론 소비에트 혁명군의 동점(東漸)에 대해서도 중국과 일본이 공동으로 방위를 담당한다는 것이었다. 이에 따라 중국과 일본은 작전 영역을 분담했다. 중국은 (어디까지나 일본과 공동으로) 중부 몽골에서 시베리아 동부까지 분담하게 되었고, 공동작전을 수행하는 일본은 중국에서 군사행동이 한층 더 자유로워졌다. 그러나 이 중일군사협정에 대해서는 도시 지역의 지식인을 중심으로 격렬한 반대운동이 일어났다. 일본은 그해 1월에 이미 시베리아 출병을 개시하고 있었다. 이 협정에 따라 중국군도 블라디보스토크, 하바로프스크, 자바이칼까지 출병했다. 그리고 1919년 베이징정부는 서북 주변사(籌邊使)인 쉬수정(徐樹錚)을 외몽골에 진주시켜 자치를 취소시키고, 이듬해에는 활불(活佛, 라마교의 수장―옮긴이)을 책봉했다. 그러나 1920년의 안즈전쟁(安直戰爭, 안후이파와 즈리파의 전쟁) 후 안후이파의 쉬수정이 외몽골을 떠나자 외몽골은 다시 러시아 세력으로 들어갔다.

1920년 초 시베리아에 파병하고 있던 협상국은 일본을 제외하고 모두 철수했다. 여러 나라들이 점차 소비에트러시아 정부와 교섭을 시작한 것이 배경이 되었다. 또 두 차례에 걸친 대중(對中) 선언(카라한선언―옮긴이)으로 베이징정부도 소비에트정부와 접촉을 시작하게 되는데, 이해 9월에는 구러시아 외교관의 특권을 인정하지 않는 절차에 들어갔다. 이런 조치는 사실상의 국교 단절로 베이징정부는 러시아에 부여한 여러 가지 특권들을 거둬들였다. 이런 권리를 회복하는 문제가 뒷날 대소(對蘇) 교섭의 초점 가운데 하나가 된다. 러시아혁명 후의 중소 관계는 1919년 7월에 발표된 카라한선언(제1차 대중국 선언)부터 설명하는 경우가 많지만, 사실은 그 이전부터 외교 특권과 권익이 대부분 중국에 회수되고 있었다.

1917년 이후 중국에는 두 개의 중앙정부가 존재하게 되었다. 국제사회는 베이징정부를 승인하고 있었지만, 참전 문제와 돤치루이 정권의 여러 정책에 반대한 쑨원과 국회의원 그리고 해군의 일부가 광저우로 이전하여 정부를 조직한 것이다. 여기에는 광시의 루룽팅(陸榮廷)이나 윈난의 탕지야오(唐繼堯)도 참가했으며, 9월 10일에는 광저우에서 쑨원을 대원수(代元帥)로 하는 군정부가 수립되었다. 쑨원은 독일과 제휴를 모색하고 있었지만 9월 13일 형식적이나마 광둥정부가 선전포고를 함으로써 대전에 참여하는 모양새가 되었다.

쑨원은 공화제에 찬성하기는 했지만 그 과제를 장래의 일로 두었다. 군정기(軍政期)에서 훈정기(訓政期, 지도 정당을 통한 정치)를 거쳐 헌정(憲政)으로 이행해야 비로소 공화제가 실현된다고 생각했기 때문이다. 애초에 광둥정부는 실효 지배 영역을 갖지 않은 이른바 망명 정권이었다. 기본 정책은 약법의 수호에 있었으므로 베이징정부에 대해서 호법전쟁(護法戰爭)을 일으키기도 하고 북벌을 주장하기도 했지만, 재원 문제 등도 있어 처음에는 그다지 영향력이 없었다. 이 광둥으로부터의 혁명과 북벌이라는 노선은 쑨원의 기정방침(既定方針)이었다.

그런데 1918년 5월 루룽팅이 무력 통일을 위한 북벌을 주장하는 쑨원을 쫓아냈다. 그때는 남북의 무력 충돌을 우려하는 목소리가 높았고 화평이 제창되고 있었다. 베이징정부 내부에서는 쉬스창 대총통이 내전에 반대했고 돤치루이도 10월 10일에 총리를 사임하게 되었다.

1918년 11월에는 남북의 정전(停戰)이 실현되고, 이듬해 2월부터는 상하이에서 남북화의가 이어졌다. 광둥정부 측은 돤치루이의 참전군을 해산할 것을 요구했다. 참전군은 대전에 참전하기 위해 편성된 군대였지만, 실질적으로는 무력 통일을 위해 조직되었다. 그해 3월 돤치루이가

중국의 제1차 세계대전 승리를 기념하는 '공리전승패방'(公理戰勝牌坊) 의화단전쟁 때 독일에 사
죄하는 의미로 조성한 케텔러 기념비를 이전, 개축했다.

이 군대의 해산을 거부함으로써 남북 교섭은 암초에 걸렸다. 1919년 외
몽골에 진주하여 자치를 취소한 것도 쉬수정이 이끌던 참전군이었다.

중국의 승전   제1차 세계대전은 1918년 11월 11일 독일이 정전협정을
체결함으로써 종결되었다. 협상국에 가담한 중국은 독일
과 오스트리아에 대해 승전국이 되었을 뿐 아니라 강화회의 참가권과
국제연맹의 원(原)가맹국이 되는 자격을 얻었다. 아편전쟁 이후 중국이
열강에 대해 승전한 것은 이때가 처음이었다.

중국 사회에서는 이 승전이 '강권'에 대한 '공리와 공도(公道)'의 승리
라고도 여겨졌다. 공리를 체현하는 사상으로서 윌슨주의에 대한 기대도
높았고, 이번 승리에 의해 불평등조약 개정과 국권의 회수가 이루어진
것이라고도 생각했다. 그중에서도 특히 산둥 문제와 21개조 요구 문제
의 해결은 필연적인 결과라고 생각했다. 그리고 국제연맹은 바로 그러한

공리와 공도를 체현하는 장이라고 여겨지게 되었다. 승전은 중국에 새겨진 역사를 새롭게 쓰는 계기가 되기도 했다. 의화단 사건 때 독일에 사죄하기 위해 베이징 둥단(東單)에 조성한 케텔러 패방(기념비)은 이제 '공리전승패방'(公理戰勝牌坊)으로 이름을 바꾸어 이전, 개축되었다. 독일에 대한 승전을 계기로 의화단 사건의 굴욕을 벗으려 한 것이다.

3. 1910년대의 사회와 경제

언론의 시대 1910년대는 구국과 강국화라는 과제를 위해 국가와 사회가 모색을 거듭하던 시기였다. 앞에서 살펴보았듯이 국가 구상의 면에서도 중앙집권과 지방분권, 입헌군주제와 공화제를 비롯한 여러 형태가 논의되었고, 참고가 될 만한 세계 각지의 사정이 중국에 소개되었다. 이렇듯 다원적 상황이 출현할 수 있었던 것은 베이징정부와 지방정부에서 사회 관리가 비교적 느슨했고, 동시에 그러한 언론을 미디어가 지탱하고 있었기 때문이기도 하다.

이 시기의 언론을 지탱한 것은 교육회, 상회 같은 도시 지역 조직의 담당자들이었다. 그들은 신식 교육을 받거나 외국 유학 경험이 있었고, 지역사회의 질서 유지와 교육·산업 진흥에 관여했을 뿐 아니라 온갖 사회 계몽 활동도 수행하고 있었다.

이후 1920년대 후반부터 국민당이나 공산당 같은 정당이 '선전과 동원'의 방식으로 정당성을 주장하게 되면서 언론은 정치적 배경이나 선전의 성격을 한층 강화하게 된다. 1910년대에도 정치성이나 선전성은 있지만, 무척 다원적인 상황 속에서 변화해 갔다. 량치차오나 장젠 같은 전국의 '명류'(名流)로 일컬어지던 언론인과 지식인의 발언뿐 아니라 각 지방으로부터 오는 발신(發信)도 많이 보인다. 예를 들면 돤치루이에 의한 남북 무력 통일 반대운동처럼 언론이 여론을 형성하며 정치에 대해서도 일정한 역할을 했다.

통전권　　민국 전기(베이징정부 시기)는 의회가 뜨문뜨문 개최되었고, 개최되더라도 뇌물을 통한 매수가 벌어지는 등 공공의 토론 장소로서는 한계가 있었다. 더욱이 지방분권 경향이 있었고, 여러 의견을 집약하는 기능을 중앙정부가 반드시 갖고 있었던 것도 아니다. 그렇기는 해도 여전히 1910년대에는 각지의 언론인이 의견을 다투는 '공론'의 장이 존재하고 있었다. 그중에서도 중요한 것은 통전(通電)이라는 수단이다. 자신의 견해를 전보(電報)로 남북 양 정부, 각 성정부, 각 성의회, 상회 등 여러 단체와 신문사 등 미디어로 일제히 송신하는 행위이다. 그리고 신문이 날마다 그 통전을 (전부는 아닐지라도) 게재했던 것이다.

　이러한 수단을 이용하고 있던 사람은 각 성의 행정장관(성장)과 군사장관(독군), 성의회, 상회와 교육회 같은 조직, 학생 단체, 저명한 개인들이었다. 물론 경비가 들기 때문에 누구나 이용할 수 있었던 것은 아니고 대상도 주로 도시 지역에서 교육을 받은 사람들이었다. 하지만 의회가 열리지 않아도 국가 전체의 과제가 통전 또는 그것을 게재하는 신문 같은 매체에서 토론되었다. 그리고 대도시를 중심으로 통전이 공유되는 공간, 즉 '통전권'(通電圈)이 존재하고 있었음은 부정할 수 없다.

법단과 자치 중앙집권과 지방분권이 민국 전기의 정치적 과제 가운데 하나였음은 앞서 언급한 대로이다. 청말에서 민국 전기까지는 먼저 성내 각지의 사신(士紳)이나 상인들이 점차 성(省)에 집결해 총독·순무 나아가 중앙정부에 대한 자립을 요구하고, 지역 출신자들이 그 지역을 지배하는 '성인치성'(省人治省)으로 전환해 갔다. 물론 성장과 독군이 반드시 그 성 출신자였던 것은 아니지만, 성의회는 지역의 의견을 대변했다. 성의회에는 수많은 법단(法團) 사람들이 참가하고 있었다. 법정 단체를 가리키는 법단에는 상회, 교육회, 농회(農會) 등이 있었는데, 거기에 각지의 사신과 지식인, 신상(紳商)들이 모여 있었다. 그들은 지역의 이해를 대표할 뿐 아니라 저마다 전국 조직을 갖추고 정치적 발언 기회를 늘려 나갔다.

그런데 지방분권이라고는 해도 성과 현은 서로 상황이 달랐다. 중앙정부와 현 사이에 있는 성은 중앙정부가 강력한 집권을 추진하는 경우에는 그에 맞서 지방분권을 외쳤지만, 신해혁명이 성의 자립과 연대·제휴를 통해 진행되었던 것처럼 지역 통합을 통한 국가 건설이라는 지향성도 갖고 있었다. 또한 성의 자립이나 분권의 논리가 군사 세력에 이용당하는 경우도 있었기 때문에 성은 민국 정치를 어지럽히는 근원이라고 비판받았다. 심지어 성제(省制) 폐지를 주장하는 경우도 있었다.

반면 현성(縣城)의 경우 청대에는 국가와 성 그리고 기층 사회가 만나는 접점이었다. 민국 전기에는 청대의 자치를 계승하면서도 현의회가 유명무실한 상태에 빠지면 성의회에 그 이해관계를 대표해 달라고 요구하기도 하고 성 측에서도 현의 통치를 강화하는 등 성과 현 사이에 일정한 긴장 관계가 나타났다. 산시 성의 옌시산(閻錫山)이 실시한 산시촌제(山西村制) 같은 사례는 현과 향촌에 대한 성의 지배를 강화하려는 경향을 보여 준다. 그러나 국가가 현성뿐 아니라 내부까지 본격적으로 통치를 침투시켜 나간 것은 1920년대 후반 국민정부 시기 이후의 일로 보아야 한다.

민족 산업의 발전　　상회를 비롯하여 법단의 발언권이 강화된 것은 1910년대에 중국계 산업, 즉 민족 산업이 활황을 보였기 때문이다. 기업가가 사회에서 발언권을 강화해 간 것이다. 민족 산업이 성장한 배경에는 중앙이나 지방정부가 추진한 실업(失業) 정책, 사회의 실업구국운동 그리고 외자 기업의 기술이전 등이 있었다. 물론 제1차 세계대전으로 유럽계 기업의 활동이 정체되었고, 유럽으로부터 공업 제품 수입이 중단되고 유럽으로 농작물 수출이 활발해진 형편도 있었다. 나아가 산둥 문제와 21개조 요구, 그리고 파리강화회의에서 나타난 문제 등으로 일어난 일본 상품 불매운동 또한 국산 제품의 생산 증가를 이끌어 냈다.

이 시기의 공업은 상하이나 톈진을 중심으로 주로 방적, 제사, 담배, 제분 분야에서 발전하고 있었고, 모직물, 메리야스, 유리, 법랑, 성냥 같은 경공업의 발전도 두드러졌다. 방적업을 살펴보면, 1910년대 초에 인도는 중국으로 면사를, 일본은 면사와 면포를 수출하고 있었다. 그런데 중국의 방적업이 발전하여 태사(太絲) 부문의 경쟁력을 상실하자 일본은 세사(細絲)나 면포 등 부가가치가 높은 제품을 수출하고, 태사에 대해서는 중국에 직접 투자하는 방향으로 전환했다. 말하자면 중국의 값싼 노동력을 이용해서 비용을 절감하려고 한 것이다. 중국에 직접 투자해서 생산하는 일본의 방적공장을 재화방(在華紡)이라고 불렀다. 머지않아

환율 하락으로 일본의 세사 수출이 불리해지자 결국 재화방에서도 세사 생산을 시작하게 된다.

민국 전기의 중국은 기본적으로 은본위제여서 은의 가격 변동이 중국 경제를 좌우했다. 여러 주체가 통화를 발행했기 때문에 통일된 통화는 존재하지 않았다. 지방정부마다 재정 기반을 굳건히 하기 위해 재정적 뒷받침이 없는 지폐를 발행했지만, 액면 이하의 가치로 유통되거나 아예 사용되지 않았다. 따라서 지방정부도 지폐를 마냥 난발(亂發)할 수는 없었다.

민족 산업은 대전(大戰) 경기가 진정된 1922년을 전후해 다시 곤경에 처하게 되지만, 대전 기간에 이룬 발전으로 중국의 경제력은 강화되었고 동시에 소비생활이 향상되고 도시 문화가 발전하는 등 경제·사회 전체에 커다란 변화가 일어났다.

신문화운동　　　다양한 사상 조류가 소개되고 사상계에서는 다양한 문제가 토론되는 등 1910년대의 중국은 그야말로 백가쟁명(百家爭鳴)의 상황이었다. 이런 사상 가운데 하나가 마르크스주의였다.

1918년에는 리다자오(李大釗, 1889~1927)가 《신청년》(新青年)에 〈볼셰비즘의 승리〉를 연재해 인도주의, 민주주의, 사회주의를 찬미했다. 수용 초기에는 사회주의의 내용도 막연하게 받아들여지고 있었고, 러시아 사회민주노동당의 내부 상황도 충분히 파악되지 못하고 있었다.

《신청년》은 1915년 9월에 천두슈(陳獨秀) 등이 창간한 잡지로서(처음에는 《청년잡지》青年雜誌), 1920년대까지 언론계에 영향력을 갖고 있었다. 이 잡지의 기조는 '민주'와 '과학'에 바탕을 둔 중국 사회의 혁신, 구

차이위안페이 중화민국 초대 교육총장을 지냈으며, 5·4운동 시기 학장으로 있던 베이징대학을 신문화운동의 거점으로 만들었다.

사회의 폐단 타파 등이었다.《신청년》은 유교를 비롯한 전통 도덕을 비판하고, 그에 입각해 남녀평등을 요구하는 문장과 구어(口語) 문학을 제창한 후스(胡適, 1891~1962)의 논문을 실었다. 그리고 그 구어 문학을 체현하고 또 사회가 안고 있는 문제들이나 거기에 무관심한 사람들의 문제점을 파헤친 루쉰의 작품을 게재하여 중국 사회의 개혁을 지향하는 신문화운동의 장이 되었다.

　이 시기의 새 사상을 이끈 것은 대학, 특히 베이징대학이었다. 베이징대학은 1898년의 무술변법이 남긴 유일한 유산이라고 할 경사대학당(京師大學堂)을 전신으로 한 것으로, 1912년에 베이징대학이 되었다(학장은 옌푸). 민국 초기 1916년에 교육총장을 지내고 그 후 프랑스에서 근공검학을 경험한 차이위안페이(蔡元培, 1868~1940)가 학장으로 부임했다. 차이위안페이 학장은 베이징대학에 자유주의를 도입하여 인사를 쇄

신하고 천두슈를 문학과장(부장)으로 초빙했다. 천두슈는《신청년》에
깊숙이 관여하고 있었기 때문에 베이징대학에는 후스와 리다자오를 비
롯한 관계자들이 속속 모여 들여 신문화운동의 거점이 되었다. 한편 차
이위안페이는《신청년》계열과는 다른 학자들도 초빙했다. 위안스카이
의 제재 운동에 찬동한 류스페이나 량수밍(梁漱溟) 등이 대표적인 인물
이다. 류스페이와 량수밍은 오히려 고전과 유학의 가치를 인정하는 이들
이었다. 마오쩌둥도 한때 이 대학 도서관에서 사무보조원으로 일했다.

베이징대학에서는 1920년에 덩춘란(鄧春蘭) 등 9명의 여학생에게 입
학을 허가했다. 당시 베이징대학의 분위기를 보여 주는 장면이다. 그 무
렵 도쿄제국대학에서 여자는 청강생밖에 될 수 없었다.

**서양에 대한 동경과
여성 문화**

청조에서 중화민국으로 이행하는 과정에는 여러
가지 연속성과 더불어 사회 풍조의 변화도 나타났
다. 변발을 자르는 행위(단발)와 옷차림의 변화도
그중 하나이다. 상하이의《신보》(申報)라는 신문은 1912년 5월 7일, 베
이징 관료들의 모습을 이렇게 묘사했다.

머리에는 외국제 모자를 쓰고, 금테 안경을 끼고, 입에는 담배를 물
고 있다. 외국의 양모로 만든 양복을 입고 구두를 신고 있다. 식사라고
하면 양식이고 서양식 집에 산다. 그곳의 조명은 전등이고 동(銅)으로
만든 침대에서 잔다. 양탄자나 세면도구, 수건과 화장실 물품은 외국
제가 아니면 쓰지 않는다. 결국 의식주 모두 서양식이다.

전화를 걸고 있는 여성(《中華小說界》 창간호, 1914
년, 武田雅哉,《翔べ! 大清帝国》).

　청의 관료들 다수가 국민정부에서도 계속 일하고 있었는데, 그 모습
에는 어느 정도 변화가 있었을 것이다. 다만 위 기사가 나타내고 있는 것
은 그런 변화에 대한 찬미도 동경도 아니다. 비웃음에 가까운 이 기사는
서양화되고 있는 사회에 대한 경종이라고도 볼 수 있다. 하지만 서양화
를 비꼬는 한편에서 서양 제품의 편리함이나 패션 등에 따른 구매 의욕
을 자극하고 있는 점 또한 부정할 수 없을 것이다.
　전통적인 여성관이 상당히 강했지만 남녀평등이 제창되는 가운데 새
로운 유형의 여성도 나타났다. 상하이 같은 도시에서는 여학생들이 단
발이나 양 갈래로 땋은 머리에 짧은 윗옷과 스커트를 입는 '문명신장'(文
明新裝)의 모습을 함으로써 마치 '신여성'의 대표인 것처럼 보였다. 또한
여학생들은 영화도 즐겼다고 한다. 무성영화를 보려면 자막을 읽어야 했
지만, 서양식 교육을 받은 여학생들은 상하이에 있던 외국인들을 위해

상영하는 영화도 즐겼다. 그리고 영화에 나오는 스타의 옷차림을 흉내 내는 등 서양식 패션이 그녀들의 관심사가 되었다.

농촌 사회   청말에서 민국 전기까지는 중앙과 지방정부가 농촌에 깊숙이 관여한 시기이다. 배상금 지불과 전비 조달을 위해 농촌에 대한 과세를 강화하고, 종래의 전부정세(田賦正稅, 토지에 대한 과세)뿐 아니라 갖가지 부가세를 매겼다.

대체로 징세를 위한 정확한 토지대장은 국가가 일단 작성하면 갱신되지 않는 경우가 많았다. 하지만 실제로는 수수료로 생활하는 무급 사무직원인 서리(胥吏)가 토지대장을 갱신하고 온갖 부정을 저질러 '수수료'를 챙기고 있었다. 내실이야 어떻든 국가의 입장에서는, 정해진 세액이 모이기만 하면 되기 때문에 서리의 부정은 거의 방치되고 있었다. 농민 측에서도 서리와 결합하여 세금을 감면받거나 남에게 전가시켰다.

하지만 청말에서 민국 전기에 걸친 증세에 직면해 이런 식의 징세 방법은 그야말로 기능 불능에 빠져 버렸다. 과세액이 너무 많았고 제도도 여러모로 변화했기 때문에, 서리가 자의적으로 행하는 분배·조정으로는 대응할 수 없게 된 것이다. 이 문제를 해결하려면 변화된 토지와 그 소유자를 국가가 다시 파악해야 했다. 중화민국 베이징정부는 지적(地籍) 정리를 결단하고, 1915년에 경계국(經界局)을 설치하여 실행에 옮겼다. 그때 일본의 지조(地租) 개정이나 타이완과 조선에서 실시된 지적 정리 사업을 참조했다.

하지만 근대국가 건설에 불가결한 이 사업은 정부 내부의 비판뿐 아니라 기층 사회로부터도 강한 반발을 받았다. 국가 권력이 자신의 생활권에 깊숙이 들어오는 것처럼 느꼈기 때문일 것이다. 농촌에 설치된 토지측량 사무소와 측량 기기는 파괴되었고 직원들도 폭행을 당했다. 그리하여 이 사업은 사실상 중지되었다. 한편 각 성정부에서는 앞서 살펴본 옌시산의 경우처럼, 촌제 설치 등을 통해 농촌에 성의 권력을 침투시키려는 시도도 이루어졌다.

5장

국제사회의 변모와 중국

워싱턴회의 1921년 11월부터 1922년 2월까지 중국도 참여한 이 회의에서는 제1차 세계대전
후의 동아시아·태평양 문제가 논의되었다(《袁世凱与北洋軍閥》).

1. 국제사회 속의 중국

파리강화회의　제1차 세계대전에서 승리함으로써 중국은 승전국으로서 강화회의에 참가했다. 이 회의에서 미국이 중국을 지지할 것으로 기대되고 있었다. 윌슨주의에 대한 기대도 있었고 대표단에 미국 유학 경험자가 여럿 포함되어 있던 데다, 미국이 중국의 독립과 영토 보전, 문호개방·기회균등을 지난 20년에 걸쳐 주장해 왔기 때문이다.

1919년 1월부터 개최된 파리강화회의에 중국이 파견한 전권대표단 인원은 52명이나 되었다. 주요 인사는 루정샹(陸徵祥) 외교총장을 비롯하여 왕정팅(王正廷), 구웨이쥔(顧維鈞), 스자오지(施肇基), 웨이천주(魏宸組), 우자오수(伍朝樞) 등이었다. 하지만 실제로 중국에 부여된 자리 수(席數)는 2석뿐이었다(일본 등 5대국 5석, 벨기에·브라질 등 3석, 그리스 등 2석, 쿠바 1석). 파리강화회의에서 분류한 1등국부터 4등국 가운데 중국은 3등국으로 취급당했다. 루정샹은 인구 규모와 유구한 역사, 근공검학을 통한 승전 공헌 등을 들어 2등국으로 취급해 줄 것을 요구했지만 인정되지 않았다. 루정샹은 중국에 할당된 2석을 구웨이쥔과 함께 채웠다.

구웨이쥔(1888~1985) 파리강화회의와 워싱턴회의, 국제연맹에서 중국 대표를 맡는 등 20세기 중국을 대표하는 외교관이었다(《袁世凱与北洋軍閥》).

경험이나 연령으로 볼 때 왕정팅이 될 것으로 예상되었지만, 남방 대표로 간주되어 제외된 모양새가 되었다.

중국 대표는 7개조 의견서를 의회에 제출하여 중국의 참전으로 21개조 요구는 무효가 되었다고 주장하고, 또 불평등조약 개정을 위한 원칙을 인정해 줄 것을 제안했다.

하지만 일본 측도 돤치루이 정권이 21개조 조약 요구를 용인했음을 보여 주는 문서를 제출하며 반론했다. 더욱이 영국·프랑스는 일본과 여러 가지 이권을 상호 승인하기로 합의했기 때문에 형세는 일본에 유리하게 돌아갔다. 중국은 5대국(영·프·미·일·이)에 의한 산둥 공동 관리안도 제기했지만 받아들여지지 않았다.

4월 28일 중국 전권대표단은 산둥 이권을 회수하기란 사실상 곤란하다고 보고, 실질적으로 조약 조인을 거부하는 방향으로 차후 대책을 검토했다. 그런데 산둥 조항 부분만 남겨 두고 조인하는 것은 이미 불가능했기 때문에 조인할 것인가 말 것인가를 저울질했다. 문제가 된 것은 조인의 가부(可否)보다도 베르사유조약 제1조에 있는 국제연맹 가맹을 어떻게 실현할 것인가 하는 점이었다. 즉 조인을 거부한다면 그 자체로 국제연맹에 가맹을 단념하는 것을 의미했던 것이다. 4월 30일 결국 강화회의는 "중국으로 반환하는 것을 전제로" 산둥 이권을 일본에 양도하기로 결정했다.

5·4운동 파리강화회의에서 산둥 문제를 해결하기 어렵다는 소식이 전해지자 중국 사회에는 실망감이 팽배했다. 량치차오도 파리에서 중국으로 이 소식을 전하면서 조인 거부 운동을 일으킬 것을 호소했다. 세계대전에서 거둔 승리를 '강권'(强權)에 대한 '공리'(公理)의 승리라고 생각하고 있던 사람들은, '공리'가 '강권'에 패했다며 공리가 통하지 않는 사태에 분노를 표출했다.

1919년 5월 1일 각 대학 대표들이 베이징대학에 모였다. 3일 밤에는 학생 대회를 개최하고 다음 날인 일요일에 톈안먼 앞에 결집해 운동을 벌이기로 결정했다. 당시 총통부는 중난하이에, 외교부는 자금성 동쪽(오늘날 외교부 거리 부근)에 있었다. 시위대의 목표는 톈안먼 동남쪽에 있는 둥자오민샹(東交民巷)의 공사관 구역이었다. 학생들은 일본을 제외한 4대국의 공사에게 면회를 요구했다. 일요일이어서 각국의 공사관에게 거절당했지만, 미국 공사관만은 서기관이 나와 학생들의 청원서를 건네받았다고 한다. 그들은 경찰에 제지당하면서도 다음 공격 목표를 공사관 구역 북동쪽에 있는 차오루린(曹汝霖)의 저택으로 삼았다. 파리강화

5·4운동에 참여한 베이징의 학생들

회의에서 21개조 요구의 유효성을 증명하기 위해 일본 측이 제시한 돤치루이 정권의 동의서에 차오루린이 서명했기 때문이다. 학생들은 겹겹이 쳐진 경비를 뚫고 차오루린의 저택으로 침입했다. 학생들은 집에 불을 지르고 거기에 있던 주일 공사 장쭝샹(章宗祥)을 구타했다. 경비 측은 학생 32명을 체포하고 사태를 진정시켰다. 장쭝샹을 구출하는 데는 나카에 우시키치(中江丑吉)가 온 힘을 다했다.

그 뒤에도 운동은 계속되었는데, 특히 5월 7일이 국치기념일이었던 사정이 운동을 격화시켰다. 일본에서도 유학생들의 운동이 과격해지면서 경찰과 충돌해 36명이나 체포되었다. 그들을 구출하기 위해 요시노 사쿠조(吉野作造)가 전력을 다했음은 잘 알려져 있다. 베이징에서는 이 사건의 배후에 베이징대학의 차이위안페이 학장이 있다고 의심하는 경

향이 정부 안에 퍼져 있었다. 차이위안페이가 사직하고 베이징을 떠났지만 그의 사직이 정부의 압력이라고 여긴 학생들은 운동을 한층 더 고조시켰다. 또 '구국10인단'(救國十人團)이라는 조직을 만들어 전국 각지에서 산둥 문제에 관한 강연회를 열고 일본 상품 불매운동을 전개했다. 상하이에서는 학생과 지식인뿐 아니라 상점들까지 영업을 중지했고 노동자들은 파업을 일으키기도 했다. 노동자들의 파업으로 외국자본 계열의 공장들이 완전히 멈춰 섰기 때문에 열강들도 이 운동을 제지하고 사태를 수습하라고 베이징정부에 요구하기에 이르렀다.

학생운동을 제지하는 태도를 견지하면서 파리의 전권대표단에게 조약 조인을 지시하는 한편, 베이징정부는 6월 10일 차오루린(교통총장), 루쭝위(陸宗輿, 폐제국幣制局 총재, 전 주일 공사), 장쭝샹(주일 공사) 등을 파면했다. 5·4운동을 거치면서 일본은 중국의 국권을 가장 위협하는 열강, '강권'(强權)의 상징으로 여겨지게 되었다. 차오루린, 루쭝위, 장쭝샹 등은 일본 유학 경험이 있는 '일본통'(日本通)이었는데, 그 뒤로 중국에서 일본통이라는 표현에는 부정적인 이미지가 씌워지게 된다.

일본 상품 불매운동은 더 왕성해졌고, 심정(審定, 검정을 거친) 학교 교과서에도 '국치'라는 글자가 들어갔다. 한편 폭력을 동반한 정의라는 표현이 긍정적 의미로 받아들여지게 된 것도 이 사건의 영향이 크다.

지난날 중국에서는 5·4운동을 근대와 현대의 분기점으로 삼기도 했다. 지금은 이런 구분이 거의 없어졌지만 이 운동이 가져온 여러 가지 변화는 의미가 크다.

대독 강화와 국제연맹 가맹

전권대표단은 비록 베르사유조약에 조인을 거부했지만 국제연맹에 가맹할 수 있는 방법을 모색했다. 본국에서는 5·4운동에 직면한 베이징정부가 오히려 조약에 조인할 것을 요청해 왔다. 파리의 전권대표들에게도 5·4운동 관련 정보는 어느 정도 들어와 있었고, 파리의 중국인 유학생들도 대표들에게 조인 거부를 호소하고 있었다. 그러나 전권대표단의 정책 결정 과정에서 5·4운동보다 중요한 것은 연맹에 가맹할 수 있는 방법을 찾아내는 일이었다. 그들은 오스트리아와 생제르맹조약에 조인할 경우, 제1조에 있는 국제연맹 가맹 조항에 의거해 가맹할 수 있다는 사실을 알아챘다. 이에 6월 28일 대표단은 베르사유조약 조인을 거부했다. 정부의 훈령에 반하는 이 같은 결정은 민국 전기 외교관의 자립성을 보여 주는 사례라고 할 수 있다. 7월 10일 쉬스창은 대총통으로서 이 조인 거부를 추인했다. 중국은 터키와의 셰르부르조약에는 조인하지 않았다. 그 내용에 불평등조약의 요소가 있다는 것이 이유였다.

조약에 조인하지 않았기 때문에 법적으로는 중국과 독일 사이에 전쟁 상태가 계속되었다. 두 나라는 단독 강화 교섭을 추진하여 1921년 5월 20일에 강화조약을 체결했다. 이로써 독일의 한쪽에만 적용되는 치외법권과 관세 자주권, 최혜국대우와 함께 의화단 배상금과 조계를 비롯한 중국에서 누리던 독일의 권익이 폐지되었다. 이 강화조약은 중국이 열강과 체결한 최초의 평등조약으로, 중국의 국권 회수 역사에서 중요한 서막이 되었다. 독일은 이후 중국에게 특별한 우호국이 되고 군사 등에서 여러 가지 협력이 실현되게 된다.

국제연맹과 중국　1931년 9월 18일 만주사변 발발로부터 리튼 보고서 작성, 일본의 국제연맹 탈퇴에 이르는 일련의 과정에서 중국이 국제연맹 이사회에서 발 빠르게 대응할 수 있었던 것은 비상임이사국이었던 덕분이다. 또 위생 사업을 비롯하여 국민정부 시기의 중국이 국제 협력 면에서 국제연맹과 긴밀한 관계를 구축하고 있었다는 사실도 최근 들어 지적되고 있다.

파리강화회의를 즈음해 파리에서는 국제연맹 위원회가 개최되었고, 그 제도에 대한 논의도 이루어졌다. 국제연맹은 총회, 이사회, 사무국으로 구성하고 영국·미국·프랑스·일본·이탈리아 5대국을 상임이사국(미국은 베르사유조약을 비준하지 않아 불참)으로, 4개국을 비상임이사국으로 결정했다. 중국은 일찌감치 비상임이사국을 목표로 삼았기 때문에 유럽, 아시아, 아메리카 등 '대륙별로' 선출하는 방식이어야 한다고 주장했다. 그러나 이 주장은 대다수의 반대에 부딪쳐 실현되지 못했고, 결국 비상임이사국으로 벨기에, 브라질, 그리스, 에스파냐가 선출되었다.

또한 연맹 규약을 심의하는 과정에서 일본은 인종차별 철폐안을 제출하고 규약에 포함시킬 것을 요구했다. 영국 등이 반대하자 일본은 수정안을 다시 제출했다. 그 결과 찬성 16표, 반대 11표가 나왔다. 하지만 미국의 윌슨 대통령이 중요 안건에는 전원 일치가 필요하다면서 이 안을 철회했다. 당시 중화민국 대표는 찬성에 한 표를 던졌다(5대국은 두 표씩 행사했다).

1920년 11월 제1회 국제연맹 총회가 열렸다. 중국 국내에서는 '공리'를 실현하는 장소에서 산둥 문제와 불평등조약이 해결되기를 기대했다. 이를 위해서라도 비상임이사국이 되어야 했다. 중국 대표 구웨이쥔이 지난번처럼 '대륙별' 선출을 제안했고, 이번에는 인정을 받아 중국은 비상임이사국으로 선출되었다(벨기에, 브라질, 에스파냐와 함께).《동방잡지》는 이 결과를 놓고 "국제적 지위가 열강과 대등해졌다"고 논평했다.

이사국이 되면 순번에 따라 의장국이 되기 때문에, 1921년 8월에 열린 제14회 이사회에서는 구웨이쥔이 의장을 맡아 개회식에서 연설했다. 이 또한 중국의 국제적 지위 상승으로 받아들여졌다. 귀국 후 외교총장이 된 구웨이쥔은 국제연맹의 경비 부담 역시 국토의 면적과 인구에 준하여 액수를 결정해야 한다고 주장했다. 경비를 많이 부담함으로써 국제 무대에서 존재감을 드러내려고 한 것이다. 경비 부담과 관련해 국제연맹은 가맹국을 7등급으로 분류했는데, 중국은 영국, 프랑스, 일본을 비롯한 상임이사국과 함께 1등국이 되어 5퍼센트 남짓 경비를 부담하게 되었다.

그러나 국내 정치의 혼란과 재정 파탄 탓에 1923년부터 1926년까지 중국은 비상임이사국으로 선출되지 못했다. 더욱이 재정난으로 경비 지불조차 불가능해졌기 때문에 국제연맹 최대의 경비 체납국이 되었다. 1923년에 산둥에서 발생한 열차 습격 사건, 즉 린청(臨城) 사건도 베이징정부의 통치 능력에 회의를 갖게 만들었다. 돈을 노린 이 사건에서 외국인을 포함한 여객 300명이 인질로 잡혔다. 그리고 국제연맹에서 아편 관련 의결이 이루어진다 해도 베이징정부에게는 그 결정을 이행할 만큼 국내에서 실효 지배 능력이 없다는 점도 문제가 되었다.

그런데 독일이 국제연맹에 가맹하여 상임이사국에 오른 1926년에 연맹이 상임이사국 수를 늘릴 것을 검토하기 시작하자 중국도 그 기회에 상임이사국이 되고자 했다. 이런 시도에 일본은 특별히 반대하지 않았다. 결국 독일 말고는 상임이사국 수가 늘어나지 않았지만 비상임이사국의 숫자는 늘렸기 때문에 중국은 비상임이사국이 되었다. 베이징정부 시기에 중국은 세 차례, 합쳐서 5년 동안 비상임이사국이었다. 그러나 당초 기대했던 산둥 문제와 불평등조약의 경우 국제연맹의 장에서는 해결되지 못했다.

신(新)4국차관단   제1차 세계대전은 중국을 둘러싼 국제정치의 구조를 뒤흔들어 놓았다. 1901년 신축화약 이래 열강의 협조에 균열이 생기면서 일본은 단독으로 이권을 확대하여 산둥 이권과 21개조 요구뿐 아니라 푸젠, 장시 등에서 철도 건설에 착수했다. 또 영국이나 프랑스가 일시적이나마 후퇴하고 미국의 발언권이 강화되고 있었다.

그런 가운데 1918년 7월, 미국은 일본, 영국, 프랑스에 신4국차관단(新四國借款團)을 구성하자고 호소했다. 이는 네 나라가 저마다 보유하고 있는 현재와 장래의 대중국 차관을 일원화하려는 시도였다. 일본도 찬성의 뜻을 보이기는 했지만 거기에서 만몽(滿蒙) 지역은 제외시켰다. 그리고 만주에서 일본의 특수 권익 전체를 다른 세 나라로부터 인정받으려고 했다. 영국과 미국이 강하게 반발했기 때문에 결국 저마다 제외해야 할 사항을 개별적으로 올려 그 차관에서 제외시키기로 했다. 이는 만몽 전체에 대한 일본의 장래 특수 권익이 자동으로 계승될 수 없음을 의미하지만, 한편으로는 이미 확보하고 있는 특수 권익은 옹호한다는 측면도 있었다. 차관단을 둘러싼 일본의 외교는 한편에서는 열강과의 협조라는 워싱턴회의 외교 선례를 따르고 있기는 하지만, 이미 갖고 있는 특수 권익을 옹호하는 측면도 동시에 갖고 있었다.

워싱턴회의 파리강화회의의 주된 의제는 유럽의 전후 처리와 국제연맹이었다. 동아시아·태평양 문제에 대해서는 여전히 과제가 남아 있었다. 첫째, 중국과 독일 사이에 전쟁 상태가 계속되고 있었다. 이 상황은 앞에서 살펴보았듯이 1921년에 두 나라의 강화로 해결되었다. 둘째, "중국에 반환하는 것을 목적으로 한" 산둥 이권이 일본에게 주어졌지만, 중국이 조인하지 않았던 사정도 있어 산둥 이권의 행방이 불분명했다. 셋째, 미국이 조약을 비준하지 않고 국제연맹에도 참가하지 않았기 때문에, 전후 국제 질서에 미국이 어떻게 관여할 것인지가 명확하지 않은 채로 남아 있었다. 넷째, 소비에트러시아(1922년 12월부터 소련)가 파리강화회의에 참가하지 않았다.

거기에서 영국, 미국, 일본 3국은 영일동맹의 해소와 해군 군축 문제를 놓고 1921년 가을부터 워싱턴에서 국제회의를 개최하기로 하고 중국을 초빙했다. 베이징정부는 대표의 한 사람 몫을 초빙장이 오지 않은 광둥정부로 채우려고 했지만, 중국의 정통 정부라고 주장하는 광둥정부는 모든 대표를 광둥에서 파견해야 한다며 거부했다.

중국은 이 회의에 100명이 넘는 대표단을 보냈다. 전권대표는 스자오지(施肇基), 구웨이쥔, 왕충후이(王寵惠)였다. 수행원에는 각 방면의 대표가 포함되었고 그중에는 민간을 대표하는 이들도 있었다. 대표단은 중국 문제를 논의하는 회의 첫 부분에서 스자오지 10원칙(施肇基十原則)을 제출했다. 거기에는 중국의 독립 존중, 영토 보전 등의 원칙과 함께 산둥 문제와 21개조 요구 문제의 해결, 그리고 조약 개정을 위한 포괄적인 방침이 담겨 있었다. 그러나 10원칙은 채택되지 못했고, 미국 대표 엘리후 루트(Elihu Root) 전 국무장관이 제시한 루트 4원칙이 채택되었다. 4원칙이라는 것은 의화단전쟁 이전부터 미국이 제창하고 있던 중국의 독립과 영토 보전, 문호개방과 기회균등을 포함한 것으로 새로울 것이 없었다. 그리고 중국 문제에 대해서는 9개국조약이 체결되었다. 이에 따라 1917년의 이시이-랜싱 협정은 폐기되었다.

9개국조약은 제1조에서 중국의 주권, 독립 및 영토·행정 보존의 존중 그리고 기회균등주의가 강조되었고, 열강이 중국의 중앙정부를 지지하기로 했다. 제2조에서는 중국에 대한 열강의 협조주의를 채택했다. 신축화약 이래 열강의 태도를 확인한 것이라고 할 수 있다. 제4조에서는 세력범위의 설정에 대한 부정적 자세를 드러냈으며, 제5조에서는 철도에 관한 불공평이나 차별을 중국이 인정하지 않기로 결정했고, 제6조에서는 중국이 중립을 선언하는 전쟁에서, 중립국으로서의 입장을 존중한다고 결정되었다.

이 9개국조약은 미국의 문호개방 정책을 기초로 한 것이었다. 중국을 둘러싼 국제정치를 제1차 세계대전 이전의 상황으로 되돌리려고 한 점에서 일본을 억제하는 요소와 현상을 유지하려는 요소를 동시에 갖고 있었다. 하지만 이 구조에 중국이 가세한 것은 20년 전의 신축화약과 큰 차이였다. 9개국조약에는 뒤에 독일이 더해지게 되는데, 중국에게는 점차 다른 나라의 침략을 비판하는 근거로 작용하게 된다. 1930년대에 일본이 만주사변과 루거우차오(盧溝橋) 사건을 일으키자, 중국은 국제연맹과 함께 이 9개국조약 가맹국에게 일본의 조약 위반을 호소했다.

산둥 문제의 해결   워싱턴회의에서는 이 밖에도 해군군축조약(5개국조약)과 태평양의 도서(島嶼)를 둘러싼 조약(4개국조약)이 체결되고 영일동맹은 파기되었다. 중국은 이런 조약들에 가맹하지 않았다. 또한 산둥 문제와 21개조 요구 문제는 9개국조약과는 별도로 협의되었다. 영국에 대한 협조를 기본으로 하는 일본 측은 회의 참가에 즈음하여 산둥 이권을 중국으로 반환하겠다고 결정한 상태였으며, 1922년 2월 산둥 현안에 관한 조약에 조인했다. 산둥의 철도 이권은 15년부(賦, 분할)의 국고 증권에 의해 상각하며, 상환하기까지 일본인 직원을 고용하고 중국과 일본이 공동으로 광산을 경영하기로 결정했다.

21개조 요구의 경우 산둥 이권을 비롯한 대부분의 조항이 이미 실효가 없는 상태였지만 일본 정부는 그 유효성을 주장했다. 특히 원래 25년 기한이므로 1923년으로 반환이 임박해 있던 뤼순·다롄 조차지의 조차 기간을 99년으로 연장한 것에 대해서는 양보하려 하지 않았다. 이것은 기득권을 승인한 신4국차관단의 이념에 부합하는 것이라고 볼 수 있다. 이에 대해 중국 측은 21개조 요구와 관련된 조약들을 개정하거나 폐기해야 한다고 요구했다. 하지만 산둥 문제를 제외하면 중국의 요구는 기본적으로 수용되지 못했다. 일본은 보류하고 있던 21개조 요구의 제5호를 전면 철회하는 등 몇 가지는 양보했지만 조차지는 유지했다. 결국 1945년까지 일본은 뤼순·다롄을 통치하게 된다.

이 밖에도 워싱턴회의에서는 중국의 관세율 인상을 위한 조약도 체결했다. 이 조약은 나중에 베이징 관세특별회의로 이어지게 된다. 그러나 중국 전권대표단이 기대한 불평등조약 개정의 전제가 되는 포괄적 합의에서는 성과를 거두지 못했다.

뤼순·다롄 회수 운동 중국에서는 21개조 요구와 관련한 여러 조약이 완전히 철폐되지 않은 것을 두고 반발이 거세지면서 국권회수 운동과 일본 상품 불매운동 같은 반일운동이 일어났다. 1915년에 체결된 남만동몽조약(南滿東蒙條約, 남만주 및 동부 내몽골에 관한 조약)에서 결정된 만주의 교육권, 상조권(商租權, 남만주 토지 임차권) 그리고 뤼순·다롄의 조차권을 99년으로 연장하는 것이 문제가 되었다. 특히 조차권의 경우 일본이 계승한 러시아의 조차권이 1898년으로부터 25년 기한이었으므로, 원래대로라면 1923년 3월에 회수되어야 했기에 회수 운동이 더욱 과격해졌다.

일본은 열강의 동의를 얻어 가며 조차 기한을 연장시키고 있었다. 하지만 반일운동은 결국 1923년의 여름 전에는 거의 종식되었다. 9월 1일에 일본에서 관동대지진이 발생하자 중국 전역에서 일본을 지원할 것이 제창되어 중일 관계는 일시적으로 호전되는 것처럼 보였다. 그러나 그후 저장 성 출신 화공(華工, 중국인 노동자) 수백 명이 도쿄의 조토 구(城東區, 현재의 고토 구江東區) 오시마마치(大島町)와 가나가와 현(神奈川縣)의

아시가라(足柄)에서 학살당한 데다, 그 사건을 조사하러 가던 유학생 조직의 지도자 왕시텐(王希天)이 경찰에 살해당한 일이 알려지면서 또다시 일본 비판에 불이 붙었다. 이 사건의 배경에는 일본 측의 중국에 대한 멸시도 있었지만 노동력 이동에 따른 문제도 있었다. 화공들은 천재지변과 불황에 빠진 중국의 경제 상황에서 돈벌이를 위해 일본에 와 있었다. 값싼 노동력에 대한 일본 노동자의 반발이 불러온 사건이라고도 볼 수 있을 것이다.

이러한 반일 풍조가 강화되는 가운데, 일본은 중국에 '대지(對支) 문화사업'이라는 문화 외교를 펼쳐 사태를 타개하려고 했다. 미국은 이미 의화단 배상금을 중국에 대한 문화사업에 활용하여, 수많은 우수 유학생을 양성하는 등 중미 관계는 양호했다. 재정 곤궁 때문에 일본에 의화단 배상금을 지불유예해 줄 것을 요구하고 있던 베이징정부도 일본의 문화사업에 응했다. 1923년 양국은 의화단 배상금의 잔액과 산둥철도 보상금을 기초로 한 특별회계를 편성하여 사업을 실시하기로 했다. 구체적으로는 인적 교류(일본 유학 장려 등), 교육(동아동문관東亞同文館 등), 조사 연구(연구소와 도서관 설립 등)를 구상하고 있었다. 1924년 주일 공사 왕룽바오(汪榮寶)와 데부치 가쓰지(出淵勝次) 대지문화사무국장(對支文化事務局長)이 교환한 각서로 사업 실시가 결정되었다. 사업 명칭은 중국 쪽 의향을 수용해 동방문화사업으로 했다.

이에 따라 베이징에는 인문과학연구소가, 상하이에는 자연과학연구소 등이 설립되었다. 하지만 이 사업은 문화 침략이라고 비판받았고 만주에서 교육권 회수 운동 등은 수그러들지 않았다.

워싱턴회의로 형성된 영·미·일 협조 체제를 가리켜 '워싱턴 체제'라고 부른다. 중국은 9개국조약을 통해 이 체제 아래 놓이게 되었다. 그러나 중국에서 워싱턴회의에 참가한 쪽은 베이징정부이며, 1920년대 전반에 점차 세력을 갖게 된 광둥정부는 거기에서 제외되어 있었다. 또한 국내의 국권회수 운동의 입장에서 본다면 이 체제야말로 열강의 기득 권익을 보장하는 것이었다.

베이징정부는 이 체제하에서, 예를 들면 1922년 12월에 산둥현안세목협정(山東懸案細目協定)과 산둥현안철도세목협정(山東懸案鐵道細目協定)을 체결하는 등 산둥 문제를 처리하고, 또 관세특별회의에 기대를 걸었다. 그러나 이 체제가 베이징정부를 적극적으로 지지한 것은 아니다. 예컨대 프랑스는 의화단 배상금에 대해서 이미 가치가 폭락한 프랑으로 상환하는 것을 인정하지 않고 금태환(金兌換)이 가능한 기존의 고액 프랑으로 변제를 요구하면서, 베이징정부가 요구를 받아들일 때까지 관세특별회의 개최를 거부했다. 이래저래 관세 인상을 실현할 수 없게 된 베이징정부는 재정적으로도 파탄에 이르고 있었다.

워싱턴 체제는 중국에서 이권을 둘러싼 열강 간의 협조 체제였는데, 거기에서 제외된 것은 광둥정부만이 아니었다. 예를 들면 소련과 독일(뒤에 9개국조약에 가맹)이 그러했다. 따라서 이 체제는 영·미·일 간의 협조 체제였는지는 몰라도, 독일이나 소련과도 관계를 맺고 있던 중국의 입장에서 본다면 자신이 관련된 국제 관계의 하나일 뿐이었다.

1926년에 광둥정부가 북벌을 개시했을 때, 이 '체제'는 9개국조약에 조인했던 베이징정부를 지원해 주지 않았다. 결국 베이징정부는 1928년에 멸망하고 만다. 그리고 영·미·일의 협조 체제인 워싱턴 체제는 1931년에 발발한 만주사변으로 사실상 붕괴되었다.

2. 소련의 출현과 사회주의 수용

**소비에트러시아와
베이징정부**

소비에트러시아는 두 차례에 걸쳐 선언을 발표하여 제정 러시아가 갖고 있던 중국에서의 이권을 포기한다고 했다. 1919년 7월 25일 카라한선언(제1차 대중국 선언)을 발표해 제정 러시아가 체결한 모든 비밀 조약을 파기하고, 중동철도를 비롯한 중국에서의 권익을 조건 없이 반환한다고 했다. 1920년 6월 극동공화국(1920~1922, 일본군의 시베리아 출병 시기에 일본군과 소비에트러시아 사이에 완충국으로서 존재한 국가—옮긴이)은 소비에트러시아의 내부 지시로 유린 사절단을 중국에 보내 제정 시대에 체결된 조약들에 대한 폐기를 전제로 국교 수립을 제안했다. 한편 중국 쪽에서도 장스린(張斯麐)을 러시아에 파견했다. 장스린은 레닌과 회견했고, 장스린을 통해 레닌의 대중국 선언이 베이징에 전달되었다. 이 단계에서는 모든 불평등조약이 철폐되고, 중국에서 러시아의 권익이 포기될 거라는 낙관론도 존재했다. 1920년 9월 27일, 소비에트러시아는 제2차 대중국 선언을 발표해 제1차 대중국 선언의 내용을 준수할 것과 그에 의거한 국교회복을 요구했다.

그러나 워싱턴회의 개시 후인 1921년 12월, 소비에트러시아 정부는 파이스케 사절단을 중국에 보내 베이징정부와 정식으로 교섭하기 시작했다. 그때 러시아 측은 기존의 대중국 선언을 승인하기는 하지만, 그 진의는 중국에서 갖고 있던 권익을 전면 철폐하는 데 있는 것이 아니라 새로운 조약을 체결하는 데 있는 것이라고 설명했다. 이번의 사절 파견 또한 9개국조약이 체결되기 전에 중동철도 문제를 해결하기 위해 기획한 것이었다. 중동철도와 관련해 중국 측은 이미 실질적인 국권 회수를 진전시킨 상황이었기 때문에 교섭에는 응하지 않고, 오히려 몽골 문제(1921년 6월에 소비에트러시아군이 외몽골에 진주)의 해결을 과제로 삼았다. 결국 교섭은 진전되지 않았다.

9개국조약 체결 후인 1922년 8월, 소비에트러시아 정부는 아돌프 요페(Адольф Иоффе)를 중국으로 보냈다. 그러나 중소 쌍방의 요구가 평행선을 달려 결국 교섭이 좌절되고 말았다. 요페는 무상으로 중동철도를 반환하려고 한 기존의 대중국 선언을 부인했다. 그리고 소비에트러시아와 몽골의 소몽우호조약(蘇蒙友好條約)은 중국의 주권을 침해하는 것이 아니라고 선언했다. 베이징정부와 교섭을 단념한 요페는 상하이에서 쑨원과 회견하고 1923년 1월에 쑨원-요페 선언을 발표했다.

그해 9월 소련 대표 레프 카라한(Лев Карахан)이 중국을 방문하여 대중국 선언을 발표했다. 카라한은 과거 선언들의 정신은 아직도 살아 있다고 하면서도, 중소 국교회복에 그 어떤 조건도 존재해서는 안 된다고 함에 따라 또다시 교섭은 난항에 빠졌다. 중국 측은 몽골 문제나 중동철도 문제의 해결을 국교회복의 조건으로 삼으려 했고, 소련 측은 우선 국교를 회복하고 나서 중동철도 문제 등에 관한 새 협정을 체결하려고 했다. 그러나 1924년이 되자 광동정부와 소련의 접근이 현저해졌고,

여러 열강들도 소련과의 관계를 수정했기 때문에 베이징정부 또한 대소(對蘇) 국교회복으로 결단을 내렸다. 교섭 담당은 왕정팅(王正廷)이었고 뒤에 구웨이쥔에게 계승되었다. 격렬한 교섭 끝에 1924년 3월 4일 왕정팅과 카라한은 중소협정에 가(假)조인하고, 5월 31일에 구웨이쥔과 카라한이 정식으로 중소협정 및 중동철도잠정관리협정에 조인했다. 이 문서가 공표되지는 않았기 때문에 소련이 중국에서 특권을 방기한 것으로 생각하고 많은 사람들이 소련을 지지했다. 하지만 사실 소련은 중국에서의 특권을 포기하지 않았다.

이 조약에서 소련이 명확하게 포기한 특권(조계, 의화단 배상권, 영사재판권 등)은 이미 베이징정부에서 회수한 바 있는 국권일 뿐이다. 그리고 통상조약, 관세, 국경 문제, 항행 등 교통 문제와 중동철도, 외몽골 문제 등에 대해서는, '회의에서' 해결하기로 되어 있었다. 이는 곧 앞으로 벌어질 교섭에서 결정한다는 말이다. 더욱이 중동철도를 둘러싸고 소련은 장쭤린(張作霖)과도 협정을 체결하는 등 이권을 유지하기 위해 노력하고 있었다.

이후로도 중소 간에 여러 가지 교섭이 있었지만, 중국 국내의 정치적 혼란도 있어 그때마다 새로운 문제들이 제기됨에 따라 교섭은 진전되지 못했다. 결국 몇 가지 전문위원회가 설치되기는 했지만 문제의 최종적인 해결에는 이르지 못했다. 만주의 철도 이권에 대한 소련의 끈질긴 집착은 1954년 제2차 세계대전 종결을 전후한 시기에도 내비치고 있다.

중소협정과 광둥정부 처음에는 망명 정권에 지나지 않았던 광둥정부였지만 점차 광저우 시, 광둥 성 나아가 남방에서 실질적인 구심력을 가진 존재가 되어 갔다. 하지만 그 수반 쑨원의 지위는 처음부터 불안정했다. 쑨원은 1922년에도 천중밍(陳炯明)과 벌인 정쟁에서 패배해 광저우에서 쫓겨나 상하이로 옮겨 가 있었다. 상하이에 거주할 당시 발표한 것이 바로 앞에서 나온 쑨원-요페 선언이다. 여기에서 소련은 쑨원에게 원조할 것을 약속했고 그 대가로 쑨원은 중동철도의 반환을 명기하지 않은 대중국 선언에 근거해 중동철도 문제를 해결하고자 했으며 소련군의 몽골 진주를 인정했다. 소련이 광둥정부에 접근한 것에는 베이징정부를 견제하려는 의도도 있었을 것이다. 이후 광둥정부는 베이징정부를 가리켜 미국과 영국을 추종하고 있다고 비판했다.

1923년 쑨원은 이미 광저우로 돌아와 있었는데, 광둥의 세관 수입을 둘러싸고 한창 열강과 문제가 발생한 가운데 코민테른의 보로딘(Михаил Бородин)이 광저우를 방문하자 쑨원은 소련에 더욱더 접근했다. 사상적인 면에서도 쑨원이 1906년 이래 주창해 온 삼민주의(민족·민권·민생)에서 '평균지권'(平均地權)을 중심으로 한 민생주의가 사회주의 사상과 친화성이 있었기 때문에 그다지 모순을 느끼지 않았던 것 같다.

하지만 결국 소련은 베이징정부와 국교회복 교섭을 타결시켰다. 소련의 입장에 서 있던 중국공산당은 물론 쑨원도 교섭 타결을 이해하는 태도를 보였다. 그러나 원래 '경자유경전'(耕者有耕田, 토지 경작자가 토지를 소유한다)이라는 이념에 기초한 토지개혁 등에서 보로딘의 사상에 의구심을 품고 있던 국민당 우파는 베이징과의 협정 체결에도 강력히 반발했다.

소련에 대응하는 문제를 둘러싸고 국민당 내부에는 분열 양상이 나타났다. 당 중앙은 쑨원의 노선에 따라 '중국국민당의 중소협정에 대한 선언'을 발표하여 우파를 억제할 수밖에 없었다. 베이징정부와 소련 사이

리다자오 중국 마르크스주의의 태두이며,
1921년에는 천두슈와 함께 중국 공산당을
결성했다.

에 맺은 협정 내용이 공표되지 않았기 때문에 쑨원의 자세와 국민당의
선언은 소련에 호감을 가진 사람들에게 긍정적으로 받아들여졌다. 그들
은 소련이 불평등조약 개정과 반제국주의에 획기적인 일보를 내디뎠다
며 환영했다.

마르크스주의 수용 러시아혁명은 중국의 사상계에도 커다란 영향을 주
었다. 중국에서 초기 마르크스주의 수용은 일본을
경유한 것으로 보인다. 예를 들어 이미 1919년 전반에《신보》(晨報)를 통
해 천푸셴(陳溥賢) 등이 가와카미 하지메(河上肇) 등 일본의 마르크스주
의에 관한 글을 소개했다. 또 리다자오(李大釗)는 1919년 여름에 〈나의
마르크스주의관〉의 전반부를 발표했다(후반부는 이듬해에 발표). 이 문헌

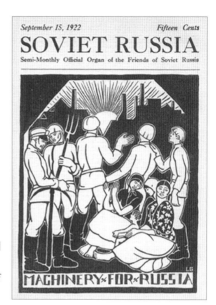

미국에서 발간되던 사상 잡지 《소비에트러시
아》 《신청년》에 영향을 준 이 잡지는 1921
년 미국에서 설립된 FSR(The friends of
Soviet Russia)의 기관지였다.

은 가와카미 하지메와 후쿠다 도쿠조(福田德三)로부터 영향을 받은 것이
라고 한다.

　사회주의에 대한 관심은 1920년에 카라한선언이 전해지면서 한층 고
조되었다. '공리'와 '강권'의 대립 속에 파리강화회의에서 '강권'(일본)
이 승리한 것에 실망해 있던 지식인들은 사회주의를 '공리'로 받아들였
을 것이다. 5·4운동 후 베이징을 떠나 있던 천두슈(陳獨秀)는, 전통적 가
치에 대한 비판에 앞서 나아갈 길로 마르크스주의에 주목했다. 그는 다
시 발행된 《신청년》을 통해 마르크스주의를 적극적으로 소개하고 선전
했다. 《신청년》에 발표된 글들은 미국에서 발간되던 사회주의 사상 잡지
《소비에트러시아》의 영향을 강하게 받고 있었다.

　하지만 초기의 사회주의 수용 방식은 다양했다. 일본이나 미국 등 여
러 지역의 사회주의 수용의 영향을 받았을 뿐 아니라, 중국 자신의 이상

적 세계관인 대동(大同)과 포개어 이해하는 경향도 있었으며, 아나키즘적인 지향성도 있었다. 더욱이 당시 마르크스주의에 관심을 보인 것은 뒷날 공산당에 집결한 자들뿐이 아니었다. 거기에는 다이지타오(戴季陶) 같은 국민당 간부나 국민당계 노동단체도 포함되어 있었다. 이에 더해 중국의 마르크스주의는 제2인터내셔널과 관계가 깊지 않았다. 이런 상황은 결과적으로 코민테른의 영향을 강하게 받아들이게 만들었다.

코민테른과 중국공산당 중국과 관계를 구축하려 한 것은 소비에트러시아 정부만이 아니었다. 러시아 공산당과 공산주의의 국제 조직인 코민테른 또한 중국에 관여하려고 했다. 특히 코민테른에서는 1920년 제2회대회에서 '민족·식민지 문제에 관한 테제'를 채택하여 식민지 등의 민족주의를 지원하기로 결정했다. 이에 그레고리 보이틴스키(Григорий Войтински)가 중국에 파견되었다. 보이틴스키는 베이징에서 리다자오와 회견한 뒤 그의 소개로 상하이로 가 천두슈와도 만났고, 그곳 프랑스 조계에 코민테른의 임시 출장기관을 만들었다. 1920년 6월 상하이에서 천두슈가 중심이 된 사회공산당(상하이공산주의소조上海共産主義小組)이, 8월에는 사회주의청년단이 탄생했다. 11월에 광둥정부의 초빙을 받아 광저우로 가기 직전 천두슈 등은 '중국공산당선언'을 기초하고,《공산당》을 간행했다.

이 밖에도 상하이에서는 국민당계 노동단체였던 중화공업협회(中華工業協會)와 전국학생연합회가 대동당(大同黨)이라는 정당을 만들었다. 그 배후에는 코민테른이 파견한 조선인 활동가가 있었다고 한다.

이윽고 상하이뿐 아니라 중국 곳곳에서 좌파 정당이 잇따라 탄생했

다. 광저우에서는 아나키스트가 우세였는데, 천두슈가 광둥정부에 초빙
되면서 사상투쟁이 일어났다. 또 후난 성의 창사(長沙)에서는 마오쩌둥
(毛澤東)을 중심으로 운동이 전개되고 있었다. 마오는 1919년 7월,《샹
장평론》(湘江評論)에 〈민중의 대연합〉을 발표하여, 노동자들이 소연합을
많이 만들고 그것을 하나로 합쳐 대연합을 이루어야 한다고 주장했다.
그는 1921년에 후난사회주의청년단을 조직한다.

1921년 6월 22일, 제3회 코민테른 대회에 천두슈 등 중국공산당은 대
표를 파견하여 코민테른으로부터 '중국의 공산당'으로서 승인받았다.
같은 달에는 코민테른의 새 대표인 마링(Maring) 등이 상하이에 도착했
다. 마링은 중국공산당대회의 개최를 촉구했고, 7월 23일에 중국공산당
제1회 전국대표대회가 상하이의 프랑스 조계에서 열렸다. 이때 모인 전
국 대표는 13인이었다. 상하이 대표 리한쥔(李漢俊)·리다(李達), 베이징
대표 장궈타오(張國燾)·류런징(劉仁靜), 광둥 대표 천궁보(陳公博)·바오
후이성(包惠僧), 우한 대표 천탄추(陳潭秋)·둥비우(董必武), 창사 대표 마
오쩌둥·허수형(何叔衡), 지난 대표 덩언밍(鄧恩銘)·왕진메이(王盡美),
일본 유학생 대표 저우포하이(周佛海)가 바로 그들이다.

이 밖에 마링도 참가했다. 다만 천두슈는 광둥정부에 있고 리다자오
는 베이징에 있었기 때문에 참가할 수 없었다. 이 회합은 조계 경찰의 감
시망에 포착되어 마지막 날에는 회합 장소를 저장 성 자싱(嘉興)의 남쪽
호수로 옮겼다. 거기에는 천궁보와 마링이 시간에 맞춰 오지 못했다. 그
때문에 제1회 당대회에 참가한 대표는 12명이라고도 한다. 또 중국공산
당에서는 오랫동안 창립 기념일을 7월 1일이라고 해왔는데, 실제로는 7
월 23일이 제1회 대표대회의 개최일이다.

대표대회에서는 천두슈를 위원장으로, 저우포하이를 부위원장으로

선출했다. 장궈타오는 조직부장, 리다는 선전부장이 되었다. 이때 전국의 당원은 50명이라고도 하고, 57명이라고도 한다. 당시 12명의 대표 가운데 중화인민공화국 건국 선언 당시 톈안먼 위로 올라간 이는 마오쩌둥과 둥비우뿐이다. 공산당의 역사에도 상당한 변용과 단절이 있었다고 볼 수 있을 것이다. 예를 들어 초기의 공산주의 수용과 공산당 형성에 지대한 역할을 했던 리다자오는 1927년의 난징 사건 후, 장쭤린 정권이 벌인 소련 대사관 수색 당시 체포되어 살해당했다. 또 중국공산당의 초대 위원장이었던 천두슈는 1927년에 우경 기회주의자로 비판받고 2년 뒤 당적을 박탈당했다.

노동운동의 고양과 탄압　제1차 세계대전 후 유럽 경제가 부흥하기 시작하자 중국의 민족 산업은 다시 위기에 직면하게 되고, 1922년에는 심각한 불황에 빠지게 되었다. 밀을 비롯한 곡류의 유럽 수출이 저조해졌고, 유럽 제품의 부흥에 따라 모직물 생산 등 1910년대 후반에 호황이던 부문 또한 불황에 빠졌다. 관세 자주권을 상실한 상태에서 중국은 관세율을 올려 대항하는 것도 불가능했다. 또 일본 자본의 재화방도 한층 더 활발해지면서 '중국의' 방적업에서 주요 부분을 구성하게 되었다. 이것도 중국계 방적 기업을 압박했다. 그에 따라 기업의 도산이나 실적 부진에 따른 임금 체불, 미지급이 발생했다.

이러한 상황에서 1922년에는 노동자가 임금인상 투쟁을 위해 파업에 돌입하는 상황도 일어났다. 파업은 방적업 부문에만 한정되지 않았다. 중국공산당 당원의 지도로 이루어진 홍콩 해원공회(海員工會)의 5천 명 규모 파업은 계엄령이 공포되는 사태까지 초래했고, 결국 임금 인상과 대우 개선에 성공했다. 중국 국내에서도 후베이 성의 일본계 한양제철소에서 파업이 발생했다. 그리고 웨한철도(粵漢鐵道) 등의 철도 노동자나, 국민당이 지도하는 영국계 카이란탄광(開灤炭鑛)에서 1만 명이 넘는 규모의 파업 등 광산 노동자의 행동도 눈에 띈다. 이들 파업은 웨한철도 노동자 전체를 포괄하는 웨한철로총공회(粵漢鐵路總公會) 같은 조직화로 이어지기도 했다.

하지만 이러한 노동운동의 확대가 곧바로 공산당을 비롯한 좌파 세력의 확대로 이어진 것은 아니었다. 훗날 중국공산당이 국민당에 승리했다는 이유로 그 영향력을 과거로 거슬러 올라가 과대평가해서는 안 된다.

외국자본 계열의 기업에서 발생한 파업의 경우 사회 전체의 지지를 받기도 했지만, 민족계 기업일 경우에 상황은 달라질 수 있다. 1923년 2월 우페이푸(吳佩孚)가 기반으로 삼고 있던 징한철도(京漢鐵道)에도 노동운동이 파급되어 총파업이 발생하자 우페이푸는 탄압을 가하여 32명을 살해했다(2·7참안慘案).

3. 두 개의 중앙정부와 연성자치

돤치루이와
세 파벌

1919년부터 1920년대 중반까지 중국의 국내 정치는 베이징정부와 광둥정부라는 두 개의 중앙정부, 그리고 창장 강 유역의 연성자치(聯省自治)의 움직임으로 크게 구분할 수 있다. 이 가운데 광둥정부가 점차 우세해지면서 북벌을 성공시켰다.

위안스카이 사후에 돤치루이와 펑궈장(馮國璋)이 후계자 다툼을 벌인 결과 돤치루이의 우세로 끝났음은 앞서 살펴본 대로이다. 돤치루이는 안후이파(安徽派), 펑궈장은 즈리파(直隷派)를 대표하고 있었다. 펑궈장은 1919년에 병사했고 그의 후계자로는 차오쿤(曹錕)과 우페이푸가 있었다. 그들은 모두 북양군 계통이었는데, 1910년대에 동북에서는 북양군 계통이 아닌 지방군 출신의 장쭤린이 등장했다(펑텐파奉天派). 일본은 동북의 이권을 확실하게 하기 위해 장쭤린을 지원했다.

즈리파는 안후이파에 대항하기 위해 1920년 7월 장쭤린과 손잡아 안후이파를 타도하고 베이징정부를 장악했다(안즈전쟁安直戰爭). 그런데 패배한 안후이파는 참전한 서북변방군(西北邊防軍)을 해체해 버렸고, 그 후로도 어느 정도 세력을 유지했다. 워싱턴회의는 바로 이러한 전쟁의

와중에서 개최되고 있었다. 1922년에는 평톈파가 즈리파와 맞붙어 결국 즈리파의 승리로 돌아갔고, 장쭤린은 자신이 거점으로 삼고 있던 동북 지역으로 후퇴했다(제1차 평즈전쟁奉直戰爭).

이 시기에는 북부에서 중부에 이르기까지 군사력이 차츰 즈리파, 안후이파, 평톈파 세 세력으로 수렴되어 갔다. 이들에 대해 광둥정부나 반드시 광둥정부에 속하는 것은 아닌 남방의 군사 세력이 대치하는 상황이 되었다. 이런 세력들이 몇 년 간격으로 일으킨 전쟁으로 정국은 혼란을 거듭했고, 베이징정부는 비록 외교 면에서는 성과를 거두었지만 재정 기반을 상실하여 제 기능을 할 수 없는 상태로 빠져들었다.

1923년에는, 1916년 이래 즈리성의 독군(督軍)이던 차오쿤이 미국의 지지를 등에 업고 베이징정부에서 기반을 강화했다. 마침내 차오쿤은 리위안훙 대총통을 추방하고 10월에는 대총통에 취임하여 헌법을 공포하고 의회를 소집했다. 차오쿤은 국회의원들에게 고액의 뇌물을 바치고 총통에 취임했다(회선賄選, '뇌물 선거'). 이 일로 차오쿤에 대한 비판이 거세지자 기회를 잡은 장쭤린이 다시 차오쿤과 대립하고, 안후이파 및 광둥정부와 결탁하면서 제2차 평즈전쟁을 일으켰다. 전황은 즈리파에 유리했지만 평위샹(馮玉祥)이 돌아서는 바람에 평톈파가 유리하게 되었다. 그 배후에는 차오쿤이 미국에 접근하는 것을 꺼리는 일본의 공작이 있었다고도 한다.

푸이의 퇴거 1924년 10월, 베이징에 입성한 평위샹은 차오쿤을 유폐했다(우페이푸는 도주). 평위샹은 청 황실에 대한 우대와 황실 칭호를 폐지하고, 자금성에 들어가 열여덟 살이던 선통제 푸이에게

텐진을 떠나는 배 위의 푸이(《天津舊影》).

세 시간 안에 퇴거하라고 명령했다. 자금성을 떠난 푸이는 일본 공사관의 알선으로 최종적으로 텐진의 장위안(張園)에 몸을 의탁했다.

　푸이가 자금성에서 보낸 생활은 본인의 회상록이나 영국인 가정교사 존스턴의 저작《자금성의 황혼》으로 널리 알려져 있다. 1924년에는 정샤오쉬(鄭孝胥)의 조언을 받아들여 자금성 내부의 재정 문제나 국보를 비롯한 골동품이 놓여 있는 건복원(建福院)의 목록 일람을 작성했다. 그런데 자신이 저지른 무단 유출이 발각될까 우려한 환관이 이 건물에 불을 질러 버렸다. 이런 일이 있고 난 뒤 푸이는 베이징정부의 지원을 받아 천 명이 넘는 환관들을 모두 해고함으로써 여론의 칭찬을 받았다. 푸이는 자선활동 같은 사회 활동도 적극 수행했으며 관동대지진이 발생했을 때도 지원을 신청한 것으로 알려져 있다.

평위샹이 실시한 제호(帝號)와 청 황실 우대 조건 폐지는 청을 계승한다는 중화민국 베이징정부의 이념 하나가 무너진 것을 의미한다. 하지만 이미 중화민국이 건국한 지 12년이나 지났기 때문에 청 황실 우대 조건이 폐지되었다고 해서 국토로서 동북부와 몽골, 티베트 그리고 5족공화 이념이 곧바로 위기에 처하는 일은 없었다.

아울러 일본이 푸이의 행선지를 알선한 일이 결과적으로 만주국과의 관계를 만들게 되었지만, 일본이 이 단계에서 '만주국'까지 예측해서 관여한 것은 아닐 것이다.

광둥정부와 국민당의 성립 1919년 10월 광둥정부의 쑨원이 중화혁명당을 중국국민당으로 개조했다. 이것은 쑹자오런 등의 국민당과는 별개의 국민당으로, 이후 점차 공개 정당으로 변모해 갔다. 쑨원은 기본적으로 광둥에서의 봉기와 북벌이라는 수단에 기초하여 지방분권보다는 중앙집권을 앞세우면서 장차 공화제로 이행한다는 원칙을 견지하고 있었다. 그 정치 이념에 따라 점차 삼민주의가 형성되었지만, 그가 발표한 글들은 상황에 따라 임기응변하는 식으로 조정되고 있었다.

1920년 10월, 광둥 성 출신으로 푸젠 성 남부(민남閩南)를 거점으로 하고 있던 천중밍(陳炯明)이 '월인치월'(粤人治粤, 광둥인이 광둥을 통치한다)을 내걸고 광둥을 침공하여 루룽팅(陸榮廷)을 추방하고 같은 광둥 출신의 쑨원을 불러들였다. 천중밍은 천두슈를 교육 분야 담당자로 초빙하고, 홍콩의 파업을 지지하는 등 사회주의에도 이해를 보였으며, 화교와 연결을 강화하기도 했다. 그러나 천중밍과 쑨원은 얼마 안 가 격렬하게 대립하게 되는데, 그 배경에는 성 자치와 연성자치가 있었다. 천중밍은 쑨원과 달리 성 자치를 전제로 각 성의 횡적 연합을 통한 지역 통합형 국가 건설을 생각하고 있었다. 1922년 6월 천중밍은 광저우의 총통부를 공격했고 쑨원은 또다시 상하이로 피신했다.

연성자치 신해혁명을 전후하여 그 성 출신자가 성을 다스린다고 하는 성 자치의 경향은 1920년대에도 계속되면서 연성자치로 이어졌다. 여기에 찬성하는 각 성은 "성 사람이 성을 다스려, 지역을 보위하고 민생을 안정시킨다"(省人治省, 保境安民)는 것을 원칙으로 삼았다. 따라서 중앙집권에 부정적이었고 '외성인'(外省人), 즉 다른 성에서 온 군인 등이 '본성'의 내부에 개입하지 못하게 했다. 그리고 그 위에서 신해혁명의 진행 과정에서처럼, 성 연합에 기초한 국가 건설을 이루고자 했다. 이것이 창장 강 유역을 중심으로 전개된 연성자치 운동이다. 각 성이 연성자치를 지향한 배경에는 남북에 중앙정부가 성립되었고, 북방에서 안후이·즈리·펑톈 세 파의 전쟁 등이 있었기 때문일 것이다. 아울러 성 자치는 그 성 출신 군인이나 군사 세력에 유리하게 작용할 가능성이 분명했다.

1920년 겨울, 각 성과 법단은 성 자치 운동을 통전(通電)과 미디어를 이용하여 활발하게 펼쳤다. 이 운동은 후난 성에서 시작되어 창장 강 연안에서 남북으로 확대되어 갔다. 성 자치 운동은 중앙이 임명한 군사장관인 독군 제도를 폐지하고(廢督) 민선으로 성장(省長)을 뽑을 것을 호소했다. 이 운동이 성 출신 군인에게 이용되는 것을 피하고 성의회에 모인 성민(省民)의 의견을 정치에 반영하기 위해서였다. 1921년 1월 즈리성

성의회의 제창에 따라 상하이에서는 북방 각 성의 성의회 대표들이 연성회의(聯省會議)를 개최했다. 그리고 간쑤 성(甘肅省)에서는 베이징정부가 임명한 독군의 부임을 그 성의 각 단체가 거부하여, 독군의 부임이 어렵게 된 사태까지 발생했다. 베이징정부는 지방의 인사 문제에서 점차 그 성 출신자로 충당하려 하고 있었다. 하지만 군사력을 보유한 독군의 인사에 대해서는 성장처럼 그 성 출신자로 채울 수 없었고 더욱이 베이징정부가 성 출신자로 채우는 것에 대해 독군들이 반발했다.

독군들 가운데에는 스스로 성장을 겸임하거나 자신과 관계있는 자를 성장에 취임시켜야 한다고 요구하는 이들이 적지 않았다. 결국 성의회에 모인 이들과 군사력을 가진 독군 사이의 대립은 날로 심화되었다.

베이징과 광둥의 두 중앙정부 가운데, 광둥정부에서는 연성자치를 제창한 천중밍에 맞서 쑨원은 무력 통일을 주장했다. 베이징정부도 성 자치에 동조하면서 통일을 추구했다. 그런데 독군과 대립을 심화시키는 성 자치 움직임이 '폐독'(廢督)과 함께 무력 감축이라 할 '재병'(裁兵)을 요구하기 시작하자, 베이징정부는 대응하기가 어려워졌다. 양쪽 중앙정부와 대화가 어렵게 되자 각 자치성은 점차 횡적인 연합, 즉 연성(聯省)을 모색하게 되었다.

이후 1922년 1월 후난성 헌법 발포와 같이 각 자치성은 자치의 경향을 한층 더 강화했다. 또한 연성을 통해 연방공화국을 수립하려는 움직임도 거세지면서, 상하이에서 열린 국시(國是) 회의에서 헌법 초안 채택 같은 성과로 나타났다. 그러나 군사 세력과 관계를 조정하지 못한 데다 연방국가의 그림에도 불명확한 점이 있어 베이징, 광둥을 대신할 전국적인 새로운 정권을 창출해 내지는 못했다.

광저우의 천중밍 정권은 한 해도 지속되지 못했
광둥정부와 국제사회고, 1923년 3월 쑨원이 육해군 대원수에 복귀했
다. 광둥정부는 워싱턴회의에 대표를 참가시키지 못했다. 광둥에서 영사
단과 교섭을 시도해 보기는 했지만 국제사회로부터 '사실상' 정부로서
도 승인받지 못한 것이다. 이는 차관 획득이나 관세 취득의 면에서도 불
리했다. 이런 면에서 9개국조약은 어느 정도 베이징정부를 지지했다는
점을 짐작할 수 있다.

쑨원은 워싱턴 체제 바깥에 있는 독일이나 소련과 관계를 강화할 수
있는 방법을 모색했다. 1921년에는 주허중(朱和中)을, 그다음 해에는 덩
자옌(鄧家彦)을 독일로 파견하여 경제와 군사 면에서 협력을 요청했다.
하지만 독일 외무성의 반대에 부닥쳐 일부를 제외하고 실현되지 못했다.
반면 소비에트러시아나 소련 또는 코민테른과 광둥정부의 관계는 긴밀
해졌다. 1923년 1월에는 앞에서 살펴본 것처럼 상하이에서 쑨원-요페
선언이 발표되었으며, 11월에는 '연소·용공·부조공농'(連蘇·容共·扶助
工農), 즉 "소련과 연대하고 공산당을 인정하며 노동자와 농민을 지원한
다"는 정책을 결정하고, 소련 및 중국공산당과의 협조 노선을 명확히 제
시했다. 이는 독일 외무성에 의해 광둥정부의 대독 협조 노선이 단절된
결과 선택한 것으로 볼 수 있다.

8월에 쑨원은 장제스를 소련 방문단의 일원으로 모스크바에 파견했
다. 거기에는 군관 양성 학교 설립 준비라는 목적도 있었다. 장제스는 군
사와 사상 교육을 분리하는 소련 군대의 정책에 관심을 가졌다고 한다.
하지만 소련에서 쑨원이나 삼민주의에 대한 평가가 결코 높지 않은 것
에 충격을 받아, 소련에 대해 불신감을 갖게 되었다고도 한다.

소련에 대한 인식을 둘러싸고는 쑨원과 다른 점도 있었지만, 귀국 후

장제스는 1924년 광둥의 황푸군관학교(黃埔軍官學校) 교장으로 임명되었다. 그곳은 북벌을 위한 장교 양성의 거점이었고 동시에 국민당과 공산당의 협력의 장이 되기도 했다. 인사 배치를 보면, 국민당 대표 랴오중카이(廖仲愷), 정치부 주임 다이지타오(戴季陶), 총교관 허잉친(何應欽), 교련부 주임 리지천(李濟琛), 교수부 주임 왕바이링(王栢齡)으로 구성되었다.

그런가 하면 교수부 부주임을 예젠잉(葉劍英)이, 그리고 정치부 부주임을 저우언라이(周恩來)가 담당하는 등 공산당의 간부도 포함되어 있었다. 훗날 국공내전에서 맞서 싸우게 되는 두 사람이 젊은 시절에는 한 공간에서 생활했던 것이다. 이 학교에서는 소련에서 온 고문 갈린(본명은 바실리 블류헤르Vasily Blyukher)이 교련을 맡는 등 조직과 훈련 면에서 소련식이 채용되었다. 하지만 일상적인 군대 생활의 규율 등은 도쿄의 신부학교(振武学校)나 니가타의 제13사단에서 겪은 장제스의 체험이 바탕을 이루고 있었을 것으로 생각된다.

이 학교 출신자들은 이후의 북벌군과 중화민국군의 중핵을 이루게 되는데, 여기서 형성된 사제 관계는 장제스에게 크나큰 정치적 자원이 되었다.

국민당 제1회 전국대표대회

1924년 1월, 광저우의 광저우고등사범학교 강당에서 국민당 제1회 전국대표대회가 개최되었다. 대회의 주석은 쑨원, 주석단에는 후한민(胡漢民), 왕징웨이(汪精衛), 린선(林森), 리다자오 등이 임명되었고 보로딘도 참가했다. 국민당은 코민테른의 영향도 있어 제국주의 타도와 불평등조약 폐기, 삼민주의를 주창했다. 그리고 임시약법과 구(舊)국회의 부활이라는 종래의 목표 대신 국민정부의 수립을 새로운 목표로 삼았다. 또 그 수단으로 '연소·용공·부조공농'을 제창하고, 중국공산당을 포함한 공산주의 세력과 협력을 내세웠다. 실제로 중앙집행위원회 24명의 위원 가운데 리다자오 등 3명, 위원 후보 17명 가운데 마오쩌둥과 장궈타오 등 7명이 공산당원이었다. 공산당원은 공산당 당적을 그대로 유지한 채 국민당 당적을 가질 수 있었던 것이다.

공산당과 국민당이 이 단계에서도 대등했던 것처럼 표현하기 위해 훗날 '제1차 국공합작'이라는 표현이 사용되었지만, 당시에는 국공합작이라는 용어가 일반적이지 않았다. 이 점은 '연소·용공·부조공농'도 마찬가지였다. 그러나 국민당의 형성 과정에서 소련 볼셰비즘의 영향은 매우 컸다. 그 영향은 황푸군관학교, 농민운동의 지도 간부를 교육하는 농민운동 강습소를 비롯한 당 조직에서도 나타났다. 예컨대 혁명 지도자를 중심으로 중앙집권적인 조직을 만들어 내고 정치와 군사를 일체화시킨 점, 선전과 동원이 중시되어 일정한 계획 아래 혁명을 수행하려 한 점이 볼셰비즘의 영향이다. 이러한 정당 스타일은 중국공산당까지 포함하여 이후의 중국 정치에도 계승되었다.

1924년 4월 쑨원은 국민정부건국대강(國民政府建國大綱)을 발표했다. 이것은 당대회에서 목표로 제시한 국민정부의 골격을 드러낸 것이다. 구체적으로는 삼민주의와 5권헌법(사법·행정·입법 3권에 감찰과 인사를 더한 5권)에 기초한 중화민국의 건설을 목표로 삼고, 군정(軍政)·훈정(訓政)·헌정(憲政)의 세 단계로 나누어 수행한다는 구상이었다. 이것은 청말 이래 중국에서 진행된 정치 구상의 축, 중앙집권과 지방분권, 입헌군주제와 공화제 등에 대한 쑨원의 결론을 명시한 것이라고도 할 수 있다.

즉 먼 장래에 공화제 수립을 그리고 있지만, 당면의 상황에서는 군대와 정당을 기초로 하는 중앙집권적인 정치를 한다는 내용이다.

훈정기에는 국민정부라는 호칭이 사용되었다. 따라서 쑨원 사후 1925년 7월 광저우에서 성립한 국민정부를 비롯하여, 그 후 1928년 6월 전국통일선언을 발표하는 난징 국민정부처럼 정부의 소재지가 호칭 앞에 붙게 되었다. 헌정으로의 이행은 뒷날 헌법을 발포한 후인 1948년 5월 20일이며, 이후는 국민정부가 아닌 중화민국 정부라고 부른다.

쑨원의 '대아시아주의 강연' 1924년 11월, 쑨원은 고베고등여학교에서 이른바 '대아시아주의 강연'을 했다. 이 강연은 암 투병을 하던 쑨원이 마지막 일본 방문을 통해 이루어진 대일본 메시지라고 한다. 강연에서는 말하지 못했지만 이후 중국을 대상으로 활자화될 때에 써 넣은, 일본은 "서양 패도(覇道)의 앞잡이(走狗)가 될 것인가, 아니면 동양 왕도의 아성(牙城)이 될 것인가"라는 질문은 널리 알려져 있다.

사실 중국에는 일본과 같은 아시아주의 언론이 없었다. 리다자오를 비롯해 여러 논자들이 일본의 아시아주의론을 일본 제국주의의 논리로 보고 일축하고 있었다. 일본과 같이 동양·일본·서양이라고 하는 세계 이해에 대한 삼분법이 있어야 비로소 아시아주의가 형성될 수 있다. 그런데 중국의 경우 아시아관이 국가의 아이덴티티 형성에 일본만큼 명확히 관련되지 않기 때문에 아시아주의가 형성될 여지가 약했던 것이다. 그러나 쑨원도, 이후의 장제스도 일본의 아시아주의를 의식하여 그것과 연관시켜 정책을 논하기도 했고, 대항적으로 아시아관을 다듬기도 했다.

쑨원의 강연이 연재된 《오사카 마이니치신문》 연재 마지막 회(1925년 1월 6일)의 문장 말미에는 "서양 패도의 앞잡이" 운운하는 내용이 보이지 않는다.

한편 과거의 아시아 여러 국가나 지역과 맺어 온 책봉·조공 관계에 대해서는 평가가 엇갈렸다. 그중에는, 과거의 속국은 중국의 영토가 되어야 한다고 하는 과격한 견해도 있었고 제국주의에 대한 책봉·조공의 우위성을 주장하는 부분도 있었지만, 결국 제국주의 침략을 받은 같은 아시아 국가라는 삼민주의의 민족주의적 위치 짓기가 자리를 잡아 나갔다.

쑨원의 강연은 서양 열강의 제국주의를 패도로 보고, 아시아의 전통에는 힘에 의존하지 않는 왕도가 있다고 하면서 책봉·조공도 왕도에 포함시키고, 나아가 그것이 서양 제국주의보다 우수한 것이라고 보았다. 그리고 일본에는 제국주의 러시아에 대한 승리라는 실적이 있고, 그것이 아시아에서 민족주의를 고취했다고 하여 일본에게 왕도 쪽에 설 것을 호소했다.

이 강연을 단순히 일본의 중국 침략을 억제하기 위한 주장으로만 해석해서는 안 된다. 사실 그 내용은 과거 왕정팅(王正廷)의 강연 내용과도 유사하다. 주목해야 할 것은 제정 러시아를 혁명으로 타도한 소련을 왕도 쪽에 두었다는 점이다. 더욱이 쑨원은 북상선언(北上宣言)을 발표하고 광저우에서 베이징으로 향하던 길목에서 영국의 방해에 부딪쳤고, 부득이 일본을 경유해 베이징으로 향하던 바로 그 시점에서 이 강연을 했다. 일본에 오기 전에 쑨원은 상하이에서 기자회견을 했는데, 이때 그는 중소협정을 들어 모든 불평등조약을 파기한 사례로 칭찬하고 나아가 소련은 친구라고 했던 것이다. 그러므로 이러한 주장은 워싱턴 체제의 바깥에 서서 연소(連蘇) 노선을 취하던 쑨원이 일본에게 자신의 진영으로 들어올 것을 호소한 것으로 이해할 수도 있을 것이다. 원래 일본에도 고토 신페이(後藤新平)가 주창한 중·러·일 제휴론이나 중·러·일·독 제휴론의 계보가 존재하고 있었다.

덧붙이자면, 아시아를 중국과 일본이 대표하는 것으로 하고, 또 책봉·조공에 긍정적인 태도를 보인 이 강연은 당시 조선에서 반발을 불러일으켰다.

베이징정부의
재정 혼란

베이징정부는 의화단의 배상금이나 차관 등 빚을 많이 떠안고 있었던 데다 전부(田賦) 등 세금을 성정부에 유치해 두고 있었기 때문에 수입 기반이 거의 없었다. 관세 수입 가운데 열강에 대한 담보 부분 변제를 제외한 잔여 부분(관여關餘), 염세 수입의 잔여 부분(염여鹽餘) 그리고 베이징 주변의 갖가지 세금이 그 수입 기반이었다. 워싱턴회의 이후 관세특별회의가 열리지 않아 관세 상승을 기대할 수 없었고, 전란과 재해에 따른 경비 지출이 재정에 직격

탄을 가했다.

또 이러한 세금들 외에 내채(內債)도 정부의 재원에 중요한 부분을 차지하고 있었으므로, 그와 관련한 관여(關餘) 처리를 포함한 개혁이 계속되었다. 1920년 말, 베이징정부의 내채 발행액 누계는 3억7천만 위안이었고, 그중에 상환하지 못한 부분이 3억2천만 위안을 넘고 있었다.

일부 우량 물권을 제외하면 거의 대부분 채권으로서 가치가 없는 것이었음을 알 수 있다. 이들 '불량 채권'을 떠맡고 있던 곳은 주로 중국의 금융계였다. 1921년 베이징정부가 신용성이 거의 없는 내채를 발행하자 금융계는 강력하게 반발했고, 정부도 곧 내채 정리를 결정했다. 이 내채 정리안의 채용 과정에서 큰 역할을 한 사람이 베이징은행공회(北京銀行公會) 회장 장궁췐(張公權)이었다. 그가 정부에 제출한 내채 정리안 원안이 큰 줄거리로서 채용되었다. 이때의 내채 정리는 결국 해관총세무사 아글렌(Aglen)의 신용에 기대어 내채의 가치를 담보하려는 것이었다. 베이징정부의 재정 신용이 결여되어 있던 당시로서는 해관총세무사만이 그 신용을 제공할 수 있었던 것이다.

그러나 1916년 이래의 은고(銀高, 은 가치 상승)가 1921년에는 진정되어 관세 수입이 축소되고, 염세 등도 체납되자 아글렌으로서도 감당할 수 없는 상황이 되었다. 그래서 아글렌은 관여(關餘)를 내채와 관련시키고, 또 연(年) 단위가 아니라 수시 운용을 할 수 있게 했다. 이는 종래의 관례를 깨는 것으로, 관세를 차관 변제용으로 삼고 있던 열강으로부터 반발을 샀다. 그럼에도 불구하고 이 제도는 어느 정도 정착하여 내채가 안정되었다.

그러나 이러한 개혁이 곧바로 베이징정부의 재정을 회복시킨 것은 아니다. 은행의 담보가 되어 있던 내채가 투기 대상이 되어 가격이 급등한 뒤, 1924년 여름에 크게 폭락했기 때문이다. 베이징정부의 재정은 근본적인 재건을 이루지 못하고 파탄에 이르렀다.

이에 반해 광둥정부에서는 성이나 시별로 봤을 때 세수가 많이 기대되는 지역에 속하는 광둥 성과 광저우 시의 세수를 확보한 데다 일부 민족자본의 지지를 받고 있었다. 또한 1924년에는 웨하이관(粵海關) 수입 획득 운동을 일으켜 성공했고, 게다가 소련의 지원도 있었던 덕분에 견고한 기반을 구축할 수 있었다.

1920년대 중국의 도시와 미디어 앞에서 살펴보았듯이 1920년대 초반에 중국의 민족 공업은 곤경에 빠졌다. 그러나 1920년대 중반 무렵이 되면 그동안 수입되고 있던 기계제 면사가 수출품으로 전환하게 된다. 사회적으로는 도시 인구의 증가가 두드러졌다. 도시 인구는 5천만 명을 웃돌아 전체 인구의 10퍼센트를 넘게 되었다. 그래도 여전히 농촌 인구가 압도적으로 많았지만, 증가한 도시 인구는 정치운동과 노동운동 그리고 도시 문화의 담당자가 되었다. 도시 생활에는 여러 가지 서양식 풍습이 스며든 한편, 그에 대항해 중국적인 것도 의식하는 모습이 나타났다.

나아가 1920년대는 특히 신문, 잡지 등 출판 저널리즘이 융성한 시기였다. 그 무렵 최대 발행 부수를 자랑한 상하이의《신문보》(新聞報)는 2만5천 부나 발행하고 있었다. 더욱이《신문보》를 서로 돌려 가며 읽고 있었기에 사회에 커다란 영향력을 갖게 되었다. 1920년대 중반에는 라디오가 등장했다. 이렇게 해서 1930년대에 중국에서는 라디오 방송이 본격화되었다.

도시의 모습도 크게 바뀌었다. 상하이에는 현대적인 사무실 빌딩과 서양식 주택, 공장이 건설되었고 고층화도 이루어지고 있었다. 이러한 고층화는 베이징에도 나타났다. 이미 1917년에 왕푸징(王府井) 남쪽에는 그야말로 둥자오민샹(東交民巷)과 마주하여 7층짜리 철근 콘크리트 건물인 베이징호텔(北京飯店)이 등장했다. 이 모두가 새 시대의 상징으로 여겨졌다. 하지만 왕푸징처럼 대로 쪽에 면한 부분만 서양화되었고, 내부와 안뜰은 원래 모습 그대로였다.

4. 쑨원의 죽음과 베이징정부의 붕괴

쑨원의 북상과 사망 제2차 펑톈-즈리전쟁에서 정권을 탈취한 펑위샹은 펑톈파의 강한 영향력을 견제하기 위해 쑨원에게 베이징으로 올라오라고 재촉했다. 1924년 11월 쑨원은 북상선언(北上宣言)을 발표하고 광저우를 출발했다. 쑨원은 그 무렵 한창 제창되고 있던, 파벌을 초월한 국민회의 개최에도 동조하고 있었다. 그 밖에도 군벌 타도(민치民治의 실행)와 그것을 지탱하는 제국주의의 타도(불평등조약 개정)를 제창했다. 이런 과정을 통해서 국가의 독립·자유·통일이 실현될 수 있으리라 생각했다.

앞에서 살펴본 것처럼 쑨원은 일본을 경유해 톈진에 도착하는데, 이때부터 몸 상태가 악화되어 12월 말에야 간신히 베이징에 들어갔다. 곧 셰허병원(協和病院)에서 수술을 받았지만 경과는 호전되지 않았다. 돤치루이는 1925년 2월에 선후회의(善後會議)를 개최하여 통일책을 가다듬으려고 했으나, 국민당은 거기에 참가하지 않고 3월 1일 베이징대학에서 국민회의촉성회 전국대표대회를 개최했다.

쑨원은 병든 몸을 추스려 회의에 참가했지만, 회기 중인 3월 12일에

티에스즈(鐵獅子) 골목에 있던 구웨이쥔의 집에서 부인 쑹칭링(宋慶齡, 1893~1981)의 간호를 받으며 유촉(遺囑)을 남기게 된다. 아래는 그 일부이다.

내가 국민혁명에 힘을 쏟은 지 어언 40년. 그 목적은 중국의 자유·평등을 구하는 데 있었다. 40년의 경험을 통해 깊이 깨닫게 된 것이지만, 이 목적에 도달하기 위해서는 반드시 민중을 각성시키고 세계의 평등을 위해 내가 기대하는 민족과 연합하여 함께 분투해야 한다는 것이다. 혁명은 아직 성공하지 못했다.

여기서 "세계의 평등을 위해 내가 기대하는 민족"이란 소련을 가리킨다. 쑨원은 소련과 연합을 유지하여 제국주의와 투쟁을 계속하고 불평등조약을 폐기하라고 당부했다. 국민회의의 개최도 노력해야 할 목표가 되었다. 쑨원의 유촉은 5월의 제1회 제3차 중앙전체회의에서 확인되었다. 광둥정부는 중소협정을 새삼 높이 평가하면서, 제국주의 국가들과 맺은 불평등조약 철폐를 목표로 내걸었다. 중소협정이 제정 러시아의 이권을 전면 포기한 것은 아니었지만, 그것이 국민당·광둥정부 측에는 여전히 알려져 있지 않았다. 이 점은 공산당에게도 마찬가지였다.

쑨원의 시신은 베이징 서산(西山)에 있는 벽운사(碧雲寺)에 안치되었다가 그 뒤에 난징의 중산릉(中山陵)으로 옮겨졌다. 중산릉은 루옌즈(呂彦直), 리진페이(李錦沛) 같은 미국 유학 출신 설계사가 설계했다. 정원 등은 치바원예학교(치바대학 원예학부의 전신) 출신의 장수위(章守玉)가 조성했다.

장쭤린 정권의 성립　쑨원의 북상을 통해 사태를 타개하고자 했으나 실패한 펑위샹은 돤치루이나 장쭤린과 균형을 유지하면서 정권을 유지하려고 했다. 하지만 1925년 11월에 펑톈파 궈쑹링(郭松齡)이 반란을 일으키자, 펑위샹은 국민군(國民軍)을 조직하고 광둥정부와도 제휴하여 1926년 3월에는 장쭤린 군을 격파했다. 그런데 여기에 일본의 관동군이 개입하고 나섰다. 관동군은 펑위샹과 소련의 관계를 의심해, 펑위샹과 국민당이 궈쑹링에게 접근하여 만주의 공산화를 계획하고 있다고 생각하고 있었다. 관동군은 궈쑹링의 군에 대해 만철 부속지에서 작전 행동 금지를 통고했다. 운신의 폭이 좁아진 궈쑹링은 패배하고 체포되어 살해당했다.

한편 베이징의 펑위샹은 펑톈군에게 공격받고 소련으로 망명을 강요

당했다. 원래 펑위샹의 정권은 펑톈파의 영향력을 강하게 받고 있었는데, 이번에는 장쭤린이 직접 베이징에 들어가 정권을 담당하게 되었다. 장쭤린은 베이징정부 안에서 어떤 직책을 갖기보다는 펑톈군이 베이징정부로 들어가는 형태로 정권을 담당했다. 말하자면 이중 권력 상황이 된 것이다.

5·30 사건 2·7참안이 발생한 뒤 일시 저조했던 노동운동이었지만, 1925년 무렵 다시 활발해져 1926년 시작된 국민당의 북벌을 후원했다. 1925년 2월에 내외면(內外綿), 대일본방적(大日本紡績), 일화방적(日華紡績) 등 상하이의 재화방에서 파업이 일어나 칭다오 등으로도 파급되었다. 5월 30일 상하이에서 영국을 중심으로 한 조계 경찰이 파업 관련된 시위대를 향해 발포하여 노동자가 사살되자 대규모 파업과 시위가 각지에서 발생했다(5·30 사건).

이러한 동향은 반제국주의와 불평등조약 개정을 기치로 내걸고 있던 광둥정부에게 순풍이 되었다. 한편 베이징정부도 체포된 학생과 노동자의 석방을 열강에 요구했다. 동시에 불평등조약의 존재가 이런 운동의 배경에 있다며 항의했다. 당시 외교총장 선루이린(沈瑞麟)은 뒷날 만주국의 궁내부(宮內府) 대신을 맡게 되는 인물이다.

이 운동의 창끝은 공장주인 일본계 기업보다도 탄압 주도자인 영국을 향했다. 시위대는 광둥정부에 동조하여 반제국주의, 불평등조약 개정을 내걸고 항의했다. 그러나 일본을 포함한 열강은 포괄적인 조약개정 교섭에는 응하지 않고, 이 파업을 개별 안건으로 해결하려고 했다. 그 결과 베이징정부의 상하이 교섭원과 일본의 상하이 총영사 사이에 교섭이 이루어져, 재화방과 노동자 사이에 임금이나 대우에 관한 타협이 성립되었다.

하지만 이후에도 각지에서 파업은 계속되었고, 광둥정부와 국민당은 파업을 지원했다. 예를 들어 1925년 6월에 광저우의 샤몐(沙面)에서 영국과 프랑스군이 시위대에 발포한 사건이 계기가 된 광둥과 홍콩의 대영(對英) 보이콧운동도 광둥정부의 지원으로 장기화되었다. 또한 광저우의 농민운동 강습소에서 농민운동 활동가를 양성한 일도 영향을 주어 각지에서 농민운동이 일어났다. 이처럼 국민당과 공산당은 점차 민중을 조직화하여 동원해 나가는 정치 스타일을 체득해 갔다.

수약(修約) 외교와 혁명 외교　　불평등조약 개정을 정책의 중심으로 삼은 국민정부는 선전과 동원을 통해 국민운동으로서 반제국주의 운동을 펼쳤다. 거기에는 일본 상품 불매운동이나 5·30 사건에서 나타난 반영(反英) 운동도 포함되어 있었다. 장기적으로는 새 정권 수립을 통한 불평등조약 개정과 국권 회수를 목표로 삼고 있었다(혁명 외교). 본디 혁명 외교란 혁명을 일으킴으로써 앞 정권이 체결한 조약 등을 무효화시키는 방법이다. 혁명 외교는 소비에트러시아나 터키가 취했던 수법이었다.

이에 대해 이미 독일과 오스트리아, 소련으로부터 국권을 회수하는 데 성공하고 있던 베이징정부는 불평등조약 개정과 국권 회수에 즈음하여, '도기수약'(到期修約)이라는 방식을 취했다. 즉 조약이 기한에 이르렀을 때 교섭을 해서 일부라도 불평등성을 철폐하고 국권을 회수하는 수법이었다(수약외교). 민국 전기(베이징정부 시기)를 통해 나타나는 이런 수법은 특히 1920년대 중반에 강조되었다. 실제로 벨기에와 교섭할 때 이 수법을 사용했는데, 벨기에가 개정에 응하지 않았기 때문에 1926년 11월에 조약의 효력을 정지시키고 이듬해에는 벨기에의 톈진 조계를 회수했다.

한편 국민정부는 1926년부터 시작된 북벌을 통해 조계의 일부를 회수하는 등 혁명 외교에 성과를 거두었지만, 1928년 난징 국민정부의 성립에 즈음해서는 베이징정부가 계승해 온 청대 이래의 조약을 뒤집을 수 없어 기본적으로 그것을 계승했다. 따라서 난징정부도 혁명 외교를 주장하면서 실질적으로는 조약 외교의 수법을 계승했다. 난징 국민정부는 1929년부터 1930년에 걸쳐 관세 자주권을 회복하는 데 성공한다.

베이징 관세특별회의   워싱턴회의에는 중국의 관세 관련 조약도 포함되어 있었다. 세율을 인상(2.5퍼센트)하는 것과 지방정부가 부과하는 유통세(釐金) 철폐를 위한 특별회의를 조약 발효 후 3개월 안에 개최한다는 내용이었다. 관세 관련 조약은 재정 위기에 빠져 있던 베이징정부의 처지에서는 그야말로 사활이 걸린 문제였다.

그러나 원래 1922년에 개최되어야 할 이 관세특별회의도 결국은 개최되지 못했다. 프랑스가 의화단 배상금의 변제 방법 문제를 베이징정부에 제기함으로써 교섭이 난항에 빠지고 조약이 발효되지 못했기 때문이다. 프랑스가 조약을 비준하게 된 것은 1925년 8월의 일이며, 베이징정부는 10월 26일에 관세특별회의를 개최하게 된다. 이 회의에서 중국 측은 관세 자주권의 회복과 함께, 회복되기까지 5~30퍼센트의 차등 세율을 잠정 세율로 하자고 요구했다. 여기에 일본도 중국의 제안에 동조함으로써 잠정 세율도 1926년 3월에는 영국, 미국, 일본으로부터 인가받았다. 하지만 이 증세분을 외국에서 들여온 차관을 변제하는 데 충당할 것인지 여부를 둘러싼 문제로 교섭이 막혀 버렸다. 베이징정부로서는 관세 증세를 통한 재정 재건의 길이 끊기게 된 것이다.

광저우
국민정부의 성립

쑨원의 유촉을 받은 광둥정부에서는 1925년 7월, 국민당 좌파로 주목받던 왕징웨이(汪精衛)를 주석으로 하는 국민정부가 성립했다. 이는 쑨원의 건국대강(建國大綱)에 명시된 군정 단계에서 훈정 단계로의 이행을 나타내는 것으로, 국민정부는 중국국민당의 지도와 감독을 받게 되었다. 이 정부에서는 보로딘이 정치고문에, 갈린이 군사고문에 취임했고, 공인부(工人部, 노동성)와 농민부를 비롯한 부국(部局)이 설치되어 국민당적을 가진 공산당원이 책임자가 되는 등 소련이나 공산당의 영향이 많이 나타났다.

이 같은 국민당의 좌경화를 꺼리던 이들은 좌파 세력에 대해 저항을 강화했고, 게다가 쑨원의 후계자를 둘러싸고 다툼까지 얽혀 정치투쟁이 일어나게 된다. 랴오중카이(랴오청즈廖承志의 아버지)가 암살당하고, 랴오중카이 살해 혐의를 받은 후한민(胡漢民)은 시찰이라는 명목으로 소련으로 떠나게 된다. 사실상 정권을 떠난 셈이다. 우파나 공산당과는 분명하게 선을 긋고 있던 다이지타오(戴季陶) 등은 쑨원의 유해가 있던 베이징의 서산(西山)에서 회의를 열고, 새로운 정치 집단을 조직하려 했다(서산파). 서산파가 결집한 이유 가운데 하나는 삼민주의의 해석에 있었다. 쑨원의 삼민주의에는 민생주의와 공산주의의 관계가 애매했다. 공산주의가 민생주의에 포섭되는 것으로 여겨지기도 했지만, 다이치타오는 국민당이 계급투쟁을 인정한 것은 아니라는 점을 확인하고, 민생주의와 공산주의의 관계를 명확히 하려 했다. 이념적인 면에서도 국민당과 공산주의의 관계는 점차 문제가 되기 시작했다.

이러한 움직임은 황푸군관학교와 군에도 파급되었다. 1925년 천중밍과 함께 광둥 제압 전투에 공헌한 황푸군관학교 교장 장제스는 쑨원의 유촉에 따라 즉각 북벌을 개시해야 한다고 주장하고 있었지만, 소련의 고문은 이 주장에 반대하고 나섰다. 국민당에서 좌파의 약진은 장제스에게도 탐탁지 않은 일이었다. 그동안 장제스와 소련 고문들 사이에서 중개 역할을 했던 랴오중카이의 죽음 또한 이 같은 대립을 낳은 요인 가운데 하나였다.

**장제스의
권력 기반 형성과 북벌**

1926년 1월 중국국민당 제2회 전국대표대회가 개최되었다. 거기에는 공산당원들도 많이 참석했다. 3월에 국민혁명군의 장제스 총감(總監)은 광저우로 들어간 군함 '중산함'의 동향이 수상하다고 보고 그 움직임을 공산당의 쿠데타라고 판단했다. 곧 장제스는 계엄령을 발동하고 군을 동원하여 공산당 간부와 소련의 군사고문들을 구속하였으며, 광저우와 홍콩의 파업을 무장해제시켜 버렸다(중산함 사건). 이로써 국민당 좌파와 공산당 그리고 소련 고문단의 영향력은 억제되었다. 장제스의 압력 속에 왕징웨이는 프랑스로 출국하였으며 쑨원의 아들인 쑨커(孫科) 그룹의 중심 인물 가운데 한 사람인 우티에청(吳鐵城)도 감금 처분을 받았다. 1926년 5월 장제스는 공산당 당적을 가진 국민당원은 당의 간부로 임명하지 않는다는 '국공협정사항'(國共協定事項)을 당에 제출했다. 이렇게

1927년 4월 난징에 수립된 국민정부 국민당 당기(黨旗)였던 청천백일기(왼쪽)와 5색기를 대신해 국기가 된 청천백일만지홍기(오른쪽) 앞에서 정부 인사들이 기념 촬영을 했다(《總統府舊影》).

해서 마오쩌둥을 비롯한 공산당원들이 국민당의 요직을 떠나게 되었고, 장제스와 관계가 깊은 사람들이 그들을 대신했다.

7월 1일 장제스를 총사령관으로 하는 국민혁명군은 북벌선언을 발표하고 10만 병력을 앞세워 본격적인 북벌을 개시했다. 북벌군은 쑨촨팡(孫傳芳) 군과 우페이푸 군을 격파했다. 그리고 국민정부는 1927년 1월에 우한(武漢)으로 이전했다. 3월에는 상하이까지 제압하여 창장 강 이남을 거의 점령했는데, 3월 24일에 국민혁명군이 난징에 입성할 때 일본 영사관을 포함한 각 영사관과 외국인이 폭행과 약탈을 당하는 피해를 입었다(난징 사건).

이 무렵 우한은 왕징웨이를 비롯한 국민당 좌파의 거점이 되어 있었다. 그들은 공산당과 제휴를 강화하여 당의 주도권을 장악해 나갔다. 그러나 장제스는 4월 12일 상하이에서 공산당계 노동단체의 무장행동대를 무장해제시키고 유혈 사태를 일으켰다(4·12쿠데타). 그 결과 국민당은 반공을 외치게 되고 결국 우한 그룹도 난징정부에 합류하게 된다.

1928년 6월 북벌군이 장쭤린을 만주로 축출함으로써 베이징정부는 멸망했다. 도중에 장쭤린은 일본군에게 살해당했고, 그의 아들인 장쉐량 (張學良)이 이해 말 국민정부를 지지함으로써 중국 통일이 달성되었다. 장제스에 의한 국가 통일은 지방분권을 지향하는 지역 세력을 포섭하면서 이루어진 측면도 있기에, 그가 구상한 중앙집권 국가가 곧바로 형성된 것은 아니었다.

결 론

중국의 미래　　　마오쩌둥은 1956년 11월에 발표한 〈손중산(孫中山) 선생을 기념하며〉라는 글에서 신해혁명을 회고하고 미래를 다음과 같이 내다보았다.

사물은 발전하는 법이다. 1911년의 혁명, 즉 신해혁명부터 올해까지 고작 45년밖에 되지 않았지만 중국의 모습은 완전히 바뀌었다. 또 45년이 지나면 2001년, 말하자면 21세기가 될 것인데 그때 중국의 모습은 훨씬 더 크게 변해 있을 것이다. 중국은 강대한 사회주의 공업국이 될 것이며 그것은 당연한 이치이다. 왜냐하면 중국은 960만 평방킬로미터나 되는 토지와 6억의 인구를 보유한 국가이기 때문이다. 중국은 인류에 더욱 큰 공헌을 하지 않으면 안 된다. 이러한 공헌은 지금까지 긴 세월 동안 너무나 보잘것없었다. 이 점에 대해 우리들은 견딜 수 없이 부끄럽게 생각하고 있다.

하지만 우리는 겸손해야 한다. 현재뿐 아니라 45년 후에도 그러해야 한다. 아니 영원히 그러해야 한다. 중국인은 국제 교류에서 단호하

고 철저하게, 남김없이 완전하게 대국주의(大國主義)를 소멸시켜야
한다(《마오쩌둥어록》, 다케우치 미노루竹內實 옮김).

이처럼 마오쩌둥은 인구와 국토를 근거로 한 강국 의식을 갖고, 사회
주의국가 중국을 예상하면서 국제사회에 대한 공헌의 필요성과 대국 의
식 배제를 말하고 있다. 중화인민공화국의 헌법 전문(前文)에서도 그는
청의 봉건 지배와 열강의 침략으로 반봉건·반식민지 상태로 전락한 중
국이 비록 신해혁명으로 황제지배체제를 타도하기는 했지만 그 혁명은
철저하지 못해서 결국 중국공산당이 고난을 타개했다고 설명했다. 이런
식의 역사 이야기는 명쾌하고 이해하기 쉬울지도 모른다. 그런데 이 책
에서 다룬 30년 동안의 중국에서는 이처럼 단순한 설명으로는 상상할
수 없는, 그야말로 '구국'을 둘러싼 풍부한 이야기가 펼쳐지고 있었다.

'구국'이라는 과제　　이 책에서 다루고 있는 1890년대부터 1920년대 전
반의 시대는 영국을 중심으로 하는 국제 공공재(公共
財)에 바탕을 둔 자본주의 및 주권국가 체계가 확대되는 시기였다. 그 과
정에 중국 대륙에서도 근대적 주권국가로서 '중국' 또는 국민으로서 '중
국인' 의식의 윤곽이 형성되어 간 시대이다.

맨 앞에서 소개한 '잠자는 사자'와 '동아시아의 병부'처럼, 사회진화
론적 세계관의 영향이라는 강한 압박감은 중국 사회에 '구국'(救國)이라
는 과제를 던져 주었다. 그리고 이 과제는 모든 분야에서 구체화되었다.
하지만 사회 전체로 눈을 돌려 보면 구국이라는 과제가 결코 하나의 주
체, 하나의 체계화된 목표 집단으로 수렴된 것은 아니라는 점을 깨닫게

된다.

우선 문제점이나 개선을 위한 이해에서부터 다양한 의견이 존재했다. 또 양장을 한 여학생이나 직업 여성이 사람들의 시선을 모았음에도 실제로 그녀들은 압도적 소수에 불과했던 것처럼, 근대화나 서구화가 사회 전체에서 보편적으로 수용된 것도 아니다. 사회의 말단인 농촌을 보면 토지대장을 만들려는 행위가 촌민으로부터 폭력적인 저항에 부닥친 것처럼, 근대국가의 건설은 그야말로 사회의 혼란을 재촉하는 원인이 되기도 했다.

그러나 근대에 저항하는 전통이나 보수가 강했다는 것을 이유로 근대와 전통을 이분법으로 나누는 것에도 문제가 남는다. 해외로 화인(華人) 이민이 확대되자 청조는 영사관 등을 통해 그들을 보호하려고 했다. 이때 청은 반드시 근대국가의 국민 보호론뿐 아니라, 황제의 덕위(德威)를 확대한다는 왕조의 논리로 이민의 확대와 그 보호 문제를 파악하고 있었다.

그렇다면 구국에서 '국'이란 무엇인가. 영국, 프랑스, 미국 또는 일본 등과 나란히 할 수 있는 '국'이란 무엇일까. 청조 또한 구국의 단위인 '국'이 되려고 했지만, 차츰 '중국'이 그 결집의 중심이 되어 갔다. 그 밑바탕에는 19세기까지 역사적으로 형성된 언어, 문화, 경제 같은 활동이 관련되어 있었을 것이다. 어느 날 갑자기 창조된 것은 결코 아니다.

하지만 본디 청조는 국토를 균질하게 통치한 것도 아니고, 근대적 의미에서의 국민 형성을 이루고 있었던 것도 아니다. 그 통치는 회피 제도를 통해 왕조가 지현(知縣, 현지사)을 파견할 수 있는 현성(縣城), 즉 현급 행정기관 소재지까지 미치는 정도였고, 사회의 기층까지는 이르지 못했다.

아무리 미디어가 발달하고 문자 해득률이 상대적으로 높았다고 해도,

거기에서 곧바로 근대국가의 형성을 실현할 수는 없다. '중국'은 도시 지역의 지식인 가운데에서 서서히 형성된 것으로 보아야 한다. 여러 우여곡절이 있었지만, 저항 내셔널리즘이라는 논리까지 더해져 '중국'이라는 윤곽은 특히 연안 지역 한인들을 중심으로 확산되어 갔다.

영토와 민족, 인구 이동

그런데 그 '중국'이라는 공간 설정에 청조의 판도가 전제되어 있었다는 점에 유의할 필요가 있다. 18세기의 인구 증가와 개발 붐으로 서서히 변경으로 쫓겨나 '소수민족'이라 불리게 된 사람들도 청대에는 한인보다 자립성이 강했으며 통치에서도 한인과 분리되어 있었다. 이는 청의 황제가 만주, 몽골, 한인의 수반이었던 점에서도 이해할 수 있다. 그러나 근대국가의 논리와 '중국'의 형성은 이러한 다원적 통치 형태를 한인 중심으로 단일화하고, 비한인의 자립성을 끌어내리면서 진행된 측면이 있다.

또한 5족공화라는 논리에 나타나 있듯이, 한인 중심이면서도 청 황실 우대 조건 등을 통한 다민족 국가 '중국'의 윤곽이 보이며, 청의 판도가 중화민국에도 계승되었다. 그런데 이러한 '민족' 통합은 민족 내부의 다양성을 가벼이 여기는 측면도 있었을 것이다. 결국 근대국가 건설을 위한 여러 정책과 신해혁명 전후 판도의 계승은 20세기 이래 오늘날까지 이어지고 있는, 이른바 민족 문제의 배경이 되고 있다.

18세기의 인구 확대는 성 경계 지역이나 성이 있는 지역에서 가까운 변부로까지 확대되었다. 19세기에는 태평천국 등에 따른 혼란도 작용하여 인구 이동이 더욱 활발해졌다. 거기에는 동남아시아뿐 아니라 태평양 항로를 통한 미국 이민도 나타나며 과거에 이민이 금지되어 있던 만주 등도 이민지가 되었다. 이민자들은 고향과 유대를 유지하고 있었으며, 고향으로 보내는 송금은 경제적으로도 큰 의미를 갖고 있었다.

20세기 초두에는 수천 명의 유학생이 해외로 건너갔다. 유학생과 화교들은 새로운 지식과 정보를 가져오는 존재로서, 특히 상인은 자금원으로서 중앙정부와 지방정부 때로는 반(反)정부 조직의 주목을 받았다. 해외에 상회(商會)가 조직되고 공자묘가 축조된 것도 청말 이후의 일이었다. 쑨원도 화교 사회를 전전하면서 자금을 모았다. 중앙정부 편이든, 반정부 측이든, 중국 국내의 정치 상황이 이민자를 통해 국내외로 확대해 갔음을 보여 준다.

그런데 이동에 대한 규제가 철폐되면서 한층 강화된 사람들의 대이동은, 압도적인 인구를 가진 한인이 나라 안팎으로 확대되었다는 측면도 갖고 있었다. 베이징의 경우만 보아도 청대에는 자금성 주변에 만주인이나 한인 관료층이 많았고 일반 한인은 기본적으로 첸먼(前門) 이남에 모여 살고 있었지만, 20세기 이후에는 첸먼 북측에도 일반 한인이 많이 살게 되었다.

저마다 다양한 근대의 풍경   19세기 말부터 20세기 초에는 확실히 중국도 세계적인 '모던'의 시대에 들어가 있었다. 헤어스타일과 옷차림 같은 외모의 변화뿐 아니라 서양의 지식도 직접 또는 일본을 거쳐 유입되었다. 이런 '모던' 양식은 기존의 교양이나 지식과 연관되면서 소화·흡수되었고 구국에 도움을 주었다.

서양과 근대의 지식, 기술은 여러 형태로 다양한 주체에게 수용되었다. 각각의 주체는 자신들의 생각에 기초해 개인적인 이익을 추구하면서 나아가 구국이나 강국의 길을 모색했다. 크게 보아 이런 과정은 국가기구 건설, 법제 정비, 교육과 위생 확보, 국권 옹호와 회수 같은 공통성을 띠고 있었다. 이 과정에서 주체는 중앙정부와 지방정부에 한정하지 않았고 구체적인 내용과 방법도 다양했다. 다양한 주체들이 저마다 구국이나 강국화 같은 목표를 꺼안고 대체로 같은 방향을 향하면서도, 그것이 어떤 하나의 주체로 수렴되지는 않았던 것이다.

이 시기에는 그야말로 다양한 언론이 등장했고, 구국을 위한 여러 정책들이 현실 정치와 맞물리며 몇 가지 대립 축을 만들어 냈다. 정치의 장에서는 공화제인가 입헌군주제인가 하는 문제, 그리고 중앙집권인가 지방분권인가 하는 문제가 논의되고 있었다. 양자는 서로 관련되어 있었지만, 개별 정치가나 논객에 따라 입장이 달랐다. 저마다 자신에게 유리한 국가 형태를 주장했다고 볼 수 있다. 여하튼 구국을 위한 새로운 국가상은 하나의 이미지로 귀결되지 않았다. 그 밖에도 민주와 자유, 과학 같은 명제를 둘러싸고도 토론이 활발하게 펼쳐졌다. 19세기 말부터 20세기 초두에 이러한 국가상을 둘러싼 다양한 경연(競演)은, 규모가 크고 국내에 다양한 요소를 가진 중국의 역사에 꼭 필요했던 시기였다고 볼 수 있다.

지방의 시대 19세기 중반 이후 오늘날까지 150년의 중국을 조망해 볼 때, 이 책에서 다룬 시기에는 중앙집권의 정도가 실질적으로 약해지고 있었음이 분명하다. '대일통'(大一統)을 중요하게 여긴다면 '분열의 시대'라고 하며 부정적으로 평가할 수도 있을 것이다. 비록 중앙집권은 약해졌다고 하지만 그에 대치되는 지방이 촌락 등 기층사회로까지 분절화(分節化)되어 버린 것은 아니었고, 어디까지나 성(때로는 현)이 그 '지방'을 체현하는 장이 되었다. 물론 성 중에도 중앙-지방 관계가 있고 성이 촌락 사회까지 권력을 침투시키려고 한 경우도 있지만, 적어도 이 시기에는 중앙정부가 말단에까지 권력을 행사하기에는 반발이 너무 심했고 잘 이루어지지도 않았다.

이렇게 볼 때 '지방'으로서 성이 주도적인 역할을 담당하는 상황이 이 시대의 한 가지 특징이라고 할 수 있다. 신해혁명도 성의 자립을 통해 진행되었다. 그리고 그 성 출신자가 그 성을 다스린다는 의미에서 본성 대 외성이라는 논리가 강조되었다. 이것은 해당 성 출신 군사 지도자의 통치에 정당성을 부여하는 논리이기도 했다. 종래 청조의 회피제와는 다르지만 지역사회에서 전통적으로 활약하고 있던 사신층(士紳層)이 점차 활동 공간을 확대했다는 점에서는 청말과 연속성이 있다.

무장 사회와 '군벌'

이처럼 사회가 분절화된 배경에는 사회 전체의 무장화와 군사력의 분산화가 있었다. 이런 모습은 19세기 중반부터 20세기 중반까지 중국의 특징을 이루고 있다. 군사력을 통솔할 수 있었던 것은 지방 대관과 북양군의 영수 위안스카이였고, 그 중심을 두르고 있던 테두리가 벗겨지고 나면 다시 몇 개의 성 또는 그 아래에 있는 군사 세력이 각각 자립하는 상황이었다. 이런 상황은 통치의 분열을 가져왔고, 또 군사 세력이 일으키는 전란은 사회 혼란을 초래했다.

그 때문에 특히 통일을 중시하는 이들은 지방의 군사장관이 중앙에 대해서 자립적인 상황을 비판하고, '군벌'이라는 말을 사용하는 경우가 많았다. 지방의 군사장관이 스스로를 '군벌'이라 부를 리는 없으니, 이

용어는 확실히 특정한 역사관을 드러내는 용어라 할 수 있다.

지방의 군사장관들은 중앙정부에 대한 자립을 주장했지만 그렇다고 '중국'을 부정하거나 '중화민국'과 다른 나라를 건설하려 한 것은 아니었다. 오히려 산둥 문제나 21개조 요구 같은 외교 문제에는 민감하게 반응했다. 지방자립주의라는 것이 내셔널리스트와 반드시 모순 관계를 이룬 것은 아니었다.

국가와 사회의 관계 20세기 초두에는 의회가 충분히 기능하지 못했고, 국가와 사회 또는 동향 출신의 관계가 제도적으로 단절되어 있었던 측면이 있다. 그러나 청말에 정비된 전신망과 미디어의 발달, 그리고 식자층의 존재 덕분에 다양한 '공론'의 장이 형성되었다. 그것을 지탱한 것이 통전(通電)이라는 방식이다. 통전은 개인이나 조직이 이용 가능한 수단으로써 각 주체에게 일제히 전보를 송신하는 것이다. 이렇게 자신의 의견을 표명하고 또 그것이 신문 등에 실렸는데, 주로 도시 지역을 중심으로 정보와 토론을 공유할 수 있었다. 의회가 없어도 이 같은 수단을 통한 토론의 장은 유지될 수 있었다. 또 각 성의회나 지방의 군사장관들도 경쟁적으로 수평적으로 정보를 교환했으며, 각지의 사회단체도 점차 전국 조직을 만들어 나갔다. 그 무렵 중국에는 대중매체라고 부를 만한 정도의 미디어는 없었지만, 이러한 '공론'의 장은 여론 형성과도 깊은 관련을 갖고 있었으리라 생각된다.

정당과 정치 1910년대 말부터 1920년대에 걸쳐서 중국 정치는 새로운 국면으로 들어간다. 국제사회의 커다란 변모 속에서 윌슨주의나 사회주의 등이 유입됨과 동시에 소비에트러시아에서 소련(소비에트연방)으로 계승된 여러 가지 정치 운영 방식이 중국에 커다란 영향을 주었다.

특히 정부에 대한 정당의 지도제(指導制), 정부가 아니라 정당에 귀속되어 군대 등 여러 가지 정치 운영 방식이 국민당에 채용되었다. 선전과 동원이라는 새로운 수단에 바탕을 둔 정치운동도 펼쳤다. 이러한 특징은 공산당과의 협력 관계가 없어지거나 국민당 좌파의 영향력이 저하된 경우에도 크게 변하지 않았다. 광둥 국민정부는 훈정 아래에서 노동자의 파업과 농민운동을 지도하고 민족자본의 지원을 받으면서 재원을 확보했다. 나아가 소련의 지원을 받으면서 강력한 군대를 육성함으로써 베이징정부보다 우월한 지위를 획득하고 1928년에는 전국을 통일했다.

혁명과 폭력 이 책에서 다룬 시대는 정치운동이 활발했던 시대이다. 이 시기에는 갖가지 정의(正義)가 주창되었고, 동시에 정의를 위한 폭력과 테러, 살인 따위가 긍정적으로 파악되는 분위기가 있었다. 위안스카이가 쑹자오런을 죽인 것은 암살이고, 혁명파가 누군가를 죽이면 의거가 되는 분위기가 존재했다. 그리고 여러 언론들은 죽은 이에 대한 자리매김을 시도했다.

혁명을 둘러싼 언설은 정의와 정당성을 둘러싼 논의와 밀접하게 얽혀 있었다. 옳고 그름(正邪)을 명확히 하고, 그 정의를 위해 폭력을 사용하는 것은 긍정되었다. 5·4운동 당시 차오루린의 자택에서 장쭝샹이 학생들한테 아무리 구타를 당해도 그것은 '민족의 배신자'에 대한 정의로운 행동으로 묘사되었다. 이러한 정의와 폭력의 관계는 이후의 중국사에도 깊이 얽히게 된다.

중국의 '외교'　이 시기의 대외 관계는 단순히 침략에 대한 저항이나 불매운동 같은 것만으로 설명할 수 없다. 정부에 대한 외국의 승인은 정당성의 근원 가운데 하나였을 뿐 아니라, 차관이나 관세를 획득할 수 있는 실질적인 의미도 갖고 있었다. 재정 기반이 취약했던 중앙정부는 물론 지방정부도 열강과 협력할 필요가 있었다. 그러므로 외교권의 통일 또는 지방의 경우 어느 정도 교섭권을 확보하는 과제는 제도적이고 또 실질적인 문제였다.

그렇지만 열강에게 또다시 국권을 박탈당한 사태는 국내에서 격렬한 반발에 부딪혔고, 상실된 국권을 회수하지 못하는 것도 사회의 조바심을 불러왔다. 반대로 불평등조약 개정과 국권 회수는 국내에서 지지를 얻을 수 있는 과제이기도 했다. 국제사회의 지위 또한 중국의 외교적 과제이자 동시에 사회의 관심사였다. 베이징정부는 이러한 점들에 대해 어느 정도 성과를 올리고 있었다. 그러나 선전과 동원이라는 수단을 갖지 못한 베이징정부는 이러한 성과들을 자신들에 대한 사회적 지지로 연결시키지 못했다.

쑨원의 유촉을 받은 광둥정부는 제국주의 타도와 불평등조약 개정을 슬로건으로 내걸고, 그것을 지식인과 대중 동원의 동력으로 삼았다. 마침 5·30 사건이 일어남에 따라 그 슬로건은 더 공감을 얻었다. 외교는 대내적으로도 정당성을 획득했고 사람들을 동원하는 동력이 되었다. 그

만큼 도시 지역에서는 불평등조약에 따른 폐해가 심했으며, 또한 불평등 조약과 국권 상실이 내셔널리즘의 중요한 한 요소가 되어 있었던 것이다. 그렇다고 광둥정부나 난징 국민정부가 이른바 혁명 외교를 실현할 수 있었던 것은 아니다. 열강과 교섭할 때 베이징정부의 조약 외교를 계승하고, 대내적으로는 혁명 외교를 호소하며 대중 동원을 방패로 삼아 교섭을 수행해 나갔다.

주권과 통일, 대국화 이 책에서 다룬 시기에 중국의 외교에서 무엇보다 중시된 것은 바로 주권과 통일 문제였다. 이것은 미국이 의화단전쟁 전에 문호개방 통첩과 함께 주장한 내용이었고, 워싱턴회의에서 체결된 9개국조약에 포함된 내용이기도 했다. 중국 측은 주권과 통일 문제를 파리강화회의와 워싱턴회의에서 제기했다. 주권과 통일을 보전하는 것이야말로 구국의 대전제였다. 그리고 주권과 통일이 침해받아 온 과정, 즉 침략을 받아 온 과정으로서 국가의 역사가 편성되어 교과서 등에 나타나게 된 것도 이 시대의 특징이다.

중국은 국제적 지위의 향상에도 여념이 없었다. 물론 한계도 있었지만 당시 중국에서는 외교관뿐 아니라 언론계에서도 3등국에서 2등국, 그리고 1등국으로 약진하기를 희망하고 있었다. 거기에는 중국이 반드시 1등국이 되어야 한다는 전제가 있었을 것이다. 이 주장을 할 때는 인구와 면적, 유구한 역사라는 논리가 동원되었다. 당시에는 몇 등국인가 하는 것이 국제회의에서 대표의 수를 결정하는 데 직결되는 가시적이고 실질적인 문제였다. 따라서 일본을 포함한 후발 국가들은 이 점에 집착하고 있었다. 그런 의미에서 중국 또한 일본을 포함한 다른 나라들과 동일한 문제를 공유하고 있었던 것이다.

'중국'의 윤곽　　　정리하자면 이 책에서 다룬 30년은 근대적인 의미에서 '중국'의 윤곽이 지리·사람·정치·사상의 측면에서 형성된 시기라고 할 수 있다. 물론 정당과 정부, 정당과 군대의 관계 등 현대에도 계속되고 있는 문제는 1920년대 이후의 논점이겠지만, 그래도 내셔널리즘과 주권, 역사의 문제와 정의의 규정 그리고 이른바 민족 문제를 비롯하여 오늘날까지 이어지는 역사적인 사상(事象)들이 많이 보인다.

또한 이 시기는 '구국'을 위한 다양한 구상이 넘쳐났고, '중국' 사람들의 상상력이 가장 팽창했던 때이기도 하다. 현대에는 볼 수 없는 '중국'의 다양한 가능성이 활발하게 제시된 시기라고 할 수 있을 것이다.

요컨대 이 시기에는 20세기에서 오늘날에 이르는 중국의 갖가지 문제가 형성되었을 뿐 아니라, 그 해결 방법과 대책에 대한 폭넓은 구상이 생겨났다는 점에서 미래를 전망할 수 있는 재료들로 가득 차 있다. 이런 모습이 사실은 지금껏 혼란기라고 불러 온 1894년부터 1925년까지 30년의 역사였다라고 한다면 지나친 평가일까?

후 기

　이 책을 집필하며 나 스스로 부과한 과제는 공산당 사관과 국민당 사관 모두와 어느 정도 거리를 두고, 동시대의 감각을 중시하면서 1890년대 중반 이후 30년 동안의 역사를 그려 내는 것이었다. 변법의 실패와 신해혁명, 5·4운동, 국민혁명 등으로 변혁(의 실패)이나 혁명의 시대로서가 아니면, 청의 쇠퇴와 군벌 혼란이라는 부정적 서술이 되기 쉬운 이 시기의 역사를, 나는 연속성과 변화를 아우르는 역사 과정으로서 그려 내고 싶었다. 아울러 전통에서 근대로의 전환을 지나치게 중시하여, 근대국가 건설을 옳은 길로 보는 역사관과도 어느 정도 거리를 두고 싶었다.

　이 시대는 19세기 세계와 20세기 세계의 교차점에 해당한다. 19세기 후반 이래 진행된 변화 속에서 '구국'을 내건 지식인이나 관료들이 서양과 일본으로부터 지식을 흡수하면서 다양한 국가 구상과 장래의 모습을 제기했고, 한편에서는 자신의 과거를 뒤돌아보고 새로운 해석을 펼치면서 아이덴티티를 다시 형성해 갔다. 오늘날까지 사용되고 있는 근대국가 '중국'이라는 개념이 형성된 이 시기에는, 20세기 중국 또는 21세기의 중국을 바라볼 때 빠뜨릴 수 없는 다양한 요소들이 모두 모여 있다는 느낌을 준다. 영토를 둘러싼 주권의 표현과 외세 배척 운동도 이 시기에 형성된 개념이며 운동 방식이었다.

요즘 들어 중국의 장래나 중일 관계의 전망이 자주 화제에 오르고 있다. 물론 현상(現狀)에 대한 연구도 중요하다. 하지만 중국 근현대사를 공부함으로써 중국 자체에 내재해 있는 여러 가능성과 국제사회에서 지위를 향상시키기 위한 모색 등을 몸으로 느낄 수 있으니, 이야말로 역사를 통해 현대를 바라보는 맛이 아니겠는가.

이 책을 잘 마무리할 수 있었던 것은 '첫 독자'인 이와나미신서(岩波新書) 편집부의 오다노 고메이(小田野耕明) 씨를 비롯한 여러 분들의 도움 덕분이다. 동료인 무라다 유지로(村田雄二郎) 씨, 연구실의 동창인 무라카미 에이(村上衛) 씨(요코하마국립대학)가 원고를 읽어 주고 여러 방면에서 가르침을 주었다. 진심으로 감사드린다.

2010년 11월 상순 요코하마 우거(寓居)에서

가와시마 신(川島 眞)

참고문헌

전체

飯島渉,《感染症の中国史: 公衆衛生とアジア》, 中公新書, 2009.

池田誠·安田三吉·副島昭一·西村成雄,《図説 中国近現代史》第3版, 法律文化社, 2009.

尾形勇·岸本美緒 編,《中国史》, 山川出版会, 1998.

川島真,《中国近代外交の形成》, 名古屋大学出版会, 2004.

川島真·腹部龍二 編著,《東アジア国際政治史》, 名古屋大学出版社, 2007.

川島真·毛理和子,《グローバル中国への道程: 外交150年》, 岩波書店, 2009.

菊池秀明,《ラストエンペラーと近代中国: 清末 中華民国》, 講談社, 2005.

工藤章·田嶋信雄 編,《日独関係史 1890~1945 I 総説 / 東アジアにおける邂逅》, 東京大
　　学出版会, 2008.

久保亨·土田哲夫·高田幸男·井上久士,《現代中国の歴史: 両岸三地100年のあゆみ》, 東
　　京大学出版会, 2008.

小島晋二·並木頼寿 編,《近代中国研究案内》, 岩波書店, 1993.

佐藤慎一,《近代中国の知識人と文明》, 東京大学出版会, 1996.

謝黎,《チャイナドレスをまとう女性たち: 旗袍にみる中国の近·現代》, 青弓社, 2004.

將延黻,《中国近代史》, 長沙商務印書館, 1938.

末次玲子,《20世紀中国女性史》, 青木書店, 2009.

田中正俊,《田中正俊歴史論集》, 汲古書院, 2004.

永井算巳,《中国近代政治史論叢》, 汲古書院, 1983.

並木頼寿井上裕正,《世界の歴史19中華帝国の危機》, 中央公論新社, 2008.

並木頼寿大里浩秋·砂山幸雄 編著,《近代中国教科書と日本》, 研文出版, 2010.

浜下武志,《近代中国の国際的契機: 朝貢貿易システムと近代アジア》, 東京大学出版会,
　　1990.

坂野正高,《近代中国政治外交史: ヴァスコ·ダ·ガマから五四運動まで》, 東京大学出版
　　会, 1973.

姫田光義·阿部治平·笠原十九司·小島淑男·高橋孝助·前田利昭,《中国近現代史》上巻,

東京大学出版会, 1982.

松丸道雄ほか 編,《世界歴史大系 中国史5 清末～現在》, 山川出版社, 2002.

歴史学研究会 編,《世界史史料9 帝国主義と各地の抵抗Ⅱ》, 岩波書店, 2008.

楊瑞松,〈睡獅将醒: 近代中国国族共同体論述中的'睡'与'獅'意象〉,《国立政治大学歴史学報》第30期, 2008.

楊瑞松,〈想像民族恥辱: 近代中国思想文化史上的'東亜病夫'〉,《国立政治大学歴史学報》第23期, 2005.

吉澤誠一郎,《天律の近代: 清末都市における政治文化と社会統合》, 名古屋大学出版会, 2002.

吉澤誠一郎,《愛国主義の創成: ナショナリズムから近代中国をみる》, 岩波書店, 2003.

Paul A. Cohen, *Discovering History in China*, New York: Colombia University Press, 1984.

서론 · 1장

區建英,《自由と国民 厳復の模索》, 東京大学出版会, 2009.

岡本隆司,《馬建忠の中国近代》, 京都大学学術出版会, 2007.

岡本隆司·川島真 編著,《中国近代外交の胎動》, 東京大学出版会, 2009.

呉密察,〈日清戦争と台湾〉, 東アジア近代史学会 編,《日清戦争と東アジア世界の変容》上巻, まゆに書房, 1997.

高橋章,《アメリカ帝国主義成立史の研究》, 名古屋大学出版会, 1999.

高柳信夫,〈'天演論'再考〉,《中国哲学研究》3号, 1991.

茅海建,《戊戌変法史事考》, 三聯書店, 2005.

村上衛,〈沿海社会と経済秩序の変容〉, 飯島渉ほか 編,《シリーズ 20世紀中国史1 中華世界と近代》, 東京大学出版会, 2009.

村上衛,〈清末厦門における英籍華人問題〉, 森時彦 編,《20世紀中国の社会システム》, 京都大学人文科学研究所, 2009.

村田雄二郎 編,《新編 原典中国近代思想史2 万国公法の時代: 洋務·変法運動》, 岩波書店, 2010.

茂木敏夫,〈中国的世界像の変容と再編〉, 飯島渉ほか 編,《シリーズ 20世紀中国史1 中華世界と近代》, 東京大学出版会, 2009.

本野英一,《伝統中国商業秩序の崩壊: 不平等条約体制と'英語を話す中国人'》, 名古屋大学出版会, 2004.

楊天宏,《口岸開放与社会変革: 近代中国自開商埠研究》, 中華書房, 2002.

2장

飯島渉,〈'裁釐加税'問題と清末中国財政: 1902年中英マッケイ条約交渉の歴史的位置〉,《史学雑誌》102編 11号, 1993.

石川禎浩,〈近代東アジア"文明圏"の成立とその共通言語: 梁啓超における'人種'を中心に〉, 狭間直樹 編,《西洋近代文明と中華世界》, 京都大学学術出版会, 2001.

貴志俊彦,〈清末の軍制改革: '北洋六鎮'成立過程にみられる中央と地方の改革モデル〉,《島根県立国際短期大学紀要》3号, 1996.

黄克武(千葉正史 訳),〈新語戦争: 清末の厳復訳語と和製漢語の争い〉, 貴志俊彦·谷垣真理子·深町英夫 編,《模索する近代日中関係: 対話と競存の時代》, 東京大学出版会, 2009.

黄福慶,《清末留日学生》, 中央研究院近代史研究所, 1982.

坂元ひろ子,《中国民族主義の神話: 人種·身体·ジェンダー》, 岩波書店, 2004.

佐藤公彦,《義和団の起源とその運動: 中国民衆ナショナリズムの誕生》, 研文出版, 1999.

佐藤公彦,《清末のキリスト教と国際関係》, 汲古書院, 2010.

高柳信夫,〈梁啓超の'孔子'像とその意味〉, 高柳信夫 編著,《中国における'近代知'の生成》, 東方書店, 2007.

田中比呂志,〈近代中国の国民国家構想とその展開〉, 久留島浩·趙景達 編,《アジアの国民国家構想》, 青木書店, 2008.

千葉正史,《近代交通体系と清帝国の変貌: 電信·鉄道ネットワークの形成と中国国家統合の変容》, 日本経済評論社, 2006.

平野聡,《清帝国とチベット問題: 多民族統合の成立と瓦解》, 名古屋大学出版会, 2004.

平野聡,《大清帝国と中華の混迷》, 講談社, 2007.

宮坂宏,〈清国の法典化と日本法律家: 清末の刑法典編纂の問題について〉, 仁井田陞博士追悼論文集編集委員会 編,《仁井田陞博士追悼論文集 第3巻 日本法とアジア》, 勁草書房, 1970.

村田雄二郎,〈20世紀システムとしての中国ナショナリズム〉, 西村成雄 編,《現代中国の構造変動3 ナショナリズム》, 東京大学出版会, 2000.

3장

市古宙三,《近代中国の政治と社会》, 東京大学出版会, 1971.

貴志俊彦,〈'北洋新政'体制下における地方自治の形成: 天津県における各級議会の成立と限界〉, 横山英・曾田三郎 編,《中国の近代化と政治的統合》, 渓水社, 1992.

黄東蘭,《近代中国の地方自治と明治日本》, 汲古書院, 2005.

曾田三郎,〈清代の産業行政をめぐる分権化と集権化〉, 横山英・曾田三郎 編,《中国の近代化と政治的統合》, 渓水社, 1992.

曾田三郎,《立憲国家中国への始動: 明治憲政と近代中国》, 思文閣出版, 2009.

田中比呂志,〈清末民初における地方政治構造とその変化: 江蘇省宝山県における地方エリートの活動〉,《中学雑誌》104編 3号, 1995.

千葉功,《旧外交の形成: 日本外交 1900~1919》, 勁草書房, 2008.

張朋園,《梁啓超与清季革命》, 中央研究院近代史研究所, 1964.

藤谷浩悦,〈辛亥革命の心性: 湖南省の民衆文化を中心に〉, 飯島渉ほか 編,《シリーズ 20世紀中国史1 中華世界と近代》, 東京大学出版会, 2009.

村田雄二郎,〈中華民族論の系譜〉, 飯島渉ほか 編,《シリーズ 20世紀中国史1 中華世界と近代》, 東京大学出版会, 2009.

村田雄二郎 編,《新編 原典中国近代思想史3 民族と国家: 辛亥革命》, 岩波書店, 2010.

山田賢,〈世界の破滅とその救済: 清末の'救劫の善書'について〉,《史朋》30号, 1998.

横山宏章,《孫文と袁世凱: 中軍統合の夢》, 岩波新書, 1996.

4장

愛新覚羅 溥儀 著(小野忍ほか 訳),《わが半生: '満州国'皇帝の自伝》, 筑摩書房, 1977.

石川禎浩,〈20世紀初頭中国における"黄帝"熱: 排満・肖像・西方起源説〉,《二十世紀研究》3号, 2002.

片岡一忠,〈辛亥革命時期の五族共和論をめぐって〉, 田中正美先生退官記念論集刊行会 編,《中国近現代史の諸問題》, 国書刊行会, 1984.

金子肇,《近代中国の中央と地方: 民国前期の国家統合と行財政》, 汲古書院, 2008.

金子肇,〈政治制度の変遷と中央・地方関係〉, 飯島渉ほか 編,《シリーズ 20世紀中国史2 近代性の構造》, 東京大学出版会, 2009.

佐藤仁史,〈清末民初の政争における地域対立の構図: 江蘇省嘉定県におけるエリート・自治・政党〉,《歴史学研究》806号, 2005.

田中比呂志,〈地域社会の構造と変動〉, 飯島渉ほか 編,《シリーズ 20世紀中国史2 近代性の構造》, 東京大学出版会, 2009.

陣来幸,〈民国初期における商会の改組と商民統合〉,《人文論集》33巻 4号, 1998.

塚本元,《中国における国家建設の試み: 湖南1919~1921年》, 東京大学出版会, 1994.

広川佐保,〈'藩部'と'内地': 20世紀前半の内モンゴル〉, 飯島渉ほか 編,《シリーズ 20世紀中国史1 中華世界と近代》, 東京大学出版会, 2009.

野村浩一,《近代中国の思想世界:〈新青年〉の群像》, 岩波書店, 1990.

山田辰雄,〈袁世凱帝制論再考〉, 山田辰雄 編,《歴史のなかの現代中国》, 勁草書房, 1996.

Jerome Ch'en, *The Military-Gentry Coalition: China Under the Warlords*, Toronto: Joint Centre on Modern East Asia, University of Toronto-York University, 1979.

5장

阿部洋,《'対支文化事業'の研究: 戦前期日中教育文化交流の展開と挫折》, 汲古書院, 2004.

石川禎浩,《中国共産党成立史》, 岩波書店, 2001.

岡本隆司,〈1920年代中国の内債問題〉, 狭間直樹 編,《1920年代の中国》, 汲古書院, 1995.

笹川裕史,〈農村社会と政治文化〉, 飯島渉ほか 編,《シリーズ 20世紀中国史2 近代性の構造》, 東京大学出版会, 2009.

城山智子,〈中国と世界経済〉, 飯島渉ほか 編,《シリーズ 20世紀中国史2 近代性の構造》, 東京大学出版会, 2009.

陣内秀信·朱自暄·高村雅彦 編,《北京: 都市空間を読む》, 鹿島出版者, 1998.

唐啓華,《北京政府与国際聯盟(1919~1928)》, 東大図書公司, 1998.

唐啓華,〈1924年'中俄協定'与中俄旧約廃止問題: 以'密件議定書'為中心的探討〉,《近代史研究》 2006年 第3期.

唐啓華(戸部健 訳),〈国際社会と中国外交〉, 飯島渉ほか 編,《シリーズ 20世紀中国史2 近代性の構造》, 東京大学出版会, 2009.

狭間直樹,〈国民革命の舞台としての1920年代の中国〉, 狭間直樹 編,《1920年代の中国》, 汲古書院, 1995.

Akira Iriye, *After Imperialism: The Search for a New Order in the Far East, 1921~1931*, Cambridge: Harvard University Press, 1965.

Yongjin Zhang, *China and the Great War: China's Pursuit of a New National Identity and Internationalization*, Cambridge: Cambridge University Press, 1991.

※ 본문에서 직접 언급하지 않았지만 이 책을 집필하는 데 참고한 문헌이다. 장마다 분류하고 있지만 반드시 각 장에만 해당되는 것은 아니다. 지면 관계상 모두 나열할 수는 없지만 수많은 문헌에 도움을 받았다.

연 표

1894	3월 조선에서 동학당의 난. 7월 청일전쟁 발발. 11월 쑨원, 호놀룰루에서 흥중회 설립.
1895	4월 시모노세키조약 조인. 3국간섭. 5월 캉유웨이, 변법의 상서. 6월 타이완 총독부, 시무식.
1896	1월 캉유웨이 등《강학보》발간. 6월 러청밀약. 8월 량치차오 등《시무보》발간.
1897	10월 대한제국 성립.
1898	3월 독, 자오저우 만 조차. 러 뤼순·다롄 조차. 6월 영, 주룽반도 조차. 광서제, 무술변법 개시. 7월 영, 웨이하이웨이 조차. 경사대학당 설립. 9월 무술정변. 12월 량치차오《청의보》발간.
1899	3월 의화단, 산둥 성에서 폭동. 9월 미국, 문호개방 선언. 11월 프랑스, 광저우 만 조차.
1900	6월 의화단, 베이징의 공사관 포위. 청조, 열강에 선전포고. 8월 8개국 연합군, 베이징 점령. 자립군 봉기.
1901	1월 변법 예약의 조(詔). 7월 총리아문이 외무부로. 9월 신축화약(베이징의정서). 11월 이홍장 사망.
1902	2월 량치차오《신민총보》발간. 8월 흠정학당장정. 9월 영국과 맥케이조약.
1903	4월 거아운동. 6월《소보》사건. 7월 동청철도 개통. 9월 상부 설치. 11월 황싱·쑹자오런 등 화흥회 설립.
1904	2월 러일전쟁 발발. 청, 국외중립 선언. 10월 차이위안페이·장빙린 등 광복회 설립.
1905	5월 반미 보이콧운동. 8월 쑨원 등 중국동맹회 결성. 9월 과거 폐지. 러일 포츠머스조약. 12월 고찰헌정오대신 파견. 일본과 베이징조약.
1906	9월 예비입헌 선언. 11월 중앙 관제 개혁.
1907	5월 고찰헌정 3대신 파견. 중국동맹회, 차오저우봉기.
1908	9월 흠정헌법대강 발포. 11월 광서제 사거. 서태후 사거. 12월 선통제 푸

	이 즉위.
1909	10월 각 성 자의국 개국.
1910	10월 자정원 개원.
1911	5월 내각 관제 제정. 친귀(親貴)내각. 철도국유화 발표. 6월 쓰촨 보로동지회 성립. 10월 우창봉기. 신해혁명. 후베이 군정부 성립. 11월 위안스카이 내각 성립. 12월 외몽골 독립선언. 혁명군, 난징 점령.
1912	1월 난징에 중화민국임시정부 성립. 쑨원, 임시대총통 취임. 2월 선통제 퇴위. 청조 멸망. 3월 위안스카이, 임시대총통 취임. 임시약법 공포. 8월 중국동맹회 등을 국민당으로 개조.
1913	2월 국회의원 선거. 3월 쑹자오런 암살. 4월 선후차관. 7월 제2혁명. 10월 위안스카이, 정식으로 대총통에. 열강, 중화민국 정부 승인. 11월 중러협정.
1914	1월 위안스카이, 국회 해산. 5월 중화민국약법 공포. 7월 쑨원, 도쿄에서 중화혁명당 결성. 제1차 세계대전 발발. 8월 국외중립 선언. 9월 일본군, 산둥반도 상륙.
1915	1월 일본, 21개조 요구. 반일운동. 5월 요구 수락. 9월 천두슈 등《신청년》발간. 12월 위안, 제제 선언. 제3혁명.
1916	3월 제제 취소. 4월 돤치루이, 국무총리 취임. 6월 위안스카이 사망. 리위안훙, 대총통 취임. 8월 국회 회복. 12월 차이위안페이, 베이징대학 학장 취임. 신문화운동.
1917	1월 니시하라차관. 7월 복벽 실패. 8월 베이징정부, 제1차 세계대전 참전. 9월 광저우에 군정부 성립. 쑨원 대원수.
1918	5월 중일군사협정. 10월 쉬스창, 대총통 취임. 11월 제1차 세계대전 종결.
1919	1월 파리강화회의 개시. 2월 남북화의. 5월 5·4운동. 6월 강화조약 조인거부 표명. 7월 카라한선언. 10월 중국국민당 성립.
1920	6월 국제연맹 가맹. 7월 안즈(安直)전쟁.
1921	5월 중독, 평등조약 체결. 7월 공산당 제1회 전국대표대회. 11월 워싱

턴회의 개시.

1922	1월 후난성헌법 발포. 2월 9개국조약. 4월 제1차 펑즈(奉直)전쟁.
1923	1월 쑨원-요페 선언. 2월 2·7참안. 뤼다 회수 운동. 9월 관동대지진. 중국인 학살 사건. 10월 차오쿤 회선.
1924	1월 국민당 제1회 전국대표대회. 5월 중소협정. 6월 황푸군관학교 개교 (교장 장제스). 9월 제2차 펑즈전쟁. 10월 펑위샹, 베이징 정변.
1925	3월 쑨원 사망. 5월 5·30 사건. 6월 성항(省港) 파업. 7월 광둥에서 국민정부 성립.

옮긴이 후기

　　1980년대 후반 이래 서구에서 유행한 포스트모더니즘이나 탈식민주의 그리고 오리엔탈리즘 비판은 중국 근대사 연구에도 영향을 주었다. 특히 폴 코언(Paul Cohen) 같은 사람은 근대화론이든 제국주의론이든 모두 서구 중심주의적 발상이라는 점에서는 일치한다고 하면서, 일종의 내재적 발전사관이라 할 수 있는 '중국 중심'(China-Centered)의 연구를 제시하기도 했다. 하지만 이 책의 지은이를 비롯해 국내에도 발표된 《중국 민족주의의 신화》의 저자 사카모토 히로코(坂元ひろ子)나 《애국주의의 형성》의 저자 요시자와 세이치로(吉澤誠一郎) 등은 서구 중심주의에 반발하여 등장한 내재적 발전사관이 오히려 동양과 서양의 이항 대립을 설정함으로써 오리엔탈리즘의 오류에 빠질 수 있다고 지적한다. 그들은 식민지 본국뿐 아니라 식민지·반식민지 국가들에도 전이된 '근대국가 만들기'(nation building)라는 과제와 얽힌 공통성, 공시성(共時性)에 주목할 것을 제안했다. 나아가 중국의 근대국가 만들기 과정에서 드러난 소수민족이나 타인종에 대한 차별과 배제에도 주목해야 한다고 한다. 이러한 관점은 중국을 조선과 함께 식민주의의 피해자로만 생각하

고, 그래서 식민지 근대화론을 받아들이기 어려운 한국의 연구자들에게는 조금 당혹스러울지도 모르겠다.

이 책은 '천하'에서 '국가'로 세계관의 전환을 피할 수 없게 된 1895년 청일전쟁의 패배에서 시작해 신해혁명, 중화민국의 성립을 거쳐 국민혁명에 이르기까지 30년을 다루고 있다. 청일전쟁에서 '작은 섬나라'로 여겨 온 일본에게 패배하고 '과분'(분할)의 위기를 맞은 중국은 그 이전의 잇따른 패전과는 차원이 다른 충격을 받았다. 그 충격은 때마침 옌푸(嚴復)가 소개한 사회진화론과 결합하면서 내셔널리즘을 형성해 갔다. 경쟁에서 살아남기 위해서는 단결(合群)해야 하며, 구미와 일본 등 오늘날의 '강자'를 학습하고 개혁을 해야 했다. 지은이도 지적했지만, 청일전쟁 패배 이후 30년은 중국 역사상 최대의 '격동기'였고 혼란과 좌절 과정에서도 오늘날 중국의 원형이 다듬어진 시기이기도 했다.

이 시기를 다룬 국내의 중국 근현대사 관련 저서나 개설서, 번역서는 적지 않다. 아쉬운 것은 단독 저서든 공저든 대부분이 이미 발표한 여러 논문들을 모아 책으로 낸 '논문집'이어서 각 장마다 연결이 매끄럽지 못하고 내용에 중복이 많아 다소 산만하게 느껴진다는 점이다. 이 책은 여러 나라에서 발표된 연구 성과를 최대한 반영하면서 저자가 의도한 구성에 맞춰 써 내려간 개설서이다. 지은이의 전공인 정치와 외교사 부분이 가장 돋보이기는 하지만, 그 밖에도 교육과 사상·문화, 사회와 경제, 젠더, 패션 등 흥미로운 내용들이 씨줄과 날줄로 얽혀 있다. 그래서일까? 한 장을 읽고 나면 그다음 장을 바로 읽지 않을 수 없다. 한 사람의 저자가 이렇게 긴 호흡을 갖고 다양한 주제를 망라해 써 내려간 개설서는 찾아보기 어렵다.

무엇보다도 이 책은 중국 근대국가의 형성 과정을 조선과 일본을 비롯한 아시아 여러 나라, 나아가 세계사의 흐름 속에서 시대상으로서 그려 냈다. 이러한 서술은 세계사는 물론 동아시아사와의 연결 고리도 명확하지 않았던 기존의 중국 근현대사 관련 개설서가 결여한 부분을 보충할 수 있을 것이다.

옮긴이가 보기에 이 책의 최대 장점은 역시 다양한 그림과 사진 자료가 아닌가 생각된다. 특히 쑨원과 신해혁명을 물심양면으로 지원했던 우메야 쇼키치(梅屋庄吉, 1866~1934)의 증손녀인 고사카 아야노(小坂文乃)가 지은이에게 제공한 사진은 지금껏 공개되지 않은 것이 대부분이어서 무척 흥미로웠다. 지은이는 현재 '쑨원·우메야 상설전시검토위원회' 위원으로도 활동하고 있다.

"혁명과 관련된 것이라면 그것이 무엇이든 성스럽고 거역할 수 없는 것으로 여겼다." 국내에도 잘 알려진 중국 근대 사상사 연구자인 리쩌허우(李澤厚)의 이 말은 옮긴이를 포함해 1980년대를 전후하여 중국 근현대사를 전공한 국내 연구자들에게 적용해도 무리가 없을 것이다. 20세기 초에 형성된 중국의 내셔널리즘, 그리고 그 후 중국에서 일어난 여러 가지 혁명 및 혁명과 관련된 사건에 깊이 공감하고, 심지어 그 과정에 나타난 '폭력'마저도 이 책 곳곳에 나타나는 표현인 '정의'라고 여긴 적이 있었다. 학문적 열정에 반해 접근 가능한 자료는 극히 부족했는데, 이러한 현실은 실증이 결여된 열정에 정당성을 부여해 주기도 했다.

그러나 1990년대를 전후하여 일어난 옛 소련의 해체와 동유럽 공산권의 붕괴, 한중 수교와 그에 따른 풍부한 자료 접근 가능, 중국의 부상 등을 거치면서 그간의 학문적 태도는 물론 역사 인식 자체에 대해서도 심각한 성찰을 하지 않으면 안 되었다. 21세기 들어 거침없이 드러나는 중국의 대국화와 패권주의는 중국의 내셔널리즘이나 혁명에 대해 갖고 있던 환상을 깨기에 충분했다. '약자의 저항'인 줄만 알았던 중국의 내셔널리즘에서 '강자의 교만'을 보았고, 소수민족에 대한 차별과 배제는 이 책이 다루고 있는 중화민국 시기부터 교묘하게 다듬어지고 있었음을 알게 되었다.

탈혁명사관과 탈민족주의 등 지은이의 관점에 전적으로 공감하는 것은 아니다. 솔직히 곳곳에 여전히 불편한 부분이 없지 않다. 하지만 개혁과 혁명, 전통과 근대, 인물에 대한 선악 판단(대표적으로 쑨원과 위안스카이), 혁명 외교와 수약(修約)외교, 매국과 애국 등 중국 근대사 연구자에게 너무도 익숙한 이분법적 논리를 지양하고, 근대국가의 모색을 위한 30년의 중국 역사를 최대한 실증적이고 객관적으로 흥미롭게 재구성한 이 책은 지금 한국의 중국 근현대사 연구가 추구하고 있는 새로운 시점과 분석틀, 방향 모색에 하나의 참고 자료가 될 수 있을 것이다.

그 많은 내용들을 어떻게 한 권으로 압축할 수 있었는지 지은이의 내공에 감탄했다. 다만 한정된 지면에 너무 많은 사실들을 배치하려다 보니 문장이 다소 불친절해 전후 관계를 알 수 없다거나, 특유의 난해한 문장 탓에 지은이의 의도를 정확히 파악할 수 없는 부분이 적지 않았다. 물론 주된 원인은 옮긴이의 짧은 지식과 일본어에 있을 것이다. 오역에 대한 독자 여러분의 아낌없는 질정을 기다리겠다. 거친 번역을 꼼꼼하게 다듬어 준 삼천리 편집부에 깊이 감사드린다. 또 번역에 큰 도움을 준 배재대 일본학과의 정양순 교수와 야마나카 미네오(山中峰央) 교수께도 지면을 통해 고마움을 전하고 싶다.

2012년 12월

천성림

찾아보기